Was uns Menschen verbindet

Humanethologische Angebote zur Verständigung zwischen
Leib- und Seelenwissenschaften

AM ZÜGEL DER EVOLUTION
Band 9

herausgegeben von

Prof. Dr. Wulf Schiefenhövel
&
Dr. Judith Schuler

ISSN 1435-7887

Gerhard Medicus

Was uns Menschen verbindet

Humanethologische Angebote
zur Verständigung zwischen
Leib- und Seelenwissenschaften

Mit einem Vorwort von
Wulf Schiefenhövel

VWB – Verlag für Wissenschaft und Bildung
2015

Autorenkontakt:
Dr. Gerhard Medicus
humanethologie@uibk.ac.at

Titelabbildung:
„Aufbruch zu neuen Ufern", Trobriand-Inseln/Neuguinea 1997
© Gerhard Medicus

Korrigierte und erweiterte 3. Auflage

ISBN 978-3-86135-585-4

Verlag und Vertrieb:
VWB – Verlag für Wissenschaft und Bildung
Amand Aglaster
P.O.Box 11 03 68 • 10833 Berlin • Germany
Tel. +49-30-251 04 15 • Fax +49-30-251 11 36
info@vwb-verlag.com • www.vwb-verlag.com

Inhalt

Vorwort

In die Kernzonen der etablierten Wissenschaften dringen neue Erkenntnisse nur mühsam ein. Das liegt vor allem daran, dass der akademische Alltagsbetrieb ein großes Beharrungsvermögen besitzt und zudem einen nicht unerheblichen Anteil an Ressourcen dafür aufwendet, das eigene Territorium gegen Einflüsse von außen zu verteidigen. Es bedarf eines großen Schwungrads, Totpunkte zu überwinden. Oder der beharrlichen Diskussion, des steten Tropfens, der manchmal wirklich im Stande ist, den harten Stein des petrifizierten Lehrkanons auszuhöhlen oder zu formen. Da sich die Vertreter der je offiziellen paradigmatischen Positionen im Zentrum der Fächer befinden, kommt Neues, wie KUHN es beschrieben hat (1976), oft von außen. Annäherungen von außerhalb, meist als Grenzüberschreitung wahrgenommen und sanktioniert, sind daher für die Entwicklung der Wissenschaften unabdingbar.

Das vorliegende Buch von GERHARD MEDICUS, wie seine gesamte wissenschaftliche Arbeit, ist das Ergebnis solcher Annäherungen, von Triangulationen, die ihren Bezugspunkt draußen haben, ihre Wirkung aber innen entfalten. Innen sind in seinem Fall die Humanwissenschaften (die Anthropologie im klassischen Sinne), der er sich von den Ufern der Evolutionsbiologie/Humanethologie, der Medizin und der Geisteswissenschaft bedachtsam annähert. Wie viele andere betrübt ihn die Tatsache, dass trotz mannigfacher, fast inflationär abgehaltener interdisziplinärer Kolloquien und entsprechender Sammelbände tragfähige Verbindungen zwischen den Disziplinen selten sind. Sein Buch, Kondensat aus 25 Jahren humanethologischer Lehre an der Universität Innsbruck und entsprechender Forschungsarbeit, macht das Angebot (siehe Titel) „Probiert sie aus, die hier errichtete Brücke". Sie führt über verschiedene Wasser zum Zentrum der *conditio humana*. Wer sind wir Menschen, was, wie ist unsere innere Verfasstheit?

Gemäß der Ausbildung des Autors macht er seine Vorschläge zum Erreichen eines möglichen Grundkonsenses der menschenbezogenen Wissenschaften von zoologisch-naturwissenschaftlichen und evolutionsbiologischen Grundpositionen aus. Das haben andere vor ihm getan, I. EIBL-EIBESFELDT in seinem *Grundriß der Humanethologie* (1995), E. O. WILSON in seinem Plädoyer für die Einheit der Wissenschaften (*Consilience: the unity of knowledge* 1998). Diesem Ziel, eine wirkliche Verständigung der anthropologischen Wissenschaften untereinander zu erreichen, ist GERHARD MEDICUS mit seinem überzeugenden Ansatz verpflichtet, daher lässt er sich dezidiert auf die Geisteswissenschaften, ihre Traditionen, Konzepte und Leistungen ein. Optimistisch hofft er: „Die historisch gewachsene Trennung wird sich … nicht mehr lange halten lassen" (S. 55). Ich bin sicher, dass das hier vorgelegte sorgfältig ausgearbeitete Verständigungsangebot auf fruchtbaren Boden fallen wird.

Der Autor hat ein Grundgerüst für alle Menschenwissenschaften erarbeitet. Im Buch trägt es den Namen „Orientierungsrahmen für Interdisziplinarität in den Humanwissenschaften" (S. 26). Es hat in der für Gerhard Medicus typischen sehr systematischen Herangehensweise im Verlauf der Jahre eine immer präzisere und damit auch komplexere Ausgestaltung erhalten. Andere Autoren (z. B. Welch 2007) haben zur Charakterisierung des evolutionsbiologischen Erklärungsansatzes von einem biologischen Periodensystem („periodic table") gesprochen, um anzudeuten, dass es sich um eine Struktur wie jene der chemischen Elemente handele, die „top-down" theoretisch-analytisch erstellt zum damaligen Zeitpunkt noch gar nicht vollständig ausgefüllt war, weil z. B. einige chemische Elemente noch nicht bekannt waren. Sie konnten aber bezüglich ihrer atomar-chemischen Struktur vorausgesagt werden. Eine ähnliche Funktion wurde also den von Lorenz (1937) und später von Tinbergen (1963) formulierten „Vier Grundfragen" zugeschrieben. Der Tinbergenschen Version ist in der Literatur eine bessere Sichtbarkeit zugekommen, so dass man im Allgemeinen von Tinbergens Grundfragen spricht. Diese für das organismische Leben so bedeutenden Fragen betreffen:

1. „Verursachungen": Die „Maschinerie" der biopsychologischen Vorgänge. Wie kommt es, dass man plötzlich wütend wird, welche physiologischen, endokrinologischen Prozesse sind dafür notwendig, welche neurobiologischen Zentren des Gehirns sind involviert, welche in den Konzepten der Psychologie beschreibbaren Konstellationen lösen die Wut aus, welche Signale gibt der/die Betreffende an die Anderen und, im weiteren Sinne der Verursachung, welche psychosozialen Rückkopplungen löst der Ausbruch aus und welche Folgen hat er?

2. „Ontogenese": Welche einzelnen Schritte erfolgen im generellen Reifungsprozess eines Kindes oder Tierjungen, die für die Ausbildung einer gewissen Fähigkeit oder Verhaltens notwendig sind, z. B. die Fähigkeit, die eigene Wut so zu regeln, dass der Schuss nicht nach hinten los geht, oder, um ein anderes Beispiel zu benutzen, die sichere Bindung, die ein Neugeborenes an seine Mutter und andere Bezugspersonen entwickeln muss, damit sich das nach Erikson sogenannte „Urvertrauen" herausbilden kann, auf dessen Basis Kinder der Welt mit all ihren mannigfachen Herausforderungen kompetent und unängstlich gegenüber treten können.

1) und 2) werden in der Evolutionsbiologie als „proximate Ursachen" bezeichnet, sie sind nahe am Individuum, betreffen es unmittelbar.

3. „Anpassungswert": Wozu ist ein bestimmtes Verhalten, eine bestimmte Weise der Wahrnehmung oder der emotionalen und mentalen Verarbeitung in unserem biopsychosozialen Selbst, genauer den zunächst genetisch vermittelten, in einigen Fällen epigenetisch modifizierten und weiter durch Lernprozesse überformten diffizilen Steuerungsmechanismen etabliert? Warum steckt es in uns? Die Antwort liegt, wie Darwin als Erster klar formuliert hat, in der Eignung eines solchen Charakteristikums, seinem adaptiven Wert für das Überleben des Individuums und, in besonderer Weise, für dessen Fähigkeit, gesunde Nachkommen zu hinterlassen. Das ist der Sinn und Zweck allen Lebens, pflanzlicher und tierischer Art. Nachkommen sind die Währung, in der Eignung (fitness – die bei Darwin keinesfalls die Fähigkeit der brutalen Durchsetzung ist) gemessen wird. Und so ist es sinnvoll, das hat die angloamerikanische Soziobiologie, ein damals neuer Zweig der Ethologie und verwandter evolutionärer Wissenschaften, besonders betont, nach den innerartlichen und ökologischen Ursachen und Effekten bestimmter Merkmale auf die Anzahl, sowie die Überlebens- und Reproduktionsfähigkeit der Nachkommen zu suchen. Sie sind die Münze, in der sich Eignung und damit der „Anpassungswert" evolutionär messen lässt.

4. *„Phylogenese"*: Eigenschaften bei komplexen lebenden Wesen kommen nie *de novo* zum Vorschein, d. h. jede neue Art enthält eine ungeheuer große Anzahl an physikalischen, chemischen, biologischen Elementen und Steuerungsketten, die bei stammesgeschichtlich (phylogenetisch) früheren Lebewesen schon entwickelt waren. Mit viel weniger komplexen Lebensformen haben wir überraschend viele solcher Einzelelemente gemeinsam: Mit der Fruchtfliege (*Drosophila melanogaster*) teilen wir 60 % aller Gene. Selbst für Fähigkeiten wie die menschliche Sprache, die lange Zeit als exquisites Alleinstellungsmerkmal unserer Spezies galt, gibt es Vorläufer. Ihnen auf die Spur zu kommen, ist eine der besonders faszinierenden Aufgaben der Evolutionsbiologie. Häufig weisen uns neue Erkenntnisse der Primatologen den Weg in die stammesgeschichtliche Rekonstruktion menschlicher Fähigkeiten. Auch besonders intelligente Vögel wie die berühmten neukaledonischen Krähen (*Corvus moneduloides*), die sich Werkzeuge für ganz bestimmte Aufgaben selbst erschaffen und zum Beispiel ohne experimentelle Vorerfahrung mit dem Material einen Draht so biegen, dass ein Haken entsteht, Delphine, Wale und andere Säugetiere helfen uns zu verstehen, wie es zu den eindrucksvollen kognitiven Leistungen gekommen ist, durch die sich der Mensch auszeichnet.

3. und 4. werden allgemein als „ultimate", d. h. letzte Ursachen bezeichnet, weil sie erklären können, welche jenseits der unmittelbaren Existenz des Individuums gegebenen Vorteile sich mit bestimmten Eigenschaften verbinden und welche biologischen „Erfindungen" in unseren Körpern versammelt sind. Man kann daher mit Recht sagen, dass die Evolutionsbiologie eine Art historischer Wissenschaft ist: das Heute wird aus dem Gestern erklärt. Oder, in den Worten von KONRAD LORENZ: „Es steckt, wie schon der chinesische Weise sagte, keineswegs aller Mensch im Tiere, wohl aber alles Tier im Mensch" (vgl. Teil 2 und 3 des Buches).

Die geniale Idee und das große Verdienst von GERHARD MEDICUS ist, dass er aus den Vier Grundfragen ein wirkliches System gemacht hat, eine Tabelle, indem er nämlich senkrecht zu ihnen die verschiedenen Aggregatzustände der Lebewesen, „Systemebenen", wie er sie nennt, angeordnet hat: Molekül, Zelle, Organ, Individuum, Gruppe, Gesellschaft (S. 26). Jetzt lässt sich die explanatorische Kraft der vier Fragen erst richtig nutzen. Die Art der systematischen Analyse, in der der Autor seine neu entwickelte heuristische Struktur durchexerziert, verlangt die Bereitschaft, die komplexen, manchmal recht abstrakten, oft aber auch mit biologischer Augenfälligkeit erfüllten Beispiele mitzudenken. GABRIELE HAUG-SCHNABEL, renommierte Verhaltensbiologin aus der Freiburger Schule von BERNHARD HASSENSTEIN, hat das Vorgehen und das Ziel des Autors „aufklärerisch" genannt. Das ist eine sehr passende Charakterisierung. In des Autors bescheidener Formulierung: „Stellt man die Vier Grundfragen … (Verursachungen, Lebensgeschichte, Anpassungswert, Stammesgeschichte) und die Systemebenen (Molekül, Zelle, Organ, Individuum, Gruppe) tabellarisch einander gegenüber, ergibt sich ein Orientierungsrahmen für Interdisziplinarität in den Humanwissenschaften. Grundfragen und Systemebenen sind die Bezugsgrößen des integrativen Ansatzes. Damit können die Diskussionen zwischen verschiedenen Humanwissenschaften transfakultär strukturiert werden." Eine in gewisser Hinsicht vergleichbare, wenn auch inhaltlich nicht voll kongruente Tabelle ergibt sich, wie der Autor zeigt (S. 27), aus den aristotelischen Ansätzen, die Welt des Lebendigen zu verstehen. Das Motiv ist geblieben, bedeutende Fortschritte haben wir seit den großen antiken Denkern in etlichen Wissensbereichen gemacht. Eine quasi defätistische postmoderne Position, dass man eh nix Genaues wissen kann, ist also nicht berechtigt.

GERHARD MEDICUS bezieht ein breites Spektrum menschlichen Verhaltens und menschlicher Institutionen in seine Analyse ein. Dabei geht er außerordentlich behutsam vor, keinesfalls mit der Axt des „biologistischen Reduktionismus", der von jenen, die evolutionäre Erklärungen generell rundweg und von einem moralisierenden Standpunkt aus ablehnen, gern als Totschlagargument verwendet wird. So schreibt er (S. 42): „Dieses Buch sucht nach verbindenden Antworten, ‚Responsa', um die Spaltung der Humanwissenschaften zu überbrücken, wie sie in den Begriffspaaren ‚Leib- und Seelenwissenschaften', Natur- und Geisteswissenschaften, ‚Kernpsychiatrie' und ‚Psychotherapie' zum Ausdruck kommt. Letztlich ist diese Spaltung mit der uralten Gegenüberstellung von Leib und Seele verbunden, daher ist die Problematik geeignet, die historischen Gründe für die Spaltung der Fakultäten nachzuzeichnen. Aufbauend darauf werden vier philosophische Konzepte beschrieben, die dazu beitragen können, die Spaltung zu überwinden: (1) Der Algorithmus von Erwartung und Erfahrung nach KARL POPPER, (2) die Schichtenregeln nach NICOLAI HARTMANN, (3) die analytische Unterscheidung unterschiedlicher Gewissheitsansprüche und Evidenzgrade sowie (4) die Abkehr vom moralistischen und vom naturalistischen Trugschluss".

Ein für das Buch charakteristischer Ansatz, der insbesondere im zweiten und dritten Teil zum Tragen kommt, widmet sich den Universalien, und zwar nicht jener Kategorie, die auf funktional zu erklärende Konvergenzen (wie z. B. Kleidung, Behausung, Bootsbau) sondern jener, die auf die gemeinsame Abstammung aller Menschen von unseren Ahnen der Gattung *Homo* zurückgeht, z. B. die kognitive Meisterleistung, sich in Andere hinein denken zu können, auch als „theory of mind" oder Emphronesis bezeichnet, die besonders entwickelte Fähigkeit und Bereitschaft zur langfristigen und komplexen Kooperation oder die Tendenz, Kooperationspartner, die sich nicht nach der Norm des „fair play" verhalten, auf eigene Kosten zu bestrafen (vgl. FEHR & GAECHTER 2002). Die Betonung der in allen Populationen gegebenen prinzipiellen Einheitlichkeit menschlichen Wahrnehmens, Fühlens, Denkens und Verhaltens ist ein bedeutsames Element humanethologischer Forschung. In einer globalisierten Welt kann gerade dieser Zugang zur *conditio humana* eine verstärkte Wahrnehmung der Gemeinsamkeiten zwischen allen Menschen bewirken.

In seine klugen theoretischen Erörterungen, die auf der Basis eines sehr präzisen zoologisch-systematischen und evolutionsbiologischen Wissens den Bogen zur Humanethologie spannen, baut GERHARD MEDICUS Alltagsproblematiken ein, die die Lebenswirklichkeit der Leserschaft spiegeln und Grundierung in der Realität leisten (siehe das ausgewogene Kapitel zur Sexualität). Ausführlich behandelt er gesellschaftliche und politische Themen, z. B. (am Ende des Buches) die Frage, welche Charakteristika Personen aufweisen, die sich am extremen „rechten" oder „linken Rand" des gesellschaftlichen Spektrums befinden. Stets plädiert er für die Berücksichtigung evolutionär gewordener Facetten menschlichen Seins und Handelns beim Nachdenken über uns selbst: „In die Diskussion soziopolitischer Fragen werden üblicherweise soziologische, historische, wirtschaftliche, kulturelle, manchmal auch entwicklungspsychologische Erkenntnisse einbezogen. Relativ selten wird die Frage nach den anthropologischen Grundlagen gestellt, die soziopolitisches Handeln ermöglichen, beeinflussen und begrenzen, und danach, in welchen Verhaltensbereichen und in welchem Ausmaß der Mensch lernfähig ist und wie unsere biologischen Wurzeln der Formbarkeit durch die Umwelt einen Rahmen geben" (S. 184).

Bei der Besprechung zentraler menschlicher Präferenzen und Verhaltenstendenzen, die gerade auch die proximate Erklärungsebene einschließt und sich damit vom typisch soziobiologischen Zugriff unterscheidet, dockt GERHARD MEDICUS auch immer wieder an die Probleme an, die psychiatrische Patientinnen und Patienten dazu führen, sich in Therapie zu begeben. In diesen Abschnitten, z. B. zur so fundamentalen frühkindlichen und späteren Bindung (ab S. 167), spürt man in besonderer Weise das Interesse des evolutionär und biologisch denkenden Arztes und Psychiaters, der zum Kreis um KONRAD LORENZ und um RUPERT RIEDEL gehörte und damit einen bedeutenden Abschnitt der Entwicklung der europäischen Ideengeschichte erlebt hat. Es geht ihm auch darum, der Medizin, insbesondere der Psychiatrie und Psychotherapie, neue Anstöße zu geben und damit das Los der Kranken zu lindern. Die Praxis dieser beiden Fachrichtungen und ihre evolutionäre Positionierung erhalten durch sein Buch wichtige Impulse.

Vor allem geht es GERHARD MEDICUS um ein besseres Verständnis dessen, was, wer wir Menschen wirklich sind, und darum, dass eine neue, mit dem „Orientierungsrahmen" klar definierte Basis des interfakultativen Dialogs entstehen kann. Ein mutiger Versuch, der Atomisierung und Spaltung der Humanwissenschaften entgegenzuwirken. Mutig deswegen, weil in vielen Instituten Nordamerikas und Europas die ursprünglich einmal vorhandene Einheit der anthropologischen Forschungszweige schon seit Jahren aufgekündigt ist. Zwischen den geisteswissenschaftlichen, d. h. vor allem soziologisch-kulturwissenschaftlich-historisch ausgerichteten und den biologisch-naturwissenschaftlich orientierten Disziplinen ist das Tischtuch zerschnitten. Auch im deutschsprachigen Raum ist diese Trennung an fast allen Universitäten Realität. GERHARD MEDICUS' Buch, das ist die Hoffnung, kann der Verständigung und Annäherung eine neue Basis geben und zu einer neuen Einheit der Wissenschaften vom Menschen führen.

WULF SCHIEFENHÖVEL
Andechs, Januar 2012

Literatur:

EIBL-EIBESFELDT, I. 1995. *Die Biologie des menschlichen Verhaltens. Grundriß der Humanethologie.* München: Piper.

FEHR, E. & GÄCHTER, S. 2002. „Altruistic punishment in humans." *Nature* 415 (6868): 137–140.

KUHN, T. S. 1976. *Die Struktur wissenschaftlicher Revolutionen.* Frankfurt am Main: Suhrkamp Taschenbuch.

LORENZ, K. 1937. „Biologische Fragestellungen in der Tierpsychologie." *Zeitschrift für Tierpsychologie* I: 24–32.

TINBERGEN, N. 1963. „On Aims and Methods in Ethology." *Zeitschrift für Tierpsychologie* 20: 410–433.

WELCH, P. 2007. Februar, Wikipedia „Tinbergen's four questions;" Entwurf.

WILSON, E. O. 1998. *Consilience. The Unity of Knowledge.* New York: Knopf.

Einleitung

In diesem Buch sind Themen versammelt, die seit 25 Jahren Gegenstand meines Teiles der Humanethologievorlesung in Innsbruck sind. Durch Widersprüche zwischen den Menschenbildern, wie sie im sogenannten „Naturgeschichteunterricht" einerseits und der damals noch eher geisteswissenschaftlich fundierten Psychologie und der Philosophie andererseits vermittelt worden sind, ist in den Sechziger-Jahren des letzten Jahrhunderts mein Interesse für den Menschen angeregt worden. Wegen meiner Neugier für die Natur des Menschen habe ich mich bei der Wahl des Studiums für die Medizin entschieden. Die Psychologie, so wie ich sie im Unterricht kennengelernt hatte, war für mich zu wenig naturwissenschaftlich, andererseits ist in der Biologie der Mensch nur am Rande Gegenstand von Lehre und Forschung.

In meiner Studentenzeit, den Jahren des Kalten Krieges, hat sich mein Interesse auf das Phänomen anthropologischer und soziopolitischer Polarisierungen und Grundsatzdebatten gerichtet. Anlass dazu waren die ideologisierten Fragen und Diskussionen zwischen Natur- und Kulturwissenschaften zu Angeborenem und Gelerntem und zur Natur und Kultur des Menschen. In den Siebzigern des letzten Jahrhunderts wurde zwischen den politischen Lagern über die Freiheit des Menschen, die Ursachen seines Besitzstrebens und seiner Aggression, über Geschlechtsunterschiede und zu guter Letzt auch über den Konstruktivismus heftig diskutiert. Zum Teil handelt es sich dabei um Jahrhunderte alte anthropologische Streitfragen. Den Studenten der Medizin wurde andererseits im Studium der Eindruck vermittelt, dass nur „Fakten" in die Lehre aufgenommen würden. Da war es für mich überraschend, dass das in Teilbereichen der Psychiatrie anders ist. Verwundert war ich auch darüber, dass es an der Universität Innsbruck fast 150 Jahre nach Darwin außerhalb der Biologie kaum eine Vorlesung gab, in der evolutionäre Aspekte einen angemessenen Raum erhielten. Während des Medizinstudiums begann ich deshalb, mich in die Verhaltensbiologie einzulesen. Das wurde zu einer entscheidenden Grundlage für meine Vorlesungen, für meine Beiträge zum Lexikon der Biologie und für dieses Buch.

Nach Schule und Studium erhielt ich durch meine Anstellung am Zoologischen Institut der Universität in Wien als Forschungsassistent bei RUPERT RIEDL (1983–85), dann als freier Mitarbeiter der Forschungsgruppe für Humanethologie in der Max-Planck-Gesellschaft bei IRENÄUS EIBL-EIBESFELDT und WULF SCHIEFENHÖVEL in Andechs bei München (seit 1989) sowie durch humanethologische Studienaufenthalte in Neuguinea, Seram, Namibia, Burkina Faso und Vanuatu wichtige Anregungen für meinen Lehrauftrag am Institut für Psychologie der Universität Innsbruck sowie für die Themen des Buches. Die entsprechenden Vorlesungen hielt ich von 1990 bis 2010 gemeinsam mit MARGRET SCHLEIDT und WULF SCHIEFENHÖVEL, seit 2010 nur mehr mit SCHIEFENHÖVEL. Die Ausführungen und Publikationen dieser beiden Kollegen haben die Arbeit an diesem Buch nachhaltig beeinflusst.

In meiner Tätigkeit als Facharzt für Psychiatrie wird mir vor Augen geführt, dass die Denkansätze vieler Psychologen bis heute entweder natur- *oder* geisteswissenschaftlich fundiert sind und damit die Spaltung der Humanwissenschaften abbilden. Auch die Psychiatrie selbst ist eine transfakultäre Chimäre, ein Mischwesen zwischen eher geisteswissenschaftlich fundierter Psychotherapie und naturwissenschaftlich fundierter „Kernpsychiatrie", letztere oft reduktionistisch im Sinne von biochemisch/pharmakologischen und neurobiologischen Hypothesen. Kompliziert wird dieser Umstand dadurch, dass Psychotherapie nicht nur im Rahmen einer Vielzahl von Schulen und Theorien gelehrt und ausgeübt wird, sondern auch Gegenstand verschiedener Fächer und Fakultäten ist (Theologie, Pädagogik, Psychologie, Medizin). Aus wissenschaftstheoretischer Sicht ist es an der Zeit, eine gemeinsame schulen- und fächerverbindende Basis zu entwickeln, da alle Humanwissenschaften sich mit demselben „Untersuchungsgegenstand", dem Menschen und seinen Hirnleistungen befassen. In Bezug auf die Medizin könnten Fortschritte bezüglich der transfakultären Diskussion dann zur Entstigmatisierung der Psychiatrie in der akademischen Welt beitragen, wenn die „Kernpsychiatrie" und die Psychotherapieschulen auf eine gemeinsame Basis gestellt wären. Insbesondere der erste Teil dieses Buches ist diesem weit gefassten transfakultären Diskussionsrahmen verpflichtet.

Angesichts des immensen Wissens, das es heute zum Menschen gibt, ist es naheliegend anzunehmen, dass es trotz aller weißen Flecken und versteckter fiktiver Bereiche gut fundierte Denkansätze gibt, die bei der Strukturierung der fakultätsübergreifenden Diskussionen weiterhelfen können. In diesem Sinn werden im ersten Teil des Buches Eckpfeiler vorgestellt, die ich als gemeinsame wissenschaftstheoretische Grundlagen von Natur- und Geisteswissenschaften betrachte.

Der aus wissenschaftshistorischer Sicht entscheidende Beitrag zur Überwindung der Fakultätsgrenzen ist Darwin[1] zu verdanken: Die Entstehungsgeschichte des Menschen hat an Leib und Seele Spuren hinterlassen. Darwins Theorie hilft, diesen Spuren nachzugehen und sie zu verstehen. Sie leistet damit einen Beitrag, die historisch gewachsene Spaltung der Humanwissenschaften in „Leib- und Seelenwissenschaften" oder Natur- und Geisteswissenschaften zu überwinden. Grundlegende Anteile der erwähnten naturwissenschaftlichen Eckpfeiler sind von der Evolutionslehre abgeleitet. Inzwischen gibt es längst schon Philosophen und andere Geisteswissenschaftler, die in diesem Sinne auf der Lehre von der Deszendenz aufbauen. Der meiner Meinung nach bisher bedeutendste ist Karl Popper.

Es ist zu hoffen, dass das alte Denken in zwei Schubladen (nämlich Natur- und Geisteswissenschaften) zur Zeit in Auflösung begriffen ist. Bereits seit Jahrzehnten sind es zunehmend evolutionär integrative Ansätze, die die anthropologische Forschung leiten

---

1. Die wissenschaftshistorische Wende hat mit seinen Büchern *On the Origin of Species* [...] (1859), "The Descent of man [...]" (1871) und *The Expression of Emotions in Man and Animals* [...] (1872) begonnen. Darwin ist am 12. Februar 1809, fünf Jahre nach Kants Tod am 12. Februar 1804, zur Welt gekommen.

(Schiefenhövel *et al.* 1994).[2] Sobald naturwissenschaftliche Aspekte fest etablierter Bestandteil dieser Fächer sind, wird man darauf verzichten können, das Adjektiv „evolutionär" zu erwähnen.

Das vorliegende Buch behandelt die großteils naturwissenschaftlichen Grundlagen der Humanwissenschaften etwa am Beispiel transfakultär kontrovers diskutierter Themen. Weil in allen Kapiteln das Individuum und die Gruppe im Vordergrund stehen, werden dadurch vor allem Vertreter jener komplexeren Humanwissenschaften angesprochen, bei denen diese Komplexitätsebenen fokussiert werden.

Teil I des Buches vermittelt jene Grundlagen, die Biologie, Psychologie und Teile der Philosophie miteinander verbinden. Ein weiterer Schwerpunkt (Teil II) ist der „Tier-Mensch-Vergleich". Hier stehen Rekonstruktionen der Verhaltensphylogenese mit Zuordnungen zum Stammbaum der Wirbeltiere im Vordergrund. Im dritten Teil werden in Ergänzung zum ersten und zweiten Teil spezielle Verhaltensbereiche und -leistungen behandelt. In allen Kapiteln wird systematisch versucht, neben evolutionären Vorbedingungen und Hinweisen auf das gemeinsame Erbe des Menschen mit anderen Lebewesen auch die zahlreichen Sonderstellungen des Menschen zu berücksichtigen. Hierfür kann das Wissen über Ergebnisse des Arten- und Tier-Mensch-Vergleichs auch für Diskussionen nützlich und notwendig sein, die in traditionell geisteswissenschaftlichen Bereichen geführt werden. Beim Lesen des Buches ist die gewählte Kapitelfolge keine Voraussetzung für das Verständnis des Inhaltes. In Kästen und im Anhang einzelner Kapitel finden sich einige interdisziplinaritätstheoretisch relevante Stichwörter aus dem Lexikon der Biologie (zitiert als Medicus 1999–2004), die ich mitgestaltet habe und Folientexte aus der Innsbrucker Humanethologie-Vorlesung.

Das Buch enthält also bereits früher erschienene Publikationen, die ich überarbeitet habe: Auf sie wird in der Bibliographie am Ende des Buches verwiesen. Wenn einzelne Inhalte Eingang in Lehrbücher oder/und Wissenschaftslexika gefunden haben, wird darauf hingewiesen.

Danksagung

Neben den in der Einleitung erwähnten Personen gilt mein Dank im Besonderen meinen Eltern, die das Ausleben meiner vielfältigen Interessen zulassen konnten: Ich hatte Aquarien, Terrarien, eine große Naturaliensammlung und durfte nach der Matura nach Nordafrika und Afghanistan trampen. Dank gilt auch meinem Freund Robert Scheck, in dessen Privatzoo ich viel Zeit verbracht habe, Rudolf Vogeltanz, der mich als Schüler in die paläontologische Arbeitsgruppe des Hauses der Natur in Salzburg aufgenommen hat und meinem Biologielehrer Eberhard Stüber, bei dessen Kleinsäugerarbeiten ich mich z. B. durch Herstellen von Bälgen und Artbestimmungen mit Hilfe der Zahnfor-

---

2. Beispiele sind (alphabetisch) die evolutionäre Anthropologie, e. Ästhetik, e. Demographie, e. Erkenntnistheorie, e. Ernährungswissenschaften, e. Ethik, e. Medizin, e. Musikologie, e. Pädagogik, e. Politologie, e. Psychiatrie, e. Psychologie, e. Psychotherapie, e. Rechtspsychologie (und e. Kriminologie), e. Religionswissenschaft, e. Wirtschaftswissenschaft usw. Ziel kann nicht die Auflösung der Disziplinen sein – also keine Disziplinlosigkeit, sondern nur eine gemeinsame wissenschaftlich fundierte Basis.

meln nützlich machen konnte. Durch seinen lebendigen Unterricht und die lehrreichen Exkursionen im Rahmen der Naturschutzjugend hat er mir wichtige Grundlagen für meine weitere Laufbahn vermittelt. Den wissenschaftstheoretischen naturwissenschaftlichen Schliff verdanke ich der Bildung und Geduld meines Cousins und Physikers Wolfgang Friedel, der mich auch ermutigt hat, mich bei Rupert Riedl um eine Anstellung zu bewerben. Bezüglich der Universität Innsbruck gilt mein besonderer Dank Kurt Loewit, der die interdisziplinaritätstheoretisch umfassendste Vorlesung angeboten hat: Im Rahmen seiner Ausführungen zur Sexualmedizin[3] wurden nicht nur die Störungen, sondern auch das Normalverhalten vermittelt, ebenso wie somatische und psychische, evolutionäre/verhaltensbiologische, endokrinologische und psychotherapeutische Aspekte. Meine Frau Elisabeth hat meinen beruflichen Wechsel von der Medizin zur Biologie und zurück mitgetragen. Sie hilft mir bei Formulierungsproblemen und macht viele Textstellen lesbar und verständlich. Für den Start des Lehrauftrages an der Universität Innsbruck waren Reinhard Rieger, Manfred Ritter und Andreas Lippert besonders hilfreich; hinsichtlich weiterführender wissenschaftlicher Optionen danke ich Norbert Bischof, Irenäus Eibl-Eibesfeldt, Jay Feierman, Konrad Lorenz, Detlef Ploog, Wulf Schiefenhövel und Gottfried Tichy für ihre Unterstützungen. In die humanethologische Feldforschung haben mich Wulf Schiefenhövel und Irenäus Eibl-Eibesfeldt 1994 auf den Trobriand-Inseln in Papua-Neuguinea eingeführt. Bei weiteren Neuguineareisen hat mich Wulf Schiefenhövel sehr unterstützt. Wegen seiner jahrzehntelangen, kulturenvergleichenden/humanethologischen Feldforschung sind seine Publikationen sowie die Gespräche mit ihm für mich sehr wertvoll. Er ist als Wegbereiter der evolutionären Medizin in Deutschland für mich ein idealer Diskussionspartner. Für die gute Kooperation bei der Mitarbeit an drei Wissenschaftslexika des Spektrum-Verlages danke ich Gabriele Haug-Schnabel, Joachim Bensel und Rolf Sauermost. Auch Armin Heymer danke ich für die Einladung zur Mitarbeit an der Enzyklopädie der Ethologie (in Vorbereitung), Klaus Rehfeld verdanke ich viele Strukturierungs- und Verbesserungsvorschläge zu meinen Aufsätzen in der Naturwissenschaftlichen Rundschau. Er hat immer wieder geduldig und fachlich umsichtig zur Lesbarkeit beigetragen. Sigrid Hopf sei gedankt, dass sie dem Wiederabdruck unseres gemeinsamen Kapitels im vorliegenden Buch zugestimmt hat. Renate Siegmund unterstützt mich mit chronobiologischer Expertise zu entsprechenden Fragestellungen bei ethologischen Studienaufenthalten, Ellen Thaler bei tierethologischen Fragen und Erhard Oeser hinsichtlich vieler philosophischer Inhalte. Beim Korrekturlesen der Buchkapitel haben Ursula Henzinger, Wulf Schiefenhövel und Ulrike Söllner zu wesentlichen Verbesserungen beigetragen.

---

3.   Die transfakultär am besten fundierten Bereiche der anthropologischen Anwendungswissenschaften sind heute die Bindungstheorie (vgl. Kapitel 10) und die Sexualmedizin (vgl. Kapitel 7).

TEIL I:
Beiträge zur Wissenschaftstheorie der Interdisziplinarität in den Humanwissenschaften

Wie verhalten sich Humanwissenschaften zueinander? Auf welcher Grundlage stehen etwa Neurobiologie, Emotionspsychologie und Erkenntnisphilosophie und wie kommunizieren sie über Fragen des Bewusstseins? Wie lassen sich Begrifflichkeiten anderer Naturwissenschaften übersetzen in Begriffe der Wahrnehmungspsychologie oder der traditionellen Philosophie?

Im vorliegenden Teil werden Grundlagen der Anthropologie vorgestellt, die dem transfakultären Dialog eine Struktur geben können. Diese Denkansätze sollen dazu beitragen, Fragen der Humanwissenschaften interdisziplinaritätstheoretisch möglichst gut zu beantworten, indem das Wissen verschiedener Fachbereiche korrekt und effizient genutzt wird. Die Vier Grundfragen der biologischen Forschung werden in Kapitel 1 als Basis des transfakultären Dialogs vorgestellt. Im zweiten Kapitel kommen geisteswissenschaftliche Grundlagen zur Sprache, die den „Streit der Fakultäten" (KANT 1796, 1798) transparenter und verständlicher machen und sich dadurch ebenfalls als Verständigungshilfen erweisen können.

Detailfragen nach dem Spezifischen des Homo sapiens sind uralt, manche sind inzwischen beantwortet, viele stellen sich durch neue Erkenntnisse. Die Antworten sind vielgestaltig und abhängig vom Menschenbild des Fragenden. Im Folgenden finden sich Beispiele besonders intensiv diskutierter Fragen zur Natur und Kultur des Menschen, die vor dem Hintergrund heutigen Wissens in diesem Buch zur Sprache kommen.

1. ***Der Tier-Mensch-Vergleich***: Was unterscheidet den Menschen von den Tieren? Ist er ein „nackter Affe" oder ist er ein von der Naturgeschichte unabhängiges Wesen? Ist die Annahme der Sonderstellung des Menschen nützlich oder gar notwendig? Ist nicht jede Spezies durch irgendwelche Sonderstellungen ausgezeichnet?

An der nahen Verwandtschaft mit den Affen ist seit Darwin und den Ergebnissen der Primatologie, Paläoanthropologie und Genetik nicht zu zweifeln. Intuitiv wurde diese „systematische Nähe" in verschiedenen Kulturkreisen noch vor der Entwicklung einer schlüssigen Evolutionstheorie erkannt. So stellte LINNÉ den Schimpansen als *Homo troglodytes* in dieselbe Gattung wie den Menschen, obwohl er bei seiner Systematisierung der Natur von einem Schöpfungsakt ausging. Heute wird der Mensch oft als der fünfte Menschenaffe betrachtet.

2. ***Das „Geistige" am Menschen***: Ist der Mensch ein von seiner Biologie unabhängiges Geisteswesen? Ist der menschliche Geist „nichts als Physik und Chemie" oder „nichts als eine Überlebensmaschine der Gene" oder existiert er für sich?

Diskussionen über Ursache-Wirkungs-Beziehungen zwischen Leib und Seele werden seit der Antike geführt. Ihre Ergebnisse lassen sich materialistischen und idealistischen Positionen zuordnen. Auch wenn der „Geist" an Materie gebunden ist, sind die Wechselbeziehungen zwischen Leib und Seele, Materie und Geist kaum verstanden (siehe Kapitel 2 und 3).

3. *Das Erfahrungs- und das Vernunftwissen*: Erkennt der Mensch sich selbst über Erfahrungen oder/und durch Reflexionen?

Mit zunehmender Bedeutung der experimentellen Forschung als Erkenntnisquelle sind zu Beginn der Neuzeit die Naturwissenschaften entstanden. Die damit ausgelöste kontroverse Diskussion fand ihren Höhepunkt im Empirismus und Rationalismus: Für den Rationalisten hatten Vernunftwahrheiten einen höheren Rang als das durch „irrende Sinne" erworbene Erfahrungswissen. Bis heute geblieben ist die Spaltung der Humanwissenschaften in natur- und geisteswissenschaftliche Fakultäten.[4] Die Gegenüberstellung von Empirismus und Rationalismus ist aber künstlich und darf heute aus naturwissenschaftlicher Sicht als überwunden gelten (siehe Kapitel 2).

4. *Der Solipsismus und Konstruktivismus*: Gibt es eine von uns unabhängige und damit kommunizierbare Realität, die es erlaubt, ein objektives Menschenbild zu entwerfen?

Wir wissen, dass die Welt nicht so ist, wie wir sie sehen – unter anderem, weil wir nur kleine Ausschnitte von ihr wahrnehmen (z. B. den kleinen Teil der elektromagnetischen Wellen, der mit dem freien Auge wahrgenommen werden kann). Die Entwicklung der Fachbereiche und Disziplinen, die zu einem enormen Wissenszuwachs mit vielfältigen Anwendungsmöglichkeiten geführt hat, zeigt aber, dass es möglich ist, „erfolgreich" Aussagen über die Natur zu machen. So ist auch zu erwarten, dass Aussagen über die Natur und damit auch über den Menschen einen zunehmend höheren Grad an „Wahrheitsähnlichkeit" gewinnen (eine ausführliche Diskussion des Themas erfolgt in den Kapiteln 2 und 9).

Auf der Suche nach einem wissenschaftlich begründeten Bild vom Menschen stellen sich weitere erkenntnistheoretische Fragen:

5. *Das Zirkularitätsproblem*: Kann das Explanans zum Explanandum werden, kann das Subjekt sich selbst zum Objekt bzw. zum Mittelpunkt der Untersuchungen machen?

Die Antwort auf diese Frage kann sehr unterschiedlich ausfallen, je nachdem ob der Leib- oder der Seelenaspekt oder die neurokybernetischen Grundlagen des Bewusstseins gemeint sind (siehe Kapitel 2).

6. *Angeborene Lehrmeister*:[5] Ist alles gelernt, oder gibt es angeborene Grundlagen des Denkens, Lernens und Fühlens?

Schon KANT (1781) hat bei der Geburt vorhandenes (apriorisches) Wissen als notwendige Voraussetzung des Kenntnisgewinns während des Lebens postuliert. Diese Sicht ist inzwischen durch Ergebnisse der Neurobiologie, Ethologie und Evolutionären

---

4. Traditionell naturwissenschaftliche Fächer sind z. B. Humanbiologie und Medizin, geisteswissenschaftliche z. B. Philosophie, Pädagogik, Sozialwissenschaften.

5. Der Ausdruck „angeborene Lehrmeister" stammt von KONRAD LORENZ (z. B. 1978).

Erkenntnistheorie untermauert worden. Damit wird die Frage der Entscheidungsfreiheit des Menschen virulent (siehe Kapitel 3 und 5).

7. *Freiheitsvorstellungen*: Sind wir frei oder programmiert?

In dieser Form stellt sich diese Frage erst mit einer evolutionär orientierten Verhaltensforschung, die angeborene (genetisch „programmierte") Verhaltenselemente nachweist. Es ist jedoch eine uralte Menschheitsfrage, ob wir unser Leben frei gestalten können oder ob wir in wesentlichen Anteilen unseres Handelns – evolutionär entstandenen – Einschränkungen unterliegen (siehe Kapitel 3).

8. *Menschenrechte*: Sind alle Menschen gleich oder sind sie verschieden?

Die biologische Verschiedenheit von Individuen und Gruppen von Individuen (z.B. zwischen Frauen und Männern) ist eine Realität. Dass alle Menschen trotz aller Unterschiede gleich viel wert und damit gleich zu achten sind, ist eine moralische Forderung, die wir uns immer wieder bewusst machen müssen und deren Durchsetzung (zum Teil gegen biopsychische Neigungen) ständige Aufmerksamkeit und Bemühung erfordert. Dabei ist die Berücksichtigung eines ethischen Prinzips nützlich und notwendig, nämlich niemandem etwas vorzuwerfen, für das er nichts kann (betrifft z.B. Andersartigkeit[6] fremder Ethnien oder homosexueller Menschen; siehe Kapitel 4 und 5).

9. *Das Naturrecht*: Liefert die Natur eine Richtschnur für unsere Moral? Ist Handeln wider die Natur Sünde?

Seit alters her hat man versucht, aus der Natur Maßstäbe für moralisches Handeln abzuleiten. Dieser Weg erwies sich als fragwürdig, denn es gibt nicht nur beim Menschen „natürliche" konträre Verhaltenstendenzen (z.B. Aggression und Aggressionshemmung), sondern auch im Tierreich Verhaltensweisen, die als positiv bewertet werden (Kooperation im Bienenstaat, „fleißige Biene"), daneben aber auch Verhaltensweisen, die kein Vorbild für menschliche Gesellschaften sein können (z.B. Kainismus [Geschwistermord], exzessive Polyandrie [„Vielmännerei"] von Bienenköniginnen während des Hochzeitsfluges).

10. *Anthropologische Anwendungswissenschaften*: Können Erkenntnisse über die Natur des Menschen unserem Handeln zugrunde gelegt werden?

Das Menschenbild beeinflusst unser Handeln. Dies zeigt sich etwa in der Geschichte des Umgangs mit Sklaven, Kindern, Frauen und Vertretern fremder Völker (Minderheiten, „Barbaren"), der vom Menschenbild der Zeit geprägt wird. Auch Erkenntnisse über die biologische Natur des Menschen prägen das Menschenbild einer Zeit. Wissen kann freilich vorläufig sein und ist dem Zeitgeist verhaftet (vgl. Fehlschlüsse in 2.2.4, S. 53).

Insbesondere die Erfahrungen des Dritten Reiches, dessen Ideologie dort, wo es opportun war, sich großteils „zurechtgebogener" und falscher biologischer Argumente bediente, haben dazu geführt, dass viele Anthropologen biologischen Argumenten bis heute kritisch oder ablehnend gegenüberstehen und sie als „biologistisch" zurückweisen. Dieser Überbewertung der Biologie stand ein Kommunismus gegenüber, der entgegen biopsychischen Dispositionen die beliebige Formbarkeit des Individuums propagiert

---

6.   Diese Aussage bedarf natürlich dann einer Einschränkung, wenn die Gefahr besteht, dass einem Mitmenschen geschadet wird (betr. z.B. sexuelle Gewalt und Pädophile).

hat. Er ist in gewisser Weise an der Natur des Menschen gescheitert (betrifft z. B. das Ideal der Besitzlosigkeit).

Abschließende Bemerkung: Antworten auf diese Fragen können nur mit Hilfe von Denkansätzen gefunden werden, die transfakultär eine korrekt strukturierte wechselseitige Erhellung ermöglichen. Traditionellerweise hat Wissenschaftstheorie philosophische Wurzeln, auf ihre Bedeutung wird in Kapitel 2 eingegangen. Wissenschaftstheoretische Voraussetzungen, die einen naturwissenschaftlichen Ursprung haben, werden in Kapitel 1 systematisch angeführt.

Im letzten Jahrhundert konnten auf den Grundlagen von Physik und Chemie viele Lebensphänomene, z. B. Energiebilanzen, physiologische Funktionsabläufe und ihre Wechselwirkungen mit Genen, analysiert werden. Die Erklärungen der Physik und Chemie reichen aber bei weitem nicht hin, die erwähnten Fragen, die sich für die Anthropologie stellen, zu beantworten:[7] Bei der Evolution von Tier- und Pflanzenarten sind Kausalitäten im Spiel, die nicht Gegenstand von Physik und Chemie sind, sondern mit der evolutionären Entstehungsgeschichte zusammenhängen. Deshalb ist deren Verständnis auch für viele anthropologische Fragen unverzichtbar und die Biologie ein wichtiger Schlüssel zum Verständnis des Menschen.

Die erfolgreiche physikalisch/chemische Analyse von Lebensphänomenen und die erfolgreiche Anwendung der Ergebnisse in Medizin und Pharmakologie haben dazu geführt, dass „zerlegende" reduktionistische Ansätze auch in der Psychologie und Psychotherapie verfolgt werden.[8] Dabei wird wichtiges und notwendiges neurobiologisches Grundlagenwissen gewonnen. Die praktische therapeutische Bedeutung der immensen Datenfülle von Neuropsychoanalyse und Neuropsychotherapie sowie der Darstellung von involvierten Hirnstrukturen, die in vielen bunten PET-Bildern eindrucksvolle Darstellung finden, ist derzeit noch gering (HASLER 2012). Ähnliches gilt für die Bedeutung neurobiologischer Ergebnisse etwa für schulenübergreifende Theorien oder für eine gemeinsame theoretische Basis für Psychiatrie und Psychotherapie. Im Vergleich dazu kann die Verhaltensbiologie inzwischen eine Fülle praxisrelevanter schulenübergreifender Daten vorweisen (betrifft Bindungsforschung, Sexualmedizin, Trauer- und Aggressionsforschung, Aspekte, auf die in den einzelnen Kapiteln des Buches hingewiesen wird).

Daher werden im ersten Kapitel als zentrales methodisch-theoretisches Rüstzeug die Grundfragen der Biologie vorgestellt. Sie haben in der verhaltensbiologischen Literatur seit den 30er Jahren des letzten Jahrhunderts einen wissenschaftstheoretischen Stellenwert (LORENZ 1937, 1957) und werden auch von immer mehr Humanwissenschaftlern als fächerverbindende Basis anerkannt, die traditionelle Fakultätsgrenzen durchlässig macht.

---

7.   … oder verschiedene Vorstellungen zu diskutieren, etwa wie viel Mutterliebe ein Säugling braucht oder ob es angeborene Grundlagen von Geschlechtsunterschieden, Aggression, Besitz- oder hierarchischem Streben gibt.

8.   Symptomatisch für diesen Trend ist es, dass es inzwischen sogar eine Neurotheologie gibt.

Methodisch empirische Grundlagen für die Kapitel des Buches

Artenvergleich (vgl. MEDICUS 1999–2004), grundlegende Methode der biologischen Forschung. Im Artenvergleich wird untersucht, ob und in welcher Weise ähnliche Merkmale bei verschiedenen Organismen und beim Menschen vorhanden sind und durch welche Besonderheiten sich eine Tierart von anderen und der Mensch vom Tierreich abhebt. Diese Aspekte bilden einen Schwerpunkt des Buches. Aus der Untersuchung von Ähnlichkeitsmerkmalen von Pflanzen- und Tierarten ermöglicht der Artenvergleich unter anderem, Einzelheiten im Ablauf der Stammesgeschichte zu rekonstruieren. Entsprechende Rekonstruktionen zur Verhaltensphylogenese finden sich im vorliegenden Buch zu kognitiven Leistungen (Kapitel 3), zum Besitzverhalten (Kapitel 6), zur Geschlechterdifferenz (Kapitel 7), zu den Wurzeln der Humanität (Kapitel 5) und zu Aspekten des Sozialverhaltens (Kapitel 4). Wenn im Artenvergleich Ähnlichkeiten beim Körperbau oder beim Verhalten gefunden werden, so sind diese entweder als abstammungsbedingte (Homologie) oder als funktionsbedingte Ähnlichkeiten (Analogie) interpretierbar. Je nach der Entstehungsursache der Ähnlichkeiten sind unterschiedliche Schlüsse möglich (siehe Kasten 1, S. 38).

Tier-Mensch-Vergleich (vgl. MEDICUS 1999–2004), Spezialfall des Artenvergleichs. Der Tier-Mensch-Vergleich ist z. B. auf der chemisch-physiologischen Ebene (Funktion einer Nervenzelle) sowie in der experimentellen Chirurgie oder bei der Erforschung des menschlichen Verhaltens, Fühlens und Denkens nützlich und notwendig (das gilt unter anderem für die Psychotherapie, betr. z. B. Bindungstheorie). So wird in der Pharmaforschung aus „Tiermodellen" abgeleitet, welche Wirkungen auch am Menschen zu erwarten sind. Die Relevanz der Ergebnisse für Humanwissenschaften (wie etwa die Medizin) steigt im Allgemeinen mit dem Verwandtschaftsgrad der untersuchten Tierart mit dem Mensch. Das bedeutet, dass z. B. Ergebnisse von Affen aussagekräftiger sind als etwa jene von Ratten oder Tauben. Ähnliches gilt für den Vergleich des Verhaltens: Hier sind die Verhältnisse insofern komplexer, als für die Interpretation von Ähnlichkeiten Wissen über Homologien, Analogien und die Verhaltensphylogenese in Bezug auf die Großsystematik als Orientierungshilfe nützlich ist und notwendig sein kann (siehe Teil II des Buches). Methodisch-empirisch erfolgt der Tier-Mensch-Vergleich in zwei voneinander unabhängigen Schritten: Im ersten Schritt werden die Funktionsprinzipien durch Beobachtung bei einer Tierart ermittelt und beschrieben. Im zweiten Schritt wird die Gültigkeit dieser gefundenen Prinzipien der Verhaltenssteuerung durch gesonderte Untersuchungen am Menschen selbst überprüft. Aus wissenschaftlicher Sicht darf man weder Verhaltensweisen, die beim Tier beobachtet wurden, unmittelbar und unkritisch auf den Menschen übertragen, noch von einer Tierart auf eine andere schließen (das gilt sogar im Falle zweier nahe miteinander verwandter Arten). Verhaltensbeobachtungen an Menschenaffen dürfen lediglich als *Anregung* bzw. *Arbeits-Hypothesen* für eigene Untersuchungen am Menschen herangezogen werden. Von großem theoretischem Interesse ist die Frage: Welche Leistungen bei heute lebenden Wirbeltieren sind mit Leistungen unserer Fisch-, Reptil-, Säugetier-, Affen- und Menschenaffen-Vorfahren vergleichbar? Im Verlauf der Evolution des Menschen sind Verhaltensleistungen entstanden, durch die immer komplexere (ökologische und soziale) Situationen und Bedingungen mit immer neuen Freiheitsgraden bewältigt werden können. Der Tier-Mensch-Vergleich ist also eine Voraussetzung dafür, Merkmale, durch die sich der Mensch vom Tierreich abhebt, zu erkennen. Hinsichtlich verhaltensbiologischer und biopsychischer Merkmale gibt es in fast jedem Verhaltensbereich Besonderheiten, welche die Sonderstellungen des Menschen begründen. Einzelne Beispiele dafür sind schon lange bekannt: Dauernd aufrechter Gang mit frei verfügbaren Händen, Sprechen mit erlernten akustischen Symbolen und damit eine objektunabhängige Tradition und Kulturabhängigkeit, Jenseitsvorstellungen, „Übergangsriten" bei Geburt, Initiation, Heirat und Tod, bezüglich der Nahrungsaufnahme: kulturabhängige Nahrungszubereitungen mit Hilfe des Feuers und Esskultur, Manipulationen am eigenen Körper, um ihn zu verschönern und zu schmücken (weitere Beispiele finden sich in den entsprechenden Kapiteln). Paradoxerweise sind Merkmale, die wir umgangssprachlich als „menschlich" zu entschuldigen geneigt sind, nach KONRAD LORENZ (1949) meist jene, die wir mit vielen Tieren gemeinsam haben.

Es lässt sich zeigen, dass mit zunehmender stammesgeschichtlicher Verwandtschaft zwischen Menschen und den verglichenen Spezies die Anzahl der Leistungen zunimmt, die wir mit ihnen gemeinsam haben. Fische zeigen noch kein Spielverhalten, Affen unterhalb der Menschenaffenstufe erkennen sich nicht im Spiegel (siehe Kapitel 3), Menschenaffen sind nicht reflexionsfähig. Dies bedeutet, wie in den Kapiteln 3 und 5 ausgeführt wird, dass nur jene Kreaturen, die zur Selbstexploration (im Spiegel) fähig sind, Willkürbewegungen nachahmen oder „absichtlich" einem anderen Individuum schaden können.

Kulturenvergleich (vgl. MEDICUS 1999–2004), Methode der Humanethologie, die auf dem Gedanken beruht, dass sich angeborene Grundlagen des Verhaltens erkennen lassen, indem man das Verhaltensrepertoire vieler Kulturen vergleicht. Für kulturenvergleichende humanethologische Forschungen wurden Populationen ausgewählt, die von der technisierten Zivilisation möglichst wenig beeinflusst waren und die untereinander eine große kulturhistorische Distanz hatten, so dass z. B. bei mimischen Ähnlichkeiten die Tradition oder Kulturkontakte als Ursachen auszuschließen sind (DARWIN 1872). Es wurde u. a. festgestellt, dass verschiedene traditional lebende Kleingruppen in Afrika, Südostasien und Südamerika als „Modell" steinzeitlicher Vorfahren betrachtet werden können (EIBL-EIBESFELDT 1995). Sie leben zum Teil auch heute unter sozialen Bedingungen, an die noch der moderne Mensch stammesgeschichtlich angepasst ist. Viele wissenschaftliche Daten wurden durch die Forschungsstelle für Humanethologie in der Max-Planck-Gesellschaft in folgenden Kulturen gesammelt (vgl. SCHIEFENHÖVEL *et al.* 1993): !Ko, G/wi und !Kung („Buschleute") in Botswana und Pygmäen im Kongo („altsteinzeitliche" Jäger und Sammler), Eipo im Hochland West-Neuguineas („jungsteinzeitliche" Pflanzer und Schweinezüchter), Yanomami in Venezuela („jungsteinzeitliche" Pflanzer), Himba in Namibia (Pflanzer und Viehzüchter), Trobriander in der Milne Bay Ost-Neuguineas („jungsteinzeitliche" Pflanzer, Fischer und Seefahrer), Balinesen in Indonesien (eine „Hochkultur"). Verhaltensweisen, besonders soziale Signale, die universell sind, ohne dass ihre Form durch Kulturaustausch oder äußere ökologische Notwendigkeiten erzwungen wird, werden als vermutlich erblich bedingt betrachtet. Zum Beispiel konnte der „Augengruß" als arttypisches menschliches Verhalten von EIBL-EIBESFELDT identifiziert werden, außerdem viele Elemente des Verhaltens von Kleinkindern und in der Eltern-Kind-Interaktion. Darüber hinaus konnte in diesen Untersuchungen gezeigt werden, dass etwa das Bedürfnis, zu grüßen und sich zu verabschieden, ange-

borene Grundlagen hat, auch wenn die unterschiedliche Gestaltung des „Grußzeremoni-
ells" stark kulturell geformt sein kann.

Auf der Basis dieser Methodik lässt sich beispielhaft folgender Begriff erläutern:

Urgesellschaft, „Urhorde", Vorfahren aller heute lebenden Menschen vor etwa 100 000
bis 200 000 Jahren (vgl. Medicus 1999–2004). Humanethologen vermuten, dass diese Menschen bereits all die Merkmale der Psyche und des Verhaltens gezeigt haben,
die als kulturunabhängige Universalien bezeichnet werden. Im Gegensatz zu den empirisch untermauerten Universalien bei heute lebenden Ethnien werden von einzelnen
„Vernunftwissenschaftlern" der Urgesellschaft, zum Teil zwecks Untermauerung von
weltanschaulichen Vorstellungen (auf der Grundlage von moralistischen Fehlschlüssen:
s. Kapitel 2), einige nicht zutreffende Merkmale zugeordnet: Die „Urgesellschaft" habe
kein Eigentum, keine Hierarchien, keinen Neid, keinen Ehrgeiz, keinen Egoismus, keinen Geltungsdrang, keine Überheblichkeit, keine Fremdenfeindlichkeit, keine Mutterliebe, keine romantische Liebe, keine sexuelle Scham und keine Eifersucht gekannt,
auch sei sie promisk, inzestuös, matriarchalisch und ohne Geschlechtsunterschiede im
Verhalten und infolgedessen frei von Aggression gewesen (vgl. EIBL-EIBESFELDT 1995).
Durch den Vergleich von Tierarten (insbesondere nicht-menschliche Primaten) mit den
Menschen und den Kulturenvergleich (insbesondere von Kulturen, die bis in das 20.
Jahrhundert noch unter steinzeitlichen Bedingungen lebten) konnten diese Vorstellungen
falsifiziert werden.

1. Naturwissenschaftliche interdisziplinaritätstheoretische Grundlagen

Die Fragen, die das Buch aufwirft, erfordern einen integrativen interdisziplinären Ansatz. Im Kern geht es darum: Wie lassen sich Fragestellungen und Ergebnisse der unterschiedlichen Disziplinen wissenschaftstheoretisch sinnvoll zusammenführen, um ein ganzheitliches Bild vom Menschen zu gewinnen? Stellt man die Vier Grundfragen (nach LORENZ 1937 und TINBERGEN 1963: Verursachungen, Lebensgeschichte, Anpassungswert, Stammesgeschichte) und die Systemebenen (Molekül, Zelle, Organ, Individuum, Gruppe) tabellarisch einander gegenüber, ergibt sich ein Orientierungsrahmen für Interdisziplinarität in den Humanwissenschaften. Grundfragen und Systemebenen sind die Bezugsgrößen des integrativen Ansatzes. Damit können die Diskussionen zwischen verschiedenen Humanwissenschaften transfakultär strukturiert werden.

Übersicht 1:
Orientierungsrahmen für Interdisziplinarität in den Humanwissenschaften[9]

	Verursachungen	Ontogenese	Anpassungswert	Phylogenese
Molekül				
Zelle				
Organ				
Individuum				
Gruppe				
Gesellschaft				

Übersicht 1: Der tabellarische Orientierungsrahmen ist die kleinste gemeinsame Verständigungsbasis der unterschiedlichen anthropologischen Denkansätze: Der interdisziplinäre Umfang eines Themas erschließt sich, wenn anhand des Rasters der Grundfragen (Spaltenüberschriften) gefragt wird und gleichzeitig die Systemebenen (Zeilenüberschriften) berücksichtigt werden, auf die sich die Fragen beziehen.[10] Wir neigen dazu, uns bei komplexen biopsychischen Fragen mit einer Antwort zufrieden zu geben, ob-

---

9. Die Metapher „Periodensystem" für die Grundfragen stammt von dem Gesundheitsökonom PETE WELCH aus Arlington, Virginia (Wikipedia 2007; „Tinbergen's four questions"; Entwurf): „An advantage of the [question] schema is that it highlights gaps in knowledge, a role played by the *periodic table* in the early years of chemistry". WELCH hat im Februar 2007 nur die Vier Grundfragen, aber keine Ebenen erwähnt. Sein „periodic table" hatte noch keine Tabelle. Die tabellarische Übersicht bestehend aus Grundfragen und Systemebenen ist ab März 2008 aus MEDICUS 2005 „Mapping transdisciplinarity in human sciences" übernommen worden. Wegen der „periodischen" Wiederkehr der Grundfragen in den verschiedenen Ebenen wird der Orientierungsrahmen heute im englischen Sprachraum sowohl als „periodic table of life sciences" als auch als „periodic table of human sciences" zitiert. So wie das Periodensystem der Chemie alle Elemente umfasst, können dem Periodensystem der Humanwissenschaften alle Bereiche der Menschenforschung – natur- und geisteswissenschaftliche – zugeordnet werden.

10. Vgl. MEDICUS 1999–2004, Stichwort „interdisziplinär".

wohl noch andere Grundfragen offen bleiben. Verhalten und subjektives Erleben können aus der Sicht einer einzigen Fragestellung nicht umfassend verstanden werden, weil die vier Fragenbereiche in der Realität eng miteinander verschränkt sind. Wenn bestimmte Zusammenhänge nicht berücksichtigt werden, wird auf Wissen verzichtet. Die *kursiv* geschriebenen Systemebenen und Grundfragen sind auch Gegenstand geisteswissenschaftlicher Disziplinen. In der ethologischen Literatur werden Verursachungen und Ontogenese als unmittelbare (proximate) Zusammenhänge, Anpassungswert und Phylogenese als grundlegende (ultimate) Zusammenhänge zusammengefasst (siehe Übersicht 3, S. 28). Die Reihung der grundlegenden und unmittelbaren Zusammenhänge ist beliebig; bei den Ebenen sind Ergänzungen möglich, so könnte man beispielsweise zwischen Zelle und Organ die Begriffe „Zytoarchitektur/Neurokybernetik" und zwischen Individuum und Gruppe „Familie" einfügen.

Übersicht 2:
Die aristotelischen Wurzeln des Orientierungsrahmens für Interdisziplinarität in den Humanwissenschaften

	Causa materialis	Causa efficiens	Causa finalis	Causa formalis
Materia				
Anima vegetativa				
Anima sensitiva				
Anima rationalis				

Auch wenn die aristotelischen Konzepte für einzelne Diskussionen nützlich sind, werden sie doch vielen anthropologischen Fragestellungen unserer Zeit nicht mehr gerecht. Die aristotelischen Schichten können sowohl mit den Ebenen in Übersicht 1 als auch mit den Stufen im „Stammbaum psychischer Leistungen" von Kapitel 3, Übersicht 5, S. 64 in Beziehung gesetzt werden.

Bezüge zwischen den „Vier Grundfragen der biologischen Forschung" und den „Vier Urgründen allen Geschehens" bei Aristoteles (vgl. MEDICUS 1999–2004).

a) *morphologisch fundierte Zuordnung:* Die Fragen nach den grundlegenden Zusammenhängen (siehe Übersicht 3) können der Causa formalis (Formursache, Bauplan) und Causa finalis (Zweckursache) von Aristoteles zugeordnet werden. Sie sind von vielen Idealisten als vorrangig betrachtet worden.

Die Fragen nach den unmittelbaren Zusammenhängen (siehe Übersicht 3) können der Causa materialis (Materialursache) und der Causa efficiens (Energieursache) von Aristoteles zugeordnet werden. Sie sind von vielen Materialisten als Hauptursachen bewertet worden (vgl. RIEDL 1980).

b) *physiologisch/funktionelle Sicht:* Da sich naturwissenschaftliche Begriffe nicht immer mit philosophischen decken, werden in der Literatur auch andere Zuordnungen diskutiert: Die Causa efficiens ist in der Geschichte der Philosophie auch als Wirkursache oder bewegende Ursache (z. B. im Rahmen von Funktionsprogrammen; zum Teil Lebenskräfte des Vitalismus) interpretiert und damit von vielen Idealisten – neben der Causa finalis – als vorrangig betrachtet worden, die Causa formalis – neben der Causa materialis – hingegen von vielen Materialisten (vgl. BISCHOF 1985).

Übersicht 3	**Fragen nach den unmittelbaren Zusammenhängen** [Fragen nach den **proximaten** Ursachen oder nach den Nahursachen]	
	(1) Verursachungen (Ursachen-Wirkungs-Beziehungen bei den Funktionsabläufen)	**(2) ontogenetische Zusammen-hänge**
(A) Beispiele für Fragestellungen aus der Ethologie und ihrer Nachbardisziplinen	Wie „funktionieren" Erleben und Verhalten auf der chemischen, physiologischen, neuroethologischen, psychischen und sozialen Ebene – und • wie sehen die Bezüge zwischen den Ebenen aus? • Wie sind biologische Programmierungen [z.B. „instinktive" Antriebe und Hemmungen], Lernen, Intellekt und Kultur sowie Können, Wollen und Sollen miteinander verschränkt und • gibt es dabei Unterschiede in Abhängigkeit von Spezies, Alter, Geschlecht und Verhaltensbereich? • Welche Bezüge haben Wahrnehmung, subjektives Innenleben und Verhalten zur Umwelt?	Was bewirken wann/welche (a) inneren Programmschritte und (b) Umwelteinflüsse? Mit anderen Worten: Was sind die ontogenet. Grundlagen von Verhalten und Lernen? Z.B.: Welche Auswirkungen haben • Hormone und • Reafferenzen für • Reifungsprozesse und • prägungsähnliche Schritte? • Welchen Einfluss haben diese Prozesse auf Lernleistungen? • Was wird gelernt?
(B) Verhaltens-beispiele	• Der Endorphinspiegel steigt bei Sender und Empfänger während der sozialen Fell- und Hautpflege. • Freundliche Verhaltensweisen sind Gegenspieler der Aggression, sie können kulturell gefördert werden. Unattraktive Verhaltensweisen – z.B. destruktive Formen der Aggression – können kulturell gehemmt und unterdrückt werden.	• Kinder erkennen sich mit ca. 20 Monaten im Spiegel. Das ist eine der Grundlagen für soziale Kognition: z.B. für erste einfache emotionale Perspektiven-übernahme als Voraussetzung für kognitiven Altruismus und Kooperation.
(C) Beispiele für wissenschaftliche Fachgebiete, mit Hinweisen auf die Systemebenen: Atom-, **Mol**ekül-, **Ze**ll-, **Gew**ebs-, **Org**an-, **Ind**ividuums-, **Gr**uppen-, **Ges**ellschaftsebene.	**At, Mol**: Biochemie, **Ze, Gew, Org**: Neurophysiologie, N.-biologie, **Org, Ind**: Neuroethologie, N.-psychologie, Neurologie, Verhaltensphysiologie, V.-genetik, V.-endokrinologie, V.-immunologie, Chrono-biologie, Psychosomatik, Psychiatrie, **Ind, Gr**: Ethologie, Soziobiologie, Verhaltens ökologie, Psychologie, Pädagogik, Theorien der Psychotherapie, Urgeschichte, **Ges**: Sozio- und Politologie, Rechts-, Wirtschafts-, Geistes-, Geschichts- und Kulturwis-senschaften.	**Org, Ind**: Entwicklungs-neurologie, Neurobiologie, **Ind, Gr**: Ethologie, Entwicklungspsychologie, Theorien der Psychotherapie.

Verhaltensökologie & Soziobio
↳ Spezialgebiete d. Ethol

Übersicht 3:[11] Durch die Zuordnung von wissenschaftlichen Fachgebieten (Absatz C) zum *Orientierungsrahmen für Interdisziplinarität in den Humanwissenschaften* werden Zusammenhänge zwischen Spezialgebieten verdeutlicht; dabei zeigt sich, dass Verhaltensökologie und Soziobiologie Spezialgebiete der Ethologie sind. Durch den Denkstil der Soziobiologie wird die selektive Wahrnehmung insbesondere auf Kosten-Nutzen-

11. Eine frühere Version von Übersicht 3 findet sich in: MEDICUS, 1994; diese Version ist 2000 erschienen, sie ist z.B. vom *Lexikon der Biologie*, (Band 5, Seite 210), im Rahmen des Stichwortes „*Ethologie*" übernommen worden.

Fragen nach den grundlegenden Zusammenhängen [Fragen nach den **ultimaten** Ursachen oder nach den mittelbaren oder Letztursachen]		
3) Anpassungswert		**(4) phylogenetische Zusammenhänge**
(a) ökologisch	(b) innerartlich	
Wozu sind die einzelnen Leistungen der Wahrnehmung, des subjektiven Innenlebens, des Lernens und des Verhaltens da? Beispielsweise:		*Warum sind strukturelle Zusammenhänge stammesgeschichtlich „so und nicht anders" geworden?* Konkret:
• Was sind die Kosten, was ist der Nutzen einer Verhaltensweise – etwa		• Welche Merkmale waren phylogenetisch Vorbedingung welcher neuen Merkmale und
• hinsichtlich Energie-aufnahme und Verbrauch?	• in Abhängigkeit von Verwandtschaftsgrad und • sozialer Attraktivität?	• welche Folgen haben ältere Merkmale für weitere Entwicklungen – z. B. für • Hormon- und Transmitter-Funktionen,
• Welche Veränderungen ergaben sich an bestehen gebliebenen stammesgeschichtlich älteren Merkmalen des Verhaltens unter den Selektionsbedingungen jüngerer Verhaltensmerkmale?		• neuroanatomische Strukturen und • Verhaltensmerkmale? • Welche Merkmale sind homolog und welche analog?
• Soziale Zusammenschlüsse sind zweckvoll zum Beispiel bei • dem Schutz vor Beutegreifern, • kollektiver Jagd, • Bautätigkeiten.	• Freundliches Verhalten hilft Bindungen zu stiften und zu erhalten als Basis für gegenseitige Unterstützungen, z. B. bei Brutpflege oder bei Auseinandersetzungen.	• Die Brutpflege und das Eltern-Kind-Band waren Vorbedingungen für soziale Bindungen. Elemente des Brutpflegeverhaltens fanden im Rahmen dieser Entwicklung Verwendung als sozial freundliches Verhalten, z. B. Kuss und Schnäbeln und soziale Fell- und Gefiederpflege.
Ind, Gr: Ethologie, Verhaltensökologie, Sozioökologie.	**Ind, Gr**: Ethologie, Soziobiologie.	**Ze, Gew, Org**: Neurobiologie, **Org, Ind**: Neuroethologie, **Ind, Gr**: Ethologie.

Analysen in Bezug auf das innerartliche Verhalten gerichtet und damit dieser Aspekt präzisiert.

Wenn bei Fachleuten einer von zwei wissenschaftlich konstruktiven Denkstilen dominiert (z. B. der der klassischen Ethologie oder der der frühen Soziobiologie), dann werden mitunter die gut fundierten empirischen Ergebnisse und die Logik des weniger dominanten vernachlässigt; daraus kann Wissensverzicht resultieren.

Die ersten 3 *kursiv* gedruckten Zeilen von „Beispiele für Fragestellungen" (Absatz A, Spalten 1 bis 4) gelten mutatis mutandis für alle Biowissenschaften sowie für Psychologie, Sozial- und zum Teil für die Kulturwissenschaften (vgl. Scherer *et al.* 1987).

Die beiden Begriffsklassen – Grundfragen und Ebenen – sind im Sinne ihrer nunmehr gültigen Definition mindestens 150 Jahre alt; sie sind nach heutiger Auffassung Voraussetzung für die Entwicklung einer „Theorie der Anthropologie". Die moderne Ethologie und Psychologie folgen dem hier skizzierten integrativen Ansatz – auch dann, wenn nicht explizit darauf Bezug genommen wird. Aus erkenntnistheoretischer Sicht gilt: Da die Antworten zu den Systemebenen und zu den Vier Grundfragen widerspruchsfrei zusammenpassen müssen, lassen sich durch Inkonsistenzen neue Fragestellungen und Untersuchungsbereiche finden und fiktive und falsche Vorstellungen aufdecken (z. B. falsche Vorstellungen zur Urgesellschaft). Beide Begriffssysteme, das der Grundfragen und das der Ebenen, sind prinzipiell gleich wichtig.

Dieser Orientierungsrahmen erleichtert es auch, Verschiebungen von Lehre- und Forschungsschwerpunkten in der Vergangenheit aufzuzeigen, und macht zugleich unerforschte Bereiche und Wissenslücken sowie institutionell vernachlässigte Bereiche sichtbar. Außerhalb des Orientierungsrahmens für Interdisziplinarität in den Humanwissenschaften stehen Fragen zum Leben nach dem Tod sowie Fragen zu Primärursache und Endzweck des Universums, die sich in diesem Kontext nicht erhellen lassen (letztere werden erwähnt, weil es in vielen Kulturen anthropozentrische Schöpfungsmythen dazu gibt). Bezüglich *kulturhistorischer Eigengesetzlichkeiten* ist das System nur bedingt relevant. Nützlich ist es etwa, wenn Verschränkungen der Kulturen mit der biopsychischen Ausstattung des Menschen beleuchtet werden.

1.1   Die Grundfragen

Die Grundfragen sind eine Bezugsgröße oder ein Begriffssystem des hier vorgeschlagenen integrativen Ansatzes. Sie sind erst durch die Begründer der modernen Ethologie, KONRAD LORENZ (1903–1989; z. B. 1937, 1957) und NIKO TINBERGEN (1907–1988; z. B. 1951, 1963) als „Die Vier Grundfragen der biologischen Forschung" zu einem theoretischen Konzept ausgearbeitet worden, das hier als Grundlage dient. Die Bereiche der Vier Grundfragen sind eng miteinander verschränkt, deshalb sind oft weder einzelne Untersuchungen noch ihre Ergebnisse nur einer einzigen Grundfrage zuordenbar. Mit der Diskussion eines der vier Fragenbereiche ergeben sich zugleich auch Fragen zu den übrigen Bereichen. Die Verhaltensbiologie kann also einen nützlichen methodisch-theoretischen Rahmen zum Verständnis menschlicher Verhaltensweisen liefern.

Methodisch-empirisch spielen bei der Untersuchung und Diskussion der Grundfragen der Arten-, der Tier-Mensch- und der Kulturenvergleich eine wichtige Rolle.

1.1.1   Die Frage nach den Verursachungen

Die Frage nach den Verursachungen widmet sich den Ursachen-Wirkungs-Beziehungen in Organismen, in der Ethologie werden mit ihr Verhaltensabläufe untersucht.

Wie „funktionieren" Verhalten und Psyche auf der chemischen, psychischen und sozialen Ebene? An Beispielen zum Werbe- und Sexualverhalten soll diese Frage zunächst näher erläutert werden. Als evolutionärer Psychologe und Psychotherapeut könnte man hierzu fragen: Wie kommt es zu Missverständnissen in Paarbeziehungen? Was sind die Ursachen?

Die ***drei Aspekte der Sexualität*** sind: Lust, Fortpflanzung und Beziehung (vgl. BEIER *et al.* 2005). Im Beziehungszusammenhang ist Sexualität Ausdruck von Liebe. Bei Kommunikation besteht das Risiko von Missverständnissen, etwa wenn einer der Partner nur den Lustaspekt anstrebt und der andere den Aspekt romantischer Verliebtheit. Warum sich die drei Gesichtspunkte auch in Geschlechtsunterschieden bei Normabweichungen hinsichtlich erregender Phantasien (also bei sogenannten Paraphilien) manifestieren, kann im Rahmen dieser Grundfrage nicht geklärt werden (siehe Fußnote 18, S. 36).

Imponieren im Alltag: In allen Kulturen kann beobachtet werden, dass Männer beim Flirt- und Werbeverhalten eher dazu neigen, Kraft und Geschicklichkeit als Teil ihres Dominanzverhaltens zur Schau zu stellen als Frauen (EIBL-EIBESFELDT 1994) – und dass dieses männliche Verhalten durch Frauen „ausgelöst" werden kann. Aber warum gibt es Geschlechtsunterschiede beim Werbe- und Balzverhalten? Fragen nach diesem Verhaltensunterschied lassen sich, wenn man nur die unmittelbaren Zusammenhänge in den Blick nimmt, kaum beantworten, man könnte etwa nach psychoendokrinologischen Ursachen und Lerndispositionen (siehe unten) fragen.

Pornographie: Es gibt auch Geschlechtsunterschiede im Umgang mit Pornographie. Männer sind eher visuell stimulierbar als Frauen und nur Männer beschaffen sich genitale Großaufnahmen um sich sexuell zu erregen. So lassen sich gute Geschäfte damit bekanntlich nur mit Männern machen (SYMONS 1979). Die weibliche Sexualität ist unter anderem mit mehr sozialen „Wenn und Aber" verbunden als die männliche (BISCHOF-KÖHLER 2002). Im Rahmen dieser Grundfrage lassen sich also Unterschiede in der Reaktion auf Pornographie feststellen. Warum unterscheiden sich die Geschlechter hinsichtlich ihres Umganges mit pornographischen Darstellungen? Auch für diese Unterschiede müssen die Ursachen aber primär auf der Basis der im weiteren Text besprochenen Grundfragen gesucht werden.

Psychoendokrinologische Aspekte sexueller Gewalt: Sie kann als eine ins Deviante (Normabweichung) entgleiste Form von Imponieren und Dominanz gesehen werden. Es gibt immer wieder Berichte über sadistische sexuell motivierte Gewaltdelikte mit schwerwiegenden Folgen für die Opfer (z. B. ein „Lustmord"). Dabei sind die Täter ausschließlich Männer. So sind manche Männer durch Phantasien über Gewalt an Frauen oder anderen Sexualpartnern sexuell erregbar; aber warum nur Männer? Was führt zu sexueller Gewalt? Bei diesem Sachverhalt stellt sich immer wieder die Frage, ob dieser Geschlechtsunterschied lebensgeschichtlich oder biopsychisch bedingt ist beziehungsweise in welcher Art beide Bereiche miteinander verbunden sind. Für eine gewisse biologische Komponente sprechen aus dem Blickwinkel der ersten Grundfrage Befunde aus der Verhaltensphysiologie und Psychoendokrinologie: Ein Mangel am männlichen Sexualhormon Testosteron ist beim Mann mit einer deutlichen Einbuße der sexuellen Triebstärke verbunden (FOX *et al.* 1972). (Umgekehrt führt ein unphysiologisch erhöhter Testosteronspiegel normalerweise nicht zu einer Potenzsteigerung.) Unter einer Behandlung mit Antiandrogenen (einem Medikament, das die Testosteronwirkung unterdrückt) ist bei sexuell-sadistischen Gewalttätern und anderen Paraphilien bei Männern im Allgemeinen das Risiko eines Rückfalls geringer, auch wenn das Triebziel bestehen bleibt. Sobald bei diesen Männern wieder normale Testosteronspiegel gegeben sind, besteht höchste Gefahr eines Wiederholungsdelikts.

Man kann also den Zusammenhang zwischen Hormonen und Verhalten untersuchen und für viele Erklärungen nützen (GRAY 1989). Die Frage, ob das männliche Sexualhormon Testosteron vorhanden ist, spielt auf der Verhaltensebene während des ganzen Lebens, von der Embryogenese bis ins Alter, eine Rolle (MONEY *et al.* 1972). Bei der Erläuterung solcher Kausalzusammenhänge bleiben aber die Fragen unbeantwortet, warum dieser Wirkungszusammenhang des Testoterons „so-und-nicht-anders" entstanden ist und was sein Anpassungswert im Rahmen des Normalverhaltens ist.

1.1.2   Die Frage nach der Ontogenese

Die Frage nach der Ontogenese untersucht, welche inneren Reifungsschritte ein Verhalten bestimmen und welchen Einfluss Umweltgegebenheiten auf die Entwicklung haben. Fokussiert werden also Ursache-Wirkungs-Beziehungen in der Entwicklung beginnend mit der befruchteten Eizelle – manchmal bis zum Tod. Beispielsweise: Was bewirken wann/welche inneren Programmschritte (Reifungsschritte) und was bewirken wann/ welche Umwelteinflüsse?

Dass gewisse Verhaltensweisen beim Menschen fast immer in einem mehr oder minder ähnlichen Lebensabschnitt auftreten bzw. reifen, ist genetisch bedingt. Die Ontogenese folgt also einem *inneren Plan*. Dieser innere Plan ist hinsichtlich Chronologie und Qualität nur sehr begrenzt beeinflussbar. Frühkindliches Fremdeln (ab etwa 8 Monaten) und Trotzen (zwischen etwa 20 Monaten und dem Beginn des vierten Lebensjahres) sowie die Fähigkeit zum akzentfreien Erwerb einer Fremdsprache (bis zur Pubertät) treten im Allgemeinen in einem ganz bestimmten Lebensalter auf.

Umwelteinflüsse: Die liebevolle Bindung und Zuwendung durch die Eltern oder ihre Stellvertreter ist, wie man seit SPITZ (1976), HARLOW (1971, HARLOW *et al.* 1962) und BOWLBY (1969) weiß, eine wichtige Voraussetzung dafür, als Erwachsene längerfristige Bindungen eingehen und sich als liebenswert erleben zu können. Werden diese biopsychischen frühkindlichen Anlagen nicht genützt, können Entwicklungsstörungen die Folge sein, die vermutlich aus Anomalien bei hormonellen Stressreaktionen, aber auch aus Abweichungen in der Vernetzung der Nervenzellen resultieren (vgl: WESSEL *et al.* 1992). Es gibt also „Umweltgegebenheiten, die für den Aufbau und die Erhaltung eines Organismus relevant sind"; BISCHOF-KÖHLER (2011) nennt sie Alimentationen[12]. Sogar Frühgeborene entwickeln sich mit der Alimentation der liebevollen Zuwendung besser.

---

12. Alimentär (latein.) bedeutet: durch Stoffwechsel. In der Medizin findet der Begriff auch Verwendung im Kontext von Nahrung und Spurenelementen. In der Bindungstheorie gilt auch Mutterliebe als alimentativ notwendig: Zu Beginn des letzten Jahrhunderts galt die lerntheoretisch fundierte Devise, es sei besser, Säuglinge schreien zu lassen als sie zu trösten, damit sie nicht zu verwöhnten Tyrannen heranwüchsen – Mutterliebe galt sogar als schädlich. Diese Haltung wurde auch durch andere Zeitströmungen gerechtfertigt und untermauert. Von den Entdeckungen von IGNAZ SEMMELWEIS und LOUIS PASTEUR leiteten einzelne Bakteriophobiker überzogene Empfehlungen ab: Säuglinge dürften nur mit Mundschutz und steril gewaschenen Händen berührt wer-

Embryonale Testosteroninduktion: Während der Ontogenese spielen bestimmte Zeitabschnitte bei Reifungs- und Lernprozessen in Bezug auf die psychische Geschlechterdifferenz eine ganz besondere Rolle. Testosteron zum Beispiel, das der embryonale Hoden produziert, beeinflusst die Reifung des Nervensystems. Die Ausschüttung hypophysärer Gonadotropine erfolgt postpubertär beim Mann konstant, wenn während der Embryogenese eine Testosteron-Induktion auf den Hypothalamus erfolgt ist und bei der Frau in einem 28-Tage-Zyklus, wenn keine Testosteron-Induktion erfolgt ist. Durch die embryonale Testosteroninduktion wird aber wahrscheinlich auch Art und Ausmaß der postpubertären sexuellen Stimulierbarkeit durch visuelle Reize mitbedingt (MONEY *et al.* 1972): Fotos mit anonymen genitalen Ausschnitten können deshalb nur bei Männern stark stimulierend wirken.

Frühkindliche Entwicklung und Sozialisation:[13] Bezüglich des Zusammenhanges zwischen Sexualität und exzessiver und absichtlich quälender Gewalt hilft die Frage nach der Ontogenese etwas weiter: Die Täter haben immer schwere Persönlichkeitsstörungen, wohl meistens als Folge einer beziehungsarmen Kindheit. Unklar bleibt aber weiterhin die Ursache des Geschlechtsunterschiedes, wenn die äußeren Bedingungen für beide Geschlechter weitgehend ähnlich sind: Schwer persönlichkeitsgestörte Frauen versuchen nur ausnahmsweise, ihre sexuelle Lust im Rahmen von forensisch relevanten Paraphilien zu steigern.[14]

Die ersten beiden Grundfragen ähneln Fragen der Physik und Chemie, weil sie sich aktuell studieren und durch die Analyse von Ursache-Wirkungs-Beziehungen beantworten lassen. Die folgenden Grundfragen werden nur vor dem Hintergrund der Stammesgeschichte verständlich, sie betreffen die evolutionär begründeten ultimaten (grundlegenden) Zusammenhänge. Stammesgeschichtliche Forschung bezieht das evolutionäre Warum, Woher und Wozu ein und ist zumeist durch Vergleich verschiedener Tierarten mit dem Menschen und durch historische Rekonstruktion zugänglich.

---

den. Mangels geeigneter Babynahrung und als Folge dieser angeblich wissenschaftlich fundierten Säuglingspflege ist in der ersten Hälfte des letzten Jahrhunderts in einzelnen Waisenhäusern die Überlebensrate der Kinder gegen Null gesunken (BLUM 2010).

13. Interessant ist, dass im Kindergarten die Geschlechtsunterschiede hinsichtlich Imponieren, Einschüchtern und Raufen dann stärker ausgeprägt sind, wenn verabsäumt wird, den aggressiveren Buben Grenzen zu setzen, wie es mitunter in sogenannten „antiautoritären Kindergärten" der Fall war. In konservativen Kindergärten sind Buben diesbezüglich oft besser sozialisiert (vgl. ELLIS 1986, BISCHOF-KÖHLER 2002).

14. Die einzigen mir bekannten Beispiele sind seltene pädophile Aktivitäten, obwohl es wahrscheinlich keine Frauen gibt, die sexuell ausschließlich auf Kinder fixiert sind.

1.1.3   Die Frage nach dem Anpassungswert

Diese Frage befasst sich mit Zwecken von Lebensphänomenen: Wozu sind die einzelnen Leistungen der Wahrnehmung, des subjektiven Innenlebens, des Lernens und des Verhaltens da?[15]

Die Berechtigung dieser Frage ergibt sich daraus, dass eine Mutante über die Anzahl der Nachkommen gefördert oder behindert wird. Ein empirisches Maß für den Anpassungswert ist die Anzahl fortpflanzungsfähiger Nachkommen. Das bedeutet, dass genetisch determiniertes altruistisches Verhalten (im gekürzten Fachjargon „altruistische Gene"), z. B. Brutpflegeverhalten, durch die Selektion nur dann gefördert werden kann, wenn es den Nachkommen oder nächsten Verwandten zugutekommt.

Der Erklärungswert dieser Grundfrage sei an einigen Beispielen illustriert:

Durch die Fähigkeit zur Bindung zwischen den Eltern sowie durch ihr jahrelanges Zusammenbleiben ergeben sich Vorteile beim Großziehen der Kinder. Die Vorteile betreffen innerartliche (Attraktivität zwischen Geschlechtern) und ökologische Aspekte (Ressourcenbeschaffung und Arbeitsteilung).

Wie kommt es, dass die individuelle wie auch die institutionelle Investitionsbereitschaft gegenüber Säuglingen höher ist als gegenüber Greisen? Durch Pflege und Unterstützung von Säuglingen und Kindern steigert man unmittelbar die Zahl der Nachkommen. Die Betreuung pflegebedürftiger alter Menschen ist hierzu offensichtlich nicht geeignet. Doch zeigt die Bereitschaft zu solidarischem Handeln, dass wir nicht einem einseitigen Diktat der Gene unterworfen sind (z. B. RIDLEY 1997). Auch diese Bereitschaft lässt sich biologisch erklären: Wir sind genetisch nicht nur auf Eigennutz hin programmiert (HAMILTON 1964), sondern auch darauf, sozial attraktiv zu sein – und Hilfsbereitschaft ist attraktiv (FRANK 1992). Wir können uns (proximat betrachtet) mit Hilfe von Lernen, Intellekt und Kultur zwischen mitunter gegensätzlichen Verhaltensbereitschaften entscheiden.

Der Mensch ist spezialisiert auf das Nicht-spezialisiert-Sein. Trotz dieser Anpassungsfähigkeit ist er genetisch und evolutionsbiologisch an bestimmte Umweltbedingungen besser angepasst („Environment of Evolutionary Adaptedness", EEA, zu Deutsch: Umwelt der evolutionären Angepasstheit[16]) als an andere. Eine Veränderung der Umwelt birgt das Risiko in sich, dass sich Probleme im Sinne der Mismatch theory ergeben: Zivilisationskrankheiten sind derartige Probleme. Sie sind Gegenstand der evolutionären Medizin (NESSE *et al.* 1997, STEVENS & PRICE 1996, SCHIEFENHÖVEL 1997a, 2000, BRÜNE 2008). Das Übergewicht vieler Mitglieder der Industriegesellschaft und daraus resultierende Erkrankungen sind etwa die Folge von Bewegungsmangel sowie zu vieler verführerischer hochkalorischer Lebensmittel in den Supermärkten.

---

15. Aus Sicht dieser Grundfrage erscheint die heute noch von einzelnen Psychotherapeuten vertretene Vorstellung von einem „Todestrieb" obsolet. Wie sollte er sich etablieren, wo er doch nicht zur Steigerung der Nachkommenzahl führen kann? Wenn weiter gefasste Definitionen des Todestriebes Symptome von Trauer oder von einer Depression mit einschließen (wie z. B. Unlust), dann sollte der Begriff, da irreführend, nicht verwendet werden.

16. Der Begriff „EEA" wurde von ROBERT FOLEY (1997) eingeführt; entsprechende Inhalte sind seit über 100 Jahren Gegenstand evolutionärer anthropologischer Diskussionen.

Anpassung erfolgt an Bedingungen, deren Notwendigkeiten einander zuwiderlaufen können. Das ist einerseits die außerartliche Umwelt und andererseits der Anpassungsdruck innerhalb einer Art. Der Anpassungswert ist deshalb oft durch zwei konträre Tendenzen gekennzeichnet.

1.1.3.1 Die Frage nach dem Anpassungswert an die außerartliche belebte und unbelebte Umwelt,

→ von den Individuen einer Art gebildete ökolog. Nische

bzw. an die von den Individuen einer Art gebildete ökologische Nische. Diese Frage ist Gegenstand der *Verhaltens- und Humanökologie* (vgl. KREBS 1984).

Was sind die Kosten, was ist der Nutzen einer Verhaltensweise, z. B. hinsichtlich Energieaufnahme oder Verbrauch? Wissenschaftshistorisch ist zu sagen, dass sich die Frage so erst seit der Überwindung des Vitalismus stellt, weil vitalistisch denkende Biologen vor mehr als 100 Jahren noch außernatürliche Lebenskräfte angenommen haben.[17]

Brutpflege ist ein Beispiel für eine Anpassung, bei der ökologische Bedingungen eine wichtige Rolle spielen können. Manche Umweltbedingungen oder ökologische Nischen konnten in der Evolution der Arten nur erschlossen und geformt werden, indem Brutpflege betrieben wurde. In manchen Nischen ist es für Jungtiere notwendig, dass sich beide Eltern an der Brutpflege beteiligen. Das gilt etwa für die meisten Vögel.

1.1.3.2 Die Frage nach dem Anpassungswert innerhalb einer Art

In der *Soziobiologie* geht es speziell um das innerartliche Verhalten, wobei sich auch hier Kosten-Nutzen-Analysen als nützlich erwiesen haben (WILSON 1975).

Was sind die Kosten, was ist der Nutzen einer Verhaltensweise, z. B. in Abhängigkeit von Verwandtschaftsgrad und sozialer oder/und sexueller Attraktivität? Der erste Teil der Frage wird erst seit dem biomathematischen Denkansatz von HAMILTON (1964), „the genetical evolution of social behavior", gestellt. Mit dem Lehrsatz von HAMILTON wird z. B. die vom Verwandtschaftsgrad abhängige Hilfsbereitschaft Kindern gegenüber erklärt, die statistisch gesehen bei den leiblichen Eltern am höchsten ist. Der zweite Teil der Frage nach Aspekten der Attraktivität wird in der Biologie seit ROBERT FRANKS (1992) Buch „Die Strategie der Emotionen" diskutiert.

„Kosten-/Nutzen-Verhaltensanalysen" Artgenossen gegenüber und der Verwandtschaftsgrad sind ein Hauptaspekt der soziobiologischen Forschung (z. B. WICKLER *et al.* 1983). Dabei muss zwischen dem Anpassungswert (a) zwischen Geschlechtsgenossen (Rivalität zwischen Männchen um Weibchen) und (b) gegenüber dem anderen Geschlecht (Merkmale, die für das jeweils andere Geschlecht attraktiv sind) unterschieden werden (z. B. DARWIN 1871, SYMONS 1979).

Nach der sozialen Grundregel von HAMILTON ergibt der Aufwand (Kosten) einer altruistischen Handlung multipliziert mit dem Verwandtschaftsgrad des Interaktionspartners ein Maß für den potentiellen genetischen Nutzen. Der Begriff Nutzen impliziert Zwecke:

---

17. Solche Lebenskräfte hat man z. B. beim Vogelflug postuliert. Man hielt Flugmaschinen, die schwerer als Luft sind, für unmöglich (z. B. LORD WILLIAM THOMSON KELVIN, 1824–1907).

Manche Soziobiologen folgern also, dass Lebewesen den Zweck hätten, das Überleben ihrer Gene zu sichern. Viele Soziobiologen sprechen in diesem Zusammenhang nach Dawkins (1976) vom „Eigennutz der Gene". Manche Soziobiologen reduzieren also Leben zum Teil auf einen Wettkampf von Genen mit Genen und sehen in Organismen Überlebensmaschinen der Gene.

Zum Anpassungswert männlichen Imponierverhaltens: Auch für den Menschen gilt, dass die minimal möglichen Kosten bei der Fortpflanzung für den Mann sehr niedrig sind, nämlich nur ein Ejakulat und dass für die Frau Schwangerschaft und Stillen unter natürlichen Bedingungen nicht umgangen werden können. Es ergibt sich demnach im Tierreich für diejenigen Männchen ein Selektionsvorteil, die erstens Rivalen aggressiv verdrängen können (Lorenz 1963), die zweitens nach Weibchen suchen und die drittens intensiv werben und sich um eine Begattung bemühen. Es ergibt sich für Männchen vieler Tierarten ein Vorteil, wenn sie rasch zwischen diesen Verhaltensweisen wechseln können. Auch das Spektrum des Sadomasochismus ist ein Beispiel, das durch eine funktionelle Nähe von sowohl Aggression, Dominanz und „Unterwerfung" (insbesondere im devianten Kontext) als auch durch Sexualität gekennzeichnet ist.

Auswirkungen der unterschiedlichen Kosten bei der Fortpflanzung: Vor diesem Hintergrund wird auch verständlich, dass es aus evolutionsbiologischer Sicht für Männer vorteilhaft sein kann, wenn sie rasch und ohne viel „Wenn und Aber" auf weibliche Reize ansprechen, zumindest dann, wenn keine Bindungsabsicht besteht (Symons 1979). Diese Neigung wird von der Werbe- und der Pornographie-Industrie ausgenützt. Dementsprechend sind einzelne persönlichkeitsgestörte Männer zu lustbetonten Paraphilien disponiert und Frauen eher zu beziehungs- und fortpflanzungsbezogenen Varianten.[18]

1.1.4   Frage nach der Phylogenese

Die Frage nach der Phylogenese widmet sich strukturellen Besonderheiten des „So-und-nicht-anders-Seins": Warum sind strukturelle Zusammenhänge stammesgeschichtlich „so-und-nicht-anders" geworden?

1.1.4.1   Dazu zunächst einige theoretische Vorbemerkungen

Nach Darwin (1859) erfolgt der Artenwandel in der Stammesgeschichte durch Mutation und Selektion (Darwin hat von „variation" und „natural selection" gesprochen). Durch zufällige Mutationen und Rekombinationen (siehe 7.1.1) entstehen neue Varianten. Die Selektion fördert oder behindert diese Varianten über die Anzahl der Nachkommen.

---

18. Den *Lustaspekt* betreffen z.B. Fetischismus, Voyeurismus, Frotteurismus, Exhibitionismus, Sadomasochismus, Pädophilie, Vergewaltigung, „Lustmord"; den *Beziehungsaspekt* z.B. millionenschwere Schenkungen an „Seelentröster", Bürgen für Kredite für Heiratsschwindler, aber auch Bindungswünsche (zum Teil mit Appetenz nach Schutz) an extreme Gewalttäter; den *Fortpflanzungsaspekt,* z.B. eingebildete/geleugnete Schwangerschaft, und Kidnapping von Säuglingen.

VWB – Verlag für Wissenschaft und Bildung

Viele der so entstandenen Merkmale haben sich in der weiteren Stammesgeschichte als sehr beständig erwiesen. Stammesgeschichtlich betrachtet besteht deshalb jeder Organismus aus verschieden alten Merkmalen (EIBL-EIBESFELDT 1978, LORENZ 1973); das gilt für die Anatomie und für Leistungen des Verhaltens gleichermaßen. Die Rekonstruktion der Stammesgeschichte des Menschen ermöglicht es, viele Besonderheiten des modernen Homo sapiens zu verstehen.

Vor diesem Hintergrund ergeben sich folgende konkrete Fragestellungen: In welcher Reihenfolge sind bestimmte Leistungsqualitäten entstanden? Welche Merkmale waren phylogenetisch Vorbedingung welcher neuen und welche Folgen haben ältere Merkmale für weitere Entwicklungen? Wie haben sich (phylo-)genetisch ältere Verhaltensmerkmale unter den Selektionsbedingungen jüngerer verändert und welche sind „verloren" gegangen? Ein Verständnis dieser phylogenetischen Zusammenhänge ist hilfreich bei der Diskussion der Frage, welche Vergleiche und Schlüsse zwischen Tierarten – sofern Vergleichbares vorhanden ist – zulässig sind. Methodisch spielen bei der Frage nach phylogenetischen Erwerbungen der Artenvergleich (Vergleich von Tierarten und Tier-Mensch-Vergleich) und der Kulturenvergleich eine zentrale Rolle. Rekonstruktionen zur Verhaltensphylogenese in Bezug auf die Großsystematik[19] bieten beim Arten- und Tier-Mensch-Vergleich eine Orientierungshilfe (Kapitel 3 bis 7). Weil ein großer Teil unseres Denkens, unserer Wahrnehmung, unseres Fühlens und Verhaltens das Produkt innerartlicher Selektion ist und auch bei Selektion ganz allgemein das Individuum im Vordergrund steht, spielen hier die Ebenen des Individuums und der Gruppe eine zentrale Rolle.

Beim Artenvergleich gibt es keine zwingenden Schlüsse von einer Tierart auf eine andere oder auf den Menschen. Wenn ein Merkmal bei einer Art eine bestimmte Ausprägung hat, so muss dies bei einer anderen Spezies nicht unweigerlich der Fall sein. Der direkte Schluss vom Tier auf den Menschen muss also genauso vermieden werden wie die Vermenschlichung des Tieres. Biologen fragen dazu: Welche Leistungen können (a) auf eine gemeinsame Urform zurückgeführt werden (Homologien) und welche sind (b) unabhängig voneinander, d. h. konvergent, entstanden (Analogien)?

1.1.4.2 Verhaltensbeispiel zur vierten Grundfrage

Freud hat postuliert, dass kindliche Sexualität in das Brutpflegeverhalten mit den Eltern einfließt, dass also Herzen und Schmusen mit Kindern und zum Teil deren Körperpflege auch sexuell getönt sei. Sexualität ist phylogenetisch älter als Brutpflege, also müsste, wenn hier Freud Recht hätte, das Sexualverhalten im Verlauf der Phylogenese in das Brutpflegeverhalten eingeflossen sein und in diesem Kontext auch kommunikative Funktionen bekommen haben. Trotz der enormen Vielfalt an unterschiedlichen evolutionären Entfaltungen im Tierreich gibt es bisher dafür kein gesichertes Beispiel[20]. Mit

---

19. Betrifft evolutionäre Zusammenhänge zwischen und innerhalb der Wirbel-, Glieder- und Weichtiere.

20. Ausnahmen sind jene Frauen, die beim Stillen vermutlich infolge der durch Oxytocin bedingten Uteruskontraktionen orgasmusähnliche Empfindungen erleben (MASTERS *et al.* 1967). Es handelt sich möglicherweise um ein Epiphänomen ohne Anpassungswert.

Kasten 1

Homologien, Abstammungsähnlichkeiten:

Diejenigen Merkmale, die im Verlauf der weiteren Evolution in verschiedenen Entwicklungslinien (trotz Funktionswandel) in mehr oder minder ähnlicher Weise bestehen bleiben beziehungsweise einen gemeinsamen (phylo-)genetischen Ursprung haben, werden als homologe Merkmale bezeichnet. Das gilt z. B. für die Extremitätenskelette von Landwirbeltieren, die alle einen Oberschenkelknochen, zwei Unterschenkelknochen und maximal fünf Mittelfußknochen und Zehen haben.

Auf dieser Grundlage können z. B. Homologieschlüsse gezogen werden: Aufgrund der Anzahl von Abstammungsähnlichkeiten lassen sich unterschiedliche phylogenetische Verwandtschaftsgrade feststellen und Stammbäume erstellen. Darüber hinaus kann vielfach das „So-und-nicht-anders-Sein" (LORENZ 1973, 1978a) von Merkmalen der Anatomie und des Verhaltens nicht durch funktionelle Zwänge erklärt werden, sondern erfährt durch Einsicht in phylogenetische Vorbedingungen eine Deutung (z. B. Mimik von menschlichen und nichtmenschlichen Primaten). Vielfach ist der funktionelle Entstehungsgrund eines Merkmals (z. B. Extremitätenskelett) ein anderer als die Funktion, die es mitunter später in der Stammesgeschichte zeigt (z. B. kann das Extremitätenskelett Teil einer Flosse, eines Flügels, eines Beines oder einer Greifhand sein).

Kulturunabhängige Universalien im Verhalten (z. B. die menschliche Mimik[21]; EIBL-EIBESFELDT 1994) und Ähnlichkeiten im Tier-Mensch-Vergleich sind ein Hinweis auf stammesgeschichtlich erworbene Vorprogrammierungen. Aufgrund dieses Denkansatzes lassen sich auch Schlüsse auf die „Urgesellschaft" ziehen (siehe Anhang der Einleitung von Teil I, S. 25), von der alle heute bestehenden menschlichen Populationen abstammen.

Analogien, Funktionsähnlichkeiten:

Die zweite Form der Ähnlichkeit kommt durch konvergente Entwicklungen zustande. Diese konvergenten „Lösungen" als Anpassung an bestimmte Bedingungen werden als Funktionsähnlichkeiten oder Analogien bezeichnet. Beispiele sind die Stromlinienform bei Fischen, Robben, Delphinen, Ichthyosauriern und Pinguinen oder Flügel bei Vögeln, Fledermäusen, Flugsauriern, Insekten und Fischen. Auch das Linsenauge ist bei Tintenfischen und Wirbeltieren unabhängig voneinander in Anpassung an die optischen Brechungsgesetze entstanden.

Dabei können folgende Analogieschlüsse gezogen werden: Analogien sind ein Hinweis auf Gesetzmäßigkeiten bei (erstens) Selektion und Anpassungswert und (zweitens) bei der stammesgeschichtlichen Abfolge von Vorbedingungen (vgl. Übersichten 5, S. 64; 7, S. 101; 8, S. 111 und 9, S. 120).

---

21. Bereits DARWIN (1872) hat die Universalität der menschlichen Mimik erkannt. Dieser Aspekt wurde von EIBL-EIBESFELDT und anderen Anthropologen durch zahlreiche Filme dokumentiert. Die exakte Analyse der mimischen Funktionen der einzelnen Gesichtsmuskeln basiert auf den Arbeiten des schwedischen Anatoms CARL HERMAN HJORTSJÖ (1970). HJORTSJÖ hat 23 Bewegungseinheiten isoliert und ihr Zusammenspiel einschließlich unterschiedlicher Kontraktionsstärken analysiert. HJORTSJÖS Grundlagen sind heute – von EKMAN (1988) und FRIESEN minimal modifiziert – als Facial Action Coding System (FACS) bekannt. HJORTSJÖS Beitrag ist fast in Vergessenheit geraten.

Hilfe der vierten Grundfrage kann geklärt werden, dass nicht juvenile oder frühkindliche Sexualität in das Pflegeverhalten einfließt, sondern umgekehrt, wie DARWIN (1871) und EIBL-EIBESFELDT (1976) erkannten, Brutpflegeverhalten in das Sozial- und Sexualverhalten Adulter (dieser Aspekt ist beim Menschen und Affen homolog und bei Primaten und Vögeln analog). Im Verlauf der Evolution haben also Elemente des Brutpflegeverhaltens zwischen Adulten – als biopsychische Verhaltensbereitschaften – kommunikative Funktionen bekommen: Durch Liebkosungen mit Umarmung, Kuss und Streicheln werden Bindungen gestiftet und bekräftigt, beziehungsweise Vertrautheit und romantische/erotische Liebe signalisiert. Das So-und-nicht-anders-Sein der freundlichen Zuwendungen hat auf diese Weise eine evolutionäre Deutung erfahren.

Auch Elemente des Sexualverhaltens haben bei einzelnen Tiergruppen kommunikative Funktionen bekommen: Bei vielen Altweltaffen wird mit männlichem Aufreiten oder phallischem Imponieren – auch im nicht sexuellen Kontext – Dominanz signalisiert.

1.2 Die System- oder Bezugsebenen

Die zweite Bezugsgröße des integrativen Ansatzes sind die Systemebenen. Alle Grundfragen stellen sich auf den verschiedenen Systemebenen. Wie „funktionieren" Verhalten und Psyche auf den verschiedenen Ebenen – und wie sehen die Bezüge zwischen den Ebenen aus? Welche molekularen, genetischen, zellulären und anatomischen Veränderungen ergeben sich im Verlauf eines Lebens? Welchen Zweck erfüllen die Veränderungen auf den verschiedenen Systemebenen? Auf der Grundlage welcher Vorbedingungen sind wann in der Stammesgeschichte welche molekularen, genetischen, zellulären, anatomischen und sozialen Errungenschaften entstanden? Die Ebenen sind zusammen mit den Vier Grundfragen eine wichtige Grundlage der modernen Anthropologie.

Wenn wir das Spektrum etwa von den Atomen, Molekülen, Genen, Zell-Organellen über die Zelle, Gewebe (Neurokybernetik), Individuum, Familie, Gruppe bis zur Population und Artengemeinschaften kategorisieren, dann deshalb, weil uns der Informationsgehalt sowie die Komplexität unserer Welt zu groß ist. Jede Ebene ist prinzipiell gleich wichtig, auch wenn sich das in der öffentlichen Wahrnehmung der Forschung und in ihrer jeweiligen Wertschätzung und Förderung nicht unbedingt widerspiegelt.

1.3 Anhang

Beispiele für die Relevanz einzelner Grundfragen für Anwendungswissenschaften:
Evolutionäre Psychologie und evolutionäre Medizin (vgl. MEDICUS 1999–2004[22])
als Beispiele für biologisch fundierte anthropologische Anwendungswissenschaften.
In der medizinischen Forschung sind aufgrund des hohen Ähnlichkeitsgrades zwischen Menschen und anderen Säugetieren viele Tierexperimente auch für den Menschen aussagekräftig. Das nutzen die Pharmaforschung und die experimentelle Chirurgie. Sogar

---

22. Viele Inhalte zu dem Stichwort verdanke ich WULF SCHIEFENHÖVEL – betr. insbesondere Geburt, postnatale psychische Störungen, plötzlichen Kindstod, Hüftdysplasie und altersabhängige Gewichtsnormen (siehe auch NESSE *et al.* 1997).

die Forschung an den Riesenneuronen von Tintenfischen hat sich seinerzeit für die Neurobiologie als nützlich erwiesen, weil einzelne elektrophysiologische Funktionen bei
Wirbel-, Glieder- und Weichtieren infolge ihrer gemeinsamen stammesgeschichtlichen
Herkunft sehr ähnlich geblieben sind. Evolutionsbiologische Grundlagen sind heute fes-
ter Bestandteil der Bindungstheorie und der Sexualmedizin (vgl. Kap. 7 und 10).

Viele evolutionäre Aspekte sind darüber hinaus Ergebnis der Untersuchung und Rekonstruktion von Umwelt- und Lebensbedingungen im Verlauf der Evolution des Menschen. Wichtig ist der Vergleich unserer Zivilisation mit Populationen, die bis in die
zweite Hälfte des 20. Jh. unter steinzeitlichen Verhältnissen gelebt haben (sog. „Naturvölker" oder traditionale Kulturen). Sie leben zum Teil noch heute in überschaubaren
Gruppen unter Bedingungen, an die wir in mancher Hinsicht besser angepasst sind als
an das Leben in der Industriegesellschaft. Die Evolutionsmedizin versucht mit Hilfe
solcher Vergleiche zu erklären, dass „Zivilisationskrankheiten" die Folge von durch
den Menschen veränderten Umweltbedingungen sind. So wurde festgestellt, dass ar-
teriosklerotisch bedingte Herz-Kreislauf-Erkrankungen vor allem durch eine hyperka-
lorische Ernährung, Mangel an Bewegung und eine „Fehlbelastung" der Stresssyste-
me mitverursacht werden. Die kulturenvergleichende Perspektive liefert für folgende
Krankheiten und Störungen wichtige Vergleichsdaten und Diskussionsgrundlagen, weil
es sie bei traditionalen Kulturen entweder gar nicht oder nur seltener als in der Industriegesellschaft gibt: zu früh einsetzende Pubertät, Störungen der Geschlechtsidentität
und der Sexualpräferenzen, prämenstruelles Syndrom, polyzystische Ovarien, einzelne Formen der Frühgeburt, Schwangerschaftserbrechen, Gelbsucht der Neugeborenen,
plötzlicher Kindstod, exzessiv schreiende Säuglinge, Grad der Folgen der angeborenen
Hüftdysplasie, Wochenbett-, Still- und klimakterische Depressionen, Allergien, Mager-
sucht und Essattacken, Fettleibigkeit, Brust- und Bronchial-Krebs sowie andere bös-
artige Erkrankungen, Formen der Kurzsichtigkeit, Osteoporose, Bluthochdruck und
seine Folgeerkrankungen (Herzinfarkt, Schlaganfall). Es gibt ferner auch neue, durch
die Evolutionslehre angeregte Interpretationen zum Schwangerschafts-Diabetes und zur
Eklampsie. Die direkte Folge ärztlicher Entscheidungen und Eingriffe sind z.B. Kaiser-
schnittraten von bis zu 50% in manchen Kliniken, die aus evolutionsbiologischer Sicht
in diesem Prozentsatz nicht nötig sind, hormoninduzierte Mehrlingsgeburten und Kom-
plikationen infolge einer in einzelnen Fällen übertechnisierten Behandlung von Frühgeborenen und ein durch Schlafmittel induziertes Schlafmuster in Altersheimen, das nicht
dem von gleichaltrigen Angehörigen von Naturvölkern entspricht (Arbeit gemeinsam
mit Humboldt-Universität in Vorbereitung). Im Kulturenvergleich konnten auch Auswirkungen kultureller Selektion infolge der Haustierhaltung im Verlauf der letzten 5 000 bis
8 000 Jahre festgestellt werden, die bei einzelnen Populationen zu einer Verträglichkeit
von Frischmilch im Erwachsenenalter geführt hat und dazu, dass wir infolge der Kulturgeschichte des Feuers mit ausschließlich Rohkost-Ernährung nicht mehr gut beraten
sind. Aufgrund des Kulturenvergleichs müssen beispielsweise folgende Normen relativiert werden: Altersabhängige Gewichtstabellen sind in den Industriestaaten erstellt
worden und berücksichtigen zu wenig den Umstand, dass bei Naturvölkern z.B. Frauen

über 50 sehr schlank sind[23] oder dass Neugeborene kleinwüchsiger Populationen mitunter ein Geburtsgewicht aufweisen, das in Europa für inkubatorpflichtig gehalten wird. Darüber hinaus ist bei uns vielen Hebammen nicht bewusst, dass weltweit die häufigste Gebärstellung eine variable Vertikale ist – mit klaren psychischen und geburtsmechanischen Vorteilen (nach SCHIEFENHÖVEL 1994).[24] Vielen Ärzten und Spitalserhaltern ist nicht bewusst, dass Mehrbettzimmer dem Ruhebedürfnis von Wöchnerinnen entgegenstehen (siehe auch Fußnote 82, S 154). Die pharmakologische Unterdrückung des Bewegungsdrangs von Kindern wird nicht der Tatsache gerecht, dass Kinder von Natur aus nicht an Schule oder Computer angepasst sind („ADHS-Epidemie" der letzten Jahrzehnte; die Medikalisierung von Zootieren wegen Verhaltensauffälligkeiten aufgrund einer nicht artgerechten Haltung würde zu Recht Tierschutzorganisationen auf den Plan rufen). Auch die Pathologisierung der normalen Trauer wird den meisten Trauernden nicht gerecht (FRANCES 2013). Ebensowenig lässt der veränderte Hormonstatus von über 50-jährigen Frauen nicht den einfachen Schluss zu, dass sie substitutionspflichtige Hormonmangelwesen sind. Man kann erwarten, dass die Evolutionsmedizin und -psychologie einen zunehmenden Beitrag zur Analyse der Wechselbeziehungen zwischen Umwelt und Gesundheit leisten werden.

Weitere Beiträge zur evolutionären Psychologie und Psychotherapie finden sich im zweiten und dritten Teil des Buches.

---

23. Schwangerschaft und Stillen, für die Fettreserven nötig wären, sind nicht mehr zu erwarten. Die Gefahr an Hunger zu sterben ist für Erwachsene geringer, als für Säuglinge und Kleinkinder.

24. Auch Frauen, die infolge widriger Bedingungen alleine entbinden, wählen intuitiv *wechselnde* vertikale Positionen. Die Vorteile der Vertikale (nach SCHIEFENHÖVEL) habe ich aufgrund meiner Sozialisation als Schulmediziner lange nicht realisiert – bzw. im Sinne des Semmelweis-Effektes (siehe Kapitel 2.4) nicht glauben wollen. Vorteile der Vertikale sind (vgl. MEDICUS 1999–2004): 1) Die Schwerkraft hilft mit. 2) Es besteht kein Risiko, dass der Blutstrom durch die untere Hohlvene durch das Gewicht der Gebärmutter und des Kindes behindert wird (Vena-cava-Syndrom), wie gelegentlich bei einer Geburt in Rückenlage. Wenn im Rahmen des Hohlvenensyndroms zu viel Blut in die Beine zurückgestaut wird, kann bei der Gebärenden ein Bewusstseinsverlust eintreten. 3) Wegen der Geometrie des Kreuzbeins und der räumlichen Beziehung zwischen Kreuzbein und Hüftgelenk ist der Beckenring in der Schambeinfuge (Symphysis pubica) stärker erweitert, wenn die Sitzbeinhöcker (Tuber ischiadicum) oder die Beine durch das Gewicht der Mutter belastet sind. 4) Die werdende Mutter kann eine vertikale Haltung besser variieren; mit einer asymmetrischen Körperhaltung gelingt eine bessere Schmerzbewältigung, darüber hinaus ermöglicht eine vertikale Gebärstellung mehr das Gefühl der Autonomie. 5) Unmittelbar nach der Geburt fließt unter Umständen mehr Blut von der Plazenta zum Kind. – Nachteile vertikaler Gebärstellungen: Sie ist für die Geburtshelfer ergonomisch ungünstig. Bei Risikogeburten ist, solange die Kreißende eine vertikale Position einnimmt, der Einsatz von Saugglocke, Zange, Dammschnitt usw. nicht möglich.

2.   Beiträge der Geisteswissenschaften zum interdisziplinären Dialog der Humanwissenschaften

„ Mithin wird ein Responsum gesucht, über das zwey Facultäten wegen ihrer Ge-richtsbarkeit [...] in Streit gerathen können, die medicinische, in ihrem anato-misch-physiologischen, mit der philosophischen, in ihrem psychologisch-meta-physischen Fache, wo, wie bey allen Coalitionsversuchen, zwischen denen die auf empirische Principien alles gründen wollen, und denen welche zuoberst Gründe a priori verlangen [...] Unannehmlichkeiten entspringen, die lediglich auf dem Streit der Facultäten beruhen, [...] – Wer es in dem gegenwärtigen Falle dem Mediciner als Physiologen zu Dank macht, der verdirbt es mit dem Philosophen als Metaphysiker; und umgekehrt, wer es diesem recht macht, verstößt wider den Physiologen. " IMMANUEL KANT (1724–1804), Nachwort zu „Über das Organ der Seele" von SAMUEL THOMAS VON SÖMMERING (1796)

Dieses Buch sucht nach verbindenden Antworten, „Responsa", um die Spaltung der Humanwissenschaften zu überbrücken, wie sie in den Begriffspaaren „Leib- und See-lenwissenschaften", Natur- und Geisteswissenschaften, „Kernpsychiatrie" und „Psy-chotherapie" zum Ausdruck kommt. Letztlich ist diese Spaltung mit der uralten Ge-genüberstellung von Leib und Seele verbunden, daher ist die Problematik geeignet, die historischen Gründe für die Spaltung der Fakultäten nachzuzeichnen. Aufbauend dar-auf werden vier philosophische Konzepte beschrieben, die dazu beitragen können, die Spaltung zu überwinden: (1) Der Algorithmus von Erwartung und Erfahrung nach KARL POPPER, (2) die Schichtenregeln nach NICOLAI HARTMANN, (3) die analytische Unterschei-dung unterschiedlicher Gewissheitsansprüche und Evidenzgrade sowie (4) die Abkehr vom moralistischen und vom naturalistischen Trugschluss. In den Naturwissenschaften sind es unter anderem Ethologie und Evolutionäre Erkenntnistheorie, die zu einem bes-seren Verständnis der dualistischen Sicht von Gehirn und Geist beitragen. Die daraus abgeleiteten Erkenntnisse ermöglichen so eine naturwissenschaftliche Fundierung geis-teswissenschaftlicher Inhalte in ähnlicher Weise, wie philosophische und geisteswis-senschaftliche Erkenntnisse Grundlagen der Naturwissenschaften sind. Dieses Kapitel möchte Anstöße dazu geben, das „Netz des Wissens" enger zu knüpfen, damit Theorie und Empirie immer besser verankert und damit die vielen blinden Flecken, die jedes Weltbild hat, klarer erkannt werden können. Eine nur scheinbare Überbrückung auf der Basis unzureichend reflektierter Denkmodelle tut der Sache keinen Dienst.

Denkansätze, die geeignet sind, mit Hilfe des transfakultären Dialogs Erkenntnisge-winn zu ermöglichen, zu erleichtern und zu strukturieren, können als Teil der „*Wissen-schaftstheorie der Interdisziplinarität in den Humanwissenschaften* " gesehen werden. Ein naturwissenschaftlich fundierter Eckpfeiler dazu ist mit dem Orientierungsrahmen für Interdisziplinarität in den Humanwissenschaften in Kapitel 1 vorgestellt worden.

Das Weltbild des Abendlandes hat zu Beginn der Neuzeit durch die Beobachtungen und Interpretationen von COPERNICUS, GALILEI, KEPLER und anderen eine Erschütterung er-fahren. Die copernicanisch-heliozentrische Deutung ist bei einem Teil der damaligen Gelehrten auf heftige Ablehnung gestoßen. Das *innere* Bild, welches wir über die *äu-ßere Realität* gewinnen, ist – wie man seit der Solipsismusdiskussion der Antike weiß (existiert die Welt nur im Kopf?) – weder schlüssig noch lückenlos rekonstruierbar, noch – wie etwa ein mathematischer Beweis – überprüfbar (vgl. BISCHOF 2008): Weder kann das innere Bild etwa der auf- oder untergehenden Sonne direkt mit der äußeren Welt verglichen werden, noch sind sinnes- und neurophysiologische Entstehungsschritte des inneren Bildes lückenlos nachzuvollziehen. Deshalb können wir nicht einschätzen, wie wahrheitsähnlich unsere Anschauungen sind.

Ebenso wenig können innere Bilder verschiedener Personen einander gegenüberge- stellt werden. Der Vergleich innerer Bilder ist mit Hilfe der Sprache nur „vergröbert" möglich (LORENZ 1973, POPPER 1974). Es gibt also zwei Fehlerquellen bei der Rekon- struktion: Erstens im Kopf der Individuen, zweitens durch die Vergröberungen, die bei jeder Kommunikation notgedrungen unterlaufen. Die Einschätzung von Rekonstruk- tionsfehlern und -schwächen zwischen den Vorstellungen einerseits und der physika- lisch/chemischen und sozialen Welt andererseits ist deshalb nur indirekt möglich und bleibt hypothetisch (vgl. Kasten 18, S. 147).

2.1   Das Leib-Seele-Problem: Wie es zur Trennung der Fakultäten kam

Aus diesem Grund wollte sich ein Teil der „reinen" Denker zu Beginn der Neuzeit nicht mit den „irrenden Sinnen", also der Empirie einlassen und hat sich auf die innere geistige Welt spezialisiert (Logik, Metaphysik; z. T. Psychologie). Zweifellos ist die vorbehalt- lose Abwertung von Sinneseindrücken spätestens seit DARWINS (1859) Evolutionslehre überholt, weil Organismen mit irrenden Sinnen von der Selektion benachteiligt worden wären (eine gewisse Ausnahme bilden ganz spezifische Anpassungen im Parakosmos: siehe Kapitel 9, S. 144ff).

Als Quelle der Erkenntnis haben die Rationalisten als „Vernunftwissenschaftler" und in Antithese zu den Empiristen, die sich der Welt der Erfahrungen widmen, etwa seit Beginn der Neuzeit allein auf ihre reflexive Potenz gesetzt. Das manifestiert sich bis heute in der Spaltung der Wissenschaften in „rein" theoretische, bzw. „Seelen-" und Geisteswissenschaften und empirische, bzw. „Leib-" und Naturwissenschaften (vgl. RIEDL 1980; als ihre Vorläufer können die Artes liberales und die Artes mechanicae der Antike gesehen werden). Die Spaltung hat bis heute nicht nur erhebliche methodisch- theoretische Auswirkungen hinsichtlich des Umgangs mit Theorie und Empirie bzw. Erwartung und Erfahrung, sondern auch hinsichtlich der mit den Erkenntnissen verbun- denen Gewissheitsansprüchen. Diese Situation kommt insbesondere in den Humanwis- senschaften zum Tragen (siehe 2.2.1). Neu ist heute, dass irrende Sinne nicht mehr jene Verunsicherung bewirken wie zu Beginn der Neuzeit. Viele begegnen den irrenden Sin- nen spielerisch, freuen sich über optische Täuschungen und Zauberer und suchen nach Erklärungen für die oft verblüffenden Wahrnehmungsphänomene.

2.1.1   Neuronale Voraussetzungen und Grenzen des Erkenntnisvermögens

Der im Detail nicht überprüfbare Weg der Erkenntnis von den Sinnesorganen bis zur Analyse und Interpretation der Sinneseindrücke beginnt mit Meldungen von peripheren Sinneszellen und -organen an das zentrale Nervensystem (Afferenzen). Das Nervensystem hat neben dem afferenten Schenkel einen efferenten Schenkel: Efferenzen sind Kommandos des Gehirns an Ausführungsorgane, z. B. Muskeln; der „Bereich" zwischen Afferenzen und Efferenzen ist das Gehirn, das beim Menschen zu reflexiven Leistungen über sich selbst in der Lage ist und damit ein Selbst-Bewusstsein hat.

Auch wenn jeder Mensch sich selbst als Subjekt und Objekt wahrnehmen und interpretieren kann – etwa beim Anblick eines Spiegelbildes – und damit eine Vorstellung vom „Ich" und seinen Beziehungen zur Außenwelt als „Mich" bzw. „Mir" entwickelt (logisch klarer im Englischen durch *I* und *me* ausgedrückt) gelingt es ihm nicht, die in ihm ablaufenden neurokybernetischen Vorgänge, die sein Bewusstsein hervorbringen, in ähnlicher Weise „wie selbstverständlich" verstehend zu erleben. Dafür dürfte es einen prinzipiellen Grund geben: Das Explanans (Subjekt) kann nicht zum Explanandum (Objekt) werden, weil die neurokybernetischen Prozesse, die unser Bewusstsein ausmachen, zu komplex sind und sich nicht selbst verstehen können: Das Verständnis für Neurokybernetik hätte unter den Bedingungen, unter denen die Menschwerdung verlief, vermutlich keine Vorteile gebracht. Diese naturgegebene Begrenzung wird als Zirkularitätsproblem bezeichnet. Über Empirie, Simulation und Reflexion gelingt es dann aber wahrscheinlich doch, ein wenig hinter die „Rückseite des Spiegels" (LORENZ 1973) zu blicken.

Es stellt sich die grundsätzliche Frage, ob der Vorstellungshorizont für neurokybernetische Teilleistungen, einschließlich der Effekte von elektrophysiologischen Frequenzmodulationen und -überlagerungen, wie wir sie vom EEG her kennen, überhaupt gegeben ist. Bis heute ist daher unklar, welche Hypothesen zur Korrespondenz von Gehirn (materielle, naturwissenschaftliche Sphäre) und Geist (immaterielle, geisteswissenschaftliche Sphäre) der Realität gerecht werden. Hier werden zwei Hypothesen kurz beschrieben, die davon ausgehen, dass Gehirn und Geist aufeinander bezogen sind, also der Identitätslehre zuzuordnen sind:

2.1.1.1 Vertreter des psychophysischen Parallelismus

gehen davon aus, dass Denkinhalte „immateriell" sind und infolgedessen – trotz der neurobiologischen Grundlagen – nicht auf physikalisch-chemische Prozesse des Nervensystems und damit auf das Verhalten rückwirken können. Demnach wären nur das Verhalten und seine neurobiologischen Grundlagen, aber nicht das Bewusstsein selbst ein unmittelbares Produkt von Mutation und Selektion. Bewusstseinsprozesse würden demgemäß parallel zu neurobiologischen Leistungen ablaufen. Denkinhalte, die keinen Einfluss auf Denkprozesse und Efferenzen haben, sind Epiphänomene neurobiologischer Leistungen (BISCHOF 2008).

2.1.1.2 Vertreter der Wechselwirkungshypothese

gehen davon aus, dass spezifische neurokybernetische Prozesse Bewusstsein hervorbringen und andererseits Bewusstseinsinhalte Wirkungen an Ausführungsorgane (z. B. Muskeln) beeinflussen und steuern können (z. B. als Willkürmotorik). Im Wesentlichen wird nur Zweckmäßiges bewusst und das meistens nur dann, wenn es gilt, Probleme zu lösen. Die Bewusstseinsinhalte betreffen ganz bestimmte Körperwahrnehmungen und andere Sinneswahrnehmungen, Stimmungen und Emotionen, Objektpermanenz (Annahme, dass Objekte weiter existieren, auch wenn sie z. B. hinter einem Hindernis verschwinden) und die Perspektive anderer (Empathie und Emphronesis[25]). Der Zweckmäßigkeitsaspekt bzw. ihr Anpassungswert ist ein Indiz dafür, dass die Fähigkeit, bewusst Erfahrungen machen zu können, ein Produkt von Mutation und Selektion ist und dass die subjektiv erlebten Inhalte des Bewusstseins nützlicher und notwendiger Teil von Entscheidungen sind (LORENZ 1973, 1987). Die Psychosomatik und die syndyastische Sexual- und Paartherapie gehen von der Wechselwirkungshypothese aus.

2.2 Ansätze zur Überwindung der Spaltung zwischen Geistes- und Naturwissenschaften

Auch wenn die historischen Gründe der Spaltung der Fakultäten für das Problemverständnis wichtig sind, so stellen sie eigentlich kein Hindernis dar, die alte Trennung der Fakultäten in Natur- und Geisteswissenschaften aufzugeben. Eindrucksvoll zeigen beispielsweise die Kognitionswissenschaften, dass sich auch ohne Auflösung des Leib-Seele-Problems Vertreter der Neuropsychologie, der evolutionären Psychologie, der evolutionären Erkenntnistheorie, der Linguistik, der Wirtschaftswissenschaften und andere verständigen können. Trotzdem bleibt das Leib-Seele-Problem eine akademische Herausforderung, auch wenn bereits VON SÖMMERING (1796) einen ersten Denkschritt in die richtige Richtung getan und seinem Buch über das Gehirn den Titel „[…] das Organ der Seele" gegeben hat (vgl. POPPER & ECCLES 1982).

Hier sollen vier unabhängige Ansätze vorgestellt werden, die einen Beitrag zur Überwindung der Spaltung zwischen Geistes- und Naturwissenschaften leisten können.

2.2.1 POPPERS Postulat der Falsifizierbarkeit

Die notwendige Verbindung von Empirie und Theorie

KARL POPPER hat betont, dass Theorien prinzipiell falsifizierbar sein müssen (POPPER 1974). Dabei spielt Empirie eine wichtige Rolle: Neue Theorien erlauben neue Erfahrungen, die ihrerseits verbesserte oder neuere theoretische Erwartungen ermöglichen und so fort, ohne Ende (RIEDL 1980, OESER 2003). KARL POPPER hat zutreffend erkannt, dass es zwischen dem Erkenntnisgewinn in den Naturwissenschaften und dem der Stammesgeschichte eine wichtige Entsprechung gibt: Mutanten können als „Erwartungen" eines Organismus an die Realität angesehen werden, die Anzahl der Nachkommen ist

---

25. Der Begriff *Empathie* ist von RUDOLF LOTZE (1817–1881) oder von THEODOR LIPPS (1851–1914) eingeführt worden. Er bezieht sich auf die Einfühlung in die motivationale (z. T. intentionale) Gefühlslage des Anderen; *Emphronesis* (synonym „theory of mind") auf das Wissen und Denken Anderer – bis hin zur Vorstellung von A darüber was B über A denkt. Der Begriff Emphronesis ist von WULF SCHIEFENHÖVEL (2007c) eingeführt worden.

die „Erfahrung", die die Evolution mit der neuen Mutante macht. Mit anderen Worten: Mutanten werden durch die Selektion geprüft.

So werden in der Stammesgeschichte genauso wie in den Naturwissenschaften Erwartungen ständig durch Erfahrungen verbessert. Man kann diesen Prozess als Spirale sehen: Jeweils ein Halbkreisbogen Erwartung wird von einem Halbkreisbogen Erfahrung abgelöst. Die Halbkreise schließen sich nie zum Kreis, weil sie nicht in einer Ebene bleiben, sondern sich gleichsam in Richtung zusehends umfassenderer Kenntnis schrauben. Nur Erwartung und Erfahrung zusammen führen in dieser Abfolge zu einem Kenntnisgewinn. In diesem Sinne ist auch das „Entweder/Oder" des Empirismus und Rationalismus eine kontrastierende Konzeptualisierung von Aspekten, die aber immer als ein „Sowohl-als-auch" zu sehen sind (RIEDL 1980). „Von Natur aus" ist jede phylogenetische wie ontogenetische Entwicklung auf die Wechselwirkung zwischen Erwartung und Erfahrung ausgelegt und stellt damit so etwas wie einen „Lernvorgang" dar. Die von POPPER entdeckte Parallele zwischen Phylogenese und Naturwissenschaften ist ein wichtiger methodisch-theoretischer Eckpfeiler zur Überwindung der Barrieren zwischen den Erfahrungs- und Vernunftwissenschaften und damit zwischen den Fakultäten.

Die Phylogenese und die Naturwissenschaften bringen am sichersten ein Wissen hervor, das zweckmäßig mit der Umwelt korrespondiert. Zwischen den beiden besteht eine weitere Entsprechung: Die Prognosefähigkeit wird sowohl mit der stammesgeschichtlichen Höherentwicklung als auch im Verlauf der Wissenschaftsgeschichte immer umfassender (LORENZ 1973). Charakteristisch für den naturwissenschaftlichen Kenntnisgewinn ist, dass mit der Explosion des Wissens jene Bereiche noch rascher wachsen, von denen wir erkennen, dass wir noch nichts wissen. Naturwissenschaftler können immer mehr Details zu immer kleineren Bereichen der Welt erklären, zum Teil um den Preis des Überblicks. Sie laufen also Gefahr, „vor lauter Bäumen den Wald nicht mehr zu sehen".

Eine genetische Mutante mit strukturellen und funktionellen Konsequenzen, die den Prozess der Förderung oder Behinderung durch die Selektion umgehen könnte, ist nicht denkbar.[26]

Analog zu Mutation und Selektion muss in den Naturwissenschaften eine Arbeitshypothese prinzipiell durch Beobachtungen überprüfbar sein, z. B. im reproduzierbaren Experiment. Einzelne Theorien sind mit Sicherheit falsch und damit falsifizierbar. Theorien sind jedoch kaum jemals mit einem ähnlich hohen Gewissheitsgrad stützbar (Ausnahmen bilden Ergebnisse von Logik und Mathematik sowie im Prinzip die Lehre von der Deszendenz).

Trotz dieser hypothetischen Aspekte spricht nach GERHARD VOLLMER für den Realitätsbezug unserer Anschauungen nicht nur der Erfolg, sondern auch das Scheitern von Theorien (VOLLMER 1997): Das Scheitern einer Theorie zeigt, dass die Welt Konturen hat, die man mehr oder minder gut treffen oder verfehlen kann.

Nur Fundamentalisten und Ideologen glauben, auf den Algorithmus von Erwartung und Erfahrung verzichten zu können. Sie berufen sich auf Autoritäten, die man nicht

---

26. Dieser Algorithmus wird möglicherweise von der sogenannten Junk-DNA umgangen, DNA, die funktionslos zu sein scheint. Allerdings ist ein Großteil dieser DNA nach neueren Analysen nicht wirklich funktionslos, sondern dürfte der Feinregulation und Reparatur dienen.

mehr hinterfragen darf. In diesem Sinne sollte es in den Naturwissenschaften keine Autoritäten geben, weder im positiven Sinne zur „Verifikation", noch im negativen Sinne zur Falsifikation einer Theorie (vgl. Fußnote 30, S. 54). Die Autorität, die eine Theorie scheitern lässt, ist einzig die Realität (zum Realitätsbegriff siehe Kapitel 9).

2.2.2 Der Aufbau der realen Welt nach NICOLAI HARTMANN

Geist als Produkt des Materiellen

NICOLAI HARTMANN hat mit seiner Lehre vom Schichtenbau des realen Seins (HARTMANN 1964) eine wichtige Grundlage für den transfakultären Dialog geschaffen (siehe auch RIEDL 1980). Die Systemebenen sind bei HARTMANN die vier aristotelischen Schichten *(Materia, Anima vegetativa, Anima sensitiva und Anima rationalis)*. Diese Schichten können sowohl mit Aspekten der stammesgeschichtlichen Höherentwicklung in Beziehung gesetzt werden (Kapitel 3) als auch mit den Bezugsebenen hierarchisch aufgebauter Naturkörper und Ensembles wie Atom, Molekül, Zelle, Gewebe (Cytoarchitektur/ Neurokybernetik), Organ, Individuum, Familie und Gruppe. Nur Atome und viele Moleküle sind vor der Evolution des Lebens entstanden. Wissenschaften, die Gesetzmäßigkeiten innerhalb ganz bestimmter Ebenen zu erhellen versuchen, haben sich als erfolgreich erwiesen (RIEDL 1980). Beispiele sind Chemie, Histologie, Physiologie, Anatomie, Neurobiologie, Psychologie und die Sozialwissenschaften. Die Schichtenregeln von N. HARTMANN helfen, Zusammenhänge zwischen den Ebenen zu verstehen (Kasten 2).

Kasten 2: Schichtenregeln nach NICOLAI HARTMANN (1964)

1 Gesetz der Wiederkehr: Niedere Kategorien kehren in den höheren Schichten als Teilmomente höherer Kategorien […] wieder (S. 432; Ineinanderstecken der Kategorien; […] dieses Verhältnis kehrt sich nie um S. 431; durchgehende/begrenzte Wiederkehr S. 438).

2 Das Gesetz der Abwandlung: Die kategorialen Elemente wandeln sich bei ihrer Wiederkehr in den höheren Schichten mannigfaltig ab. […] von Schicht zu Schicht neue Überformung (S. 432).

3 Das Gesetz des Novums: [… die] höhere Kategorie [… ist] aus einer Mannigfaltigkeit niederer Elemente zusammengesetzt [… sie] enthält ein spezifisches Novum, […]. das […] nicht …] in den niederen Elementen enthalten ist […] (S. 432).

4 Gesetz der Schichtendistanz: [Gesetz von der Abgrenzbarkeit der Schichten]: Wiederkehr und Abwandlung schreiten nicht kontinuierlich fort, sondern in Sprüngen (S. 432).

5 Gesetz der Gliedfunktion: [Elemente basaler Ebenen haben in komplexeren Schichten zum Teil unterschiedliche Funktionen] „[…] durch diese ‚Gliedfunktion', die sie von sich aus nicht haben, werden sie zu etwas anderem, als sie waren" (HARTMANN 1950, S. 477).

Es zeigt sich bei der Untersuchung von Ursache-Wirkungs-Beziehungen (Verursachungen), dass „basale" Ebenen eine Voraussetzung für ein Verständnis „darüberliegender" Ebenen sind, weil Elemente basaler Ebenen in den höheren wiederkehren. Die

Kenntnis von Gesetzen basaler Ebenen reicht aber keineswegs aus, komplexere Verhaltensmuster oder ein persönliches Erleben zu verstehen, weil jede Ebene ein spezifisches Novum aufweist (vgl. Punkt 3 in Kasten 2), das nicht in den basaleren enthalten ist (Hartmann 1964).

2.2.2.1 Die Bedeutung einer niveauadäquaten Terminologie

Bei dem Versuch, nach Nicolai Hartmanns Schichtenregeln Zusammenhänge zwischen den Ergebnissen der Disziplinen der einzelnen Ebenen herzustellen, wird uns bewusst, wie wenig wir im Grunde wissen. Bei ebenen- oder schichtenübergreifenden Hypothesen ergeben sich darüber hinaus manchmal auch deshalb erhebliche Probleme, weil sich (a) die Grade der Komplexität von Ebene zu Ebene vervielfachen und (b) einzelne Vorstellungen und Begriffe abhängig von der Ebene verschiedene Bedeutungen haben können. Ein eigener Wissenschaftszweig, die Wissenschaftslinguistik, befasst sich mit den Fragen niveauadäquater Terminologie und mit der Fachsprachenproblematik.

2.2.2.2 Grade der Komplexität

Monokausale Schlüsse, die vom „Basalen" kommend (z. B. Molekül, Zelle) über mehrere Ebenen hinweg für komplexere Integrationsebenen (z. B. auf den menschlichen Geist) gezogen werden, sind oft von geringem Erklärungswert. Deshalb hat auch die Analyse des menschlichen Genoms bisher nicht zu einer revolutionären Veränderung unseres Selbstverständnisses geführt.

Auch von quantenphysikalischen Zufallsprozessen direkt auf den freien Willen zu schließen, ist wenig sinnvoll. Wenn man von der Quantenphysik auf psychische Prozesse schließt, so ist das ähnlich fragwürdig wie die Einrichtung eines Departments für Politologie am Institut für Biochemie. Ebenso wenig ist es möglich, aus der Existenz neurobiologischer Determinanten zu folgern, es könne keine individuelle Freiheit geben, wie es beispielsweise Wolf Singer (2004) und Gerhard Roth (vgl. Pauen *et al.* 2008) postulieren. Stets ist zu bedenken: Mit jedem schichtspezifischen Novum sind sowohl bestimmte Freiheiten wie auch Begrenzungen dieser Freiheiten verbunden, die es von Ebene zu Ebene zu beschreiben gilt. Wie bereits Aristoteles richtig formuliert hat, ist das Ganze mehr als die Summe seiner Teile. In diesem Sinne beschreiben Vorstellungen wie „*alles* Leben ist Chemie" oder wir seien „*nur* Überlebensmaschinen unserer Gene" und stünden „im Dienste ihres Eigennutzes", lediglich einen engen Teilaspekt der Realität.

2.2.2.3 Begriffsbedeutung und Systemebene

Der Ausdruck „Eigennutz der Gene" (Dawkins 1976) verkürzt über viele Systemebenen hinweg: Eigennützig sind Individuen, ihr Eigennutz kann genetisch bedingt sein. Gene als Moleküle sind aber nicht eigennützig. Übersieht man diese Tatsache und erhebt den „Eigennutz der Gene" zum Konzept, dann vermenschlicht man Moleküle (Anthropomorphismus). Eine ebenso unzulässige Grenzüberschreitung von „oben" nach „unten" bzw. von unserer Psyche auf Quanten, Atome, Moleküle, Fibrillen der Nervenzellen, die Gestirne, ist der Panpsychismus, die Annahme also, alles sei beseelt.

Einzelne Begriffe haben in Abhängigkeit vom betrachteten „Gegenstand" bzw. in Abhängigkeit von der untersuchten Systemebene unterschiedliche Bedeutungen: Der Energiebegriff der Physik etwa beschreibt kategorial etwas anderes (vgl. HARTMANN'sche Schichtenregeln) als subjektiv erlebbare „Energien", die durch Begriffe wie Motivations*schub*, An*trieb* oder Führungs*kraft* erfasst werden.

2.2.3   Evidenzgrade und Gewissheitsansprüche

Die notwendige Verbindung zwischen Logik und Empirie

2.2.3.1   Theoretische Vernunft in Logik und Mathematik: Eine Welt ohne Kompromisse

Wenn die Auseinandersetzung mit Empirie und „irrenden Sinnen" gemieden wird, so sind die einzigen Prüfsteine der Wahrheitsähnlichkeit die logische Konsistenz (Kohärenz) und das eigene Ermessen. In diesem Sinne sind Philosophen und Mathematiker Experten für zwingende Argumente und kompromisslose Gewissheitsansprüche. Es ist bemerkenswert, dass es bei allen Zufälligkeiten, etwa in der physischen Welt, offensichtlich Notwendigkeiten, also zwingende Gründe gibt (SCHLICHTING 2010), die mit mathematischen Modellen exakt korrespondieren und dass mit ihrer Hilfe (Statistik und Wahrscheinlichkeitsrechnungen) sogar der Zufall und sein Spielraum oder sein „Repertoire" eingeschätzt und in den Anwendungswissenschaften bewältigt werden.

Logik und Mathematik gehören zu den Bereichen unserer Welt, in denen wir ohne Empirie höchste Gewissheitsgrade erreichen.

2.2.3.2   Logische Gewissheit in den Naturwissenschaften und ihre Grenzen

Dem Bereich höchster Gewissheitsgrade kann aber auch Wissen zugeordnet werden, das empirisch fundiert ist, etwa Aspekte des Periodensystems der Elemente oder der Newtonschen Physik und im Kern auch die Lehre von der Deszendenz: Höchste Gewissheitsgrade werden dann erzielt, wenn Ergebnisse durch mehrere Disziplinen, die mit verschiedenen Methoden arbeiten, bestätigt werden. In diesem Sinne wird die Lehre von der Deszendenz durch die Ergebnisse folgender Disziplinen fundiert: (1) vergleichende Genetik, Physiologie, Histologie, Embryologie, Anatomie und Verhaltensforschung, (2) Paläontologie (im Kontext mit Altersbestimmungen durch bestimmte Halbwertszeiten einzelner Isotopen), (3) Biogeografie fossiler und rezenter Arten im Kontext unseres Wissens über die Kontinentaldrift und (4) durch die Vielzahl an Ähnlichkeiten, die bereits dem LINNÉschen Ordnungsschema zugrunde liegen und dann im Sinne einer Abstammung erklärt werden. Allein die hierarchische Ordnung der belebten Welt ist ausreichend, um auch ohne Fossilfunde auf die Idee der Abstammung zu kommen und Stammbäume zu rekonstruieren. Mit zunehmender stammesgeschichtlicher Verwandtschaft nehmen die Merkmalskoinzidenzen zu. Diese Ähnlichkeiten können nur durch gleiche Abstammung erklärt werden (Homologien). Im Stammbaum könnte das Ausmaß von so vielen Merkmalskoinzidenzen nicht durch zufällige Konvergenzen (Analogien) entstanden sein. Durch diese vier Punkte werden hinsichtlich der Lehre von der Deszendenz Gewissheitsgrade erreicht, wie sie etwa in Logik und Mathematik gegeben sind.

Im Verlauf der Kulturgeschichte hat sich gezeigt, dass bei der Wahrheitsfindung in vielen Wissenschaftsbereichen (Physik, Chemie, Biologie, Technik, Medizin und andere Humanwissenschaften – einschließlich der Philosophie) logische Gewissheitsansprüche und zwingende Argumente als wissenschaftstheoretische Werkzeuge nicht ausreichen: Erst die Auseinandersetzung mit der Empirie führt zu einem profunden Erkenntnisgewinn. Über diese Erfahrungen wird von einzelnen Vernunftwissenschaftlern hinweggesehen, obwohl eine empiriefreie Wahrheitsfindung zu vielen verschiedenen, mitunter konträren Positionen führt, die für „philosophisch begründbar" gehalten werden. Das zeigt die Kulturgeschichte der Denkstile. Einzelne Ansätze sind – aufgrund verschiedener kulturhistorischer Wurzeln – manchmal genauso wenig nachvollziehbar wie einzelne religiöse Positionen. *„So wie unsere angeborenen Tendenzen der Schlussfolgerung von extrem zuverlässig bis extrem unzuverlässig reichen, reichen auch die Verfahren, mit denen wir unsere unreflektierten Überzeugungen reflektieren, von sehr zuverlässig bis sehr unzuverlässig"* (KORNBLITH 2010).

Übersicht 4 **Beispiele für erkenntnistheoretische Positionen**	**nützlich oder/und notwendig z. B. in folgenden Bereichen**
1: theoretische Vernunft: nur zwingende Argumente und kompromisslose Gewissheitsansprüche zählen	Logik und Mathematik
2: praktische Vernunft: Kompromisse zwischen Theorie und Empirie; das Ziel: Wahrheitsähnlichkeit der Vorstellungen; Zusammenhänge oft nur „einleuchtend"	Naturwissenschaften, Grundlagenwissenschaften von Medizin und Technik
3: praktische Vernunft der Anwendungswissenschaften: „wahr ist, was funktioniert"	theoretisch unzureichend, praktisch hinreichend fundierte Bereiche von Medizin und Technik
4: Metaphysik und Glaube an religiöse Mythen	Beiträge zu Moral und Ethik (Religiosität ist keine Voraussetzung für die Reflexion von Moral in der Ethik)

Übersicht 4: Unterschiedliche erkenntnistheoretische Positionen sind den Bereichen zugeordnet, für die sie nützliche oder/und notwendige Grundlagen liefern und damit zweckmäßig sind. Hinsichtlich der genannten Bereiche beziehen sich die Positionen eins bis drei auf wertfreies Wissen. Die Anwendungen des Wissens erfahren durch Moral und Ethik eine Bewertung (weitere Erläuterungen im Text).

Die Beschränkung auf zwingende Argumente im Sinne der reinen theoretischen Vernunft wäre in einzelnen Anwendungswissenschaften ausgesprochen hinderlich: Würde man in Technik und Medizin nur extreme Gewissheits- und Konsistenzansprüche gelten lassen, wären diese Anwendungswissenschaften blockiert. Trägt man den Wissenszuwachs in einem Diagramm (auf der y-Achse) in Abhängigkeit von diesen zunehmenden Ansprüchen (auf der x-Achse) auf, dann bildet das jeweils erzielbare Wissen eine Glockenkurve. Zunächst ist mit höheren Ansprüchen mehr Wissen zu erzielen, mit höchsten Ansprüchen freilich sinkt die Wahrscheinlichkeit, bessere Erklärungen oder/und ein umfassenderes Verständnis erzielen zu können. Überzogene Konsistenz- und Gewissheitsansprüche können die Wissenschaft hemmen. Die Welt und unser Intellekt sind so beschaffen, dass Aussagen mit höchsten Gewissheitsansprüchen oft nur einen geringen Erklärungswert haben: Wegen der Komplexität der realen Welt sowie wegen der Unvollkommenheiten unseres Intellekts sind überzogene Gewissheitsansprüche realitätsfremd: Wissenschaftstheorie darf nicht zum Selbstzweck verkommen, sonst wird sie zu einem Hemmnis für den wissenschaftlichen Fortschritt. Auch die Wissenschaftstheorie selbst ist empirisch zu fundieren (FLECK 1935, 1936, KUHN 1976).

Radikale Skepsis gegenüber Empirie und überstrenge Kritik an den Naturwissenschaften stehen übrigens im Widerspruch zur Nutzung moderner Technik, z.B. von Flugzeugen oder den Errungenschaften der modernen Medizin (vgl. Punkt 3 in Übersicht 4).

2.2.3.3 Praktische Vernunft in den Naturwissenschaften

Die Naturwissenschaften machen in ihrem Erkenntnisprozess ständig Kompromisse zwischen Theorie und Empirie. Sie lassen sich in ihrem Fragen von Widersprüchen zwischen Empirie und Theorie, von Problemen bei Anwendungen und vom Scheitern ihrer Theorien an der Realität leiten. Trotz immenser unreflektierter und zum Teil noch nicht erkannter fiktiver Bereiche und Unsicherheiten wenden sie ihr Wissen erfolgreich an – auch mit Unsicherheiten hinsichtlich der Zusammenhänge zwischen den Systemebenen, die für philosophisches Denken unzulässig wären. Ein Beispiel für lückenhaftes Wissen über die Zusammenhänge zwischen den Systemebenen ist bereits erwähnt worden: Trotz der „Entschlüsselung" des menschlichen Genoms wissen wir noch wenig über die Funktionen der Gene auf Zellniveau, ganz zu schweigen von den Genexpressionen in komplexen Organismen und in unserem Denkorgan in Abhängigkeit von den aktuellen Anforderungen. Deshalb wäre es zutreffender, von „Sequenzierung" statt von „Entschlüsselung" eines Genoms zu sprechen.

Zwischen Wissenschaften nicht-anthropologischer Fächer gibt es kaum interdisziplinaritätstheoretische Probleme (z.B. hinsichtlich der Entstehung des Ozonlochs zwischen Chemie und Meteorologie). Darüber hinaus sind Ergebnisse der Naturwissenschaften transkulturell nachvollziehbar. Der Grund dafür ist ihr empirisch fundierter Realitätsbezug. Ausgehend von der aristotelisch-scholastischen Korrespondenztheorie der Wahrheit spricht man von *„adaequatio intellectus ad rem"* – d.h. adäquate Übereinstimmung von Verstand und Sache.

Die Ergebnisse der Naturwissenschaften sind wichtige theoretische Grundlagen für Medizin und Technik, weil mit ihnen anwendungsbezogen die experimentellen Suchfelder effizient eingeengt werden können.

2.2.3.4 Praktische Vernunft in den Anwendungswissenschaften

In Medizin und Technik gilt oft nur: „Wahr ist, was funktioniert" (oder umgangssprachlich formuliert: „Hauptsache, es funktioniert"). Der Erfolg der naturwissenschaftlich fundierten Anwendungswissenschaften besteht darin, sich zunächst mit Hilfe von Empirie („Evidenz") über Wissenslücken hinwegzusetzen. Das gilt für den Flugzeugbau (z. B. Triebwerksentwicklung; Rechenberg 1973) in ähnlicher Weise wie für die pharmakologische Forschung. Die Medizin weiß hinsichtlich der Arzneimittel, die sie empfiehlt und verschreibt, in vielen Fällen nicht viel mehr als Naturvölker beim Einsatz von Pfeilgift. Man spricht in diesem Fall von einer *„evidenzbasierten Medizin"*, die sich am Effekt orientiert und nicht unbedingt am theoretischen Hintergrund.

Bevor eine psychopharmakologisch wirksame Substanz angewandt und in einer Apotheke verkauft werden kann, werden durchschnittlich immer noch etwa 5 000 bis 10 000 Substanzen[27] empirisch *in vitro* und *in vivo* danach getestet, ob sie bestimmte empirisch gefundene und theoretisch definierte Vorgaben erfüllen. Dieser Aufwand ist trotz aller Suchfeldeinengungen durch neurobiologische und stereochemische Hypothesen und Theorien notwendig.

Die theoretischen Zusammenhänge zwischen den Ebenen, also zwischen dem chemischen Denkansatz, neurokybernetischen Hypothesen und der neuro-psychopharmakologischen Wirkung auf Symptome wie Wahn oder Halluzinose bleiben hypothetisch (fiktiv).

Bei Zulassungsstudien von Medikamenten entspricht das Patientenkollektiv oft nicht dem in der Praxis. Ein Grund sind die oft sehr strengen theoretischen Vernunftkriterien bei der Auswahl der Studienpatienten. Die Ergebnisse werden deshalb den vielfältigen Anforderungen in der Praxis manchmal nicht gerecht. Diese Wissenslücke wird dann im klinischen Alltag durch einen zweiten Schritt geschlossen, bei dem – unter Anwendung von praktischer Vernunft – weitere klinische Erfahrungen einbezogen werden: Einzelne Medikamente werden schließlich bei Krankheiten und in Situationen eingesetzt, die von den primären Zulassungsindikationen abweichen. Aspirin beispielsweise war zum Zeitpunkt der Markteinführung ein Mittel gegen Fieber und Kopfschmerzen; Jahrzehnte später hat man erkannt, dass es auch die Thrombosegefahr verringert und deshalb bei vielen Patienten z.B. mit Gefäßverkalkungen das Risiko eines Herzinfarktes senken kann (vgl. Medicus 2012).

In der Flugzeugentwicklung und in der pharmakologischen Forschung würden „reine" Theoretiker und scharfsinnige Rationalisten längst beschäftigt werden, wenn sie zur Kosteneffizienz beitragen könnten.

---

27. Zahlenangabe aus der Homepage des Verbandes der pharmazeutischen Industrie Österreichs (unter „Forschung und Entwicklung") sowie des deutschen Vereins der forschenden Pharma-Unternehmen (VFA, unter „so funktioniert Pharmaforschung"), Dez. 2011.

2.2.3.5 Gewissheitsansprüche besonderer Art: Erklärung von Primärursache und Endzweck des Universums in Religionen

Die Fähigkeit, sich im Bereich der ersten drei erkenntnistheoretischen Positionen orientieren zu können[28], ist das evolutionäre Produkt von Mutation und Selektion. Im Gegensatz dazu hatte der Bereich der vierten Position in unserer Stammesgeschichte hinsichtlich der Wahrheitsähnlichkeit der Anschauungen keine selektive Relevanz. Nach BISCHOF (2008, S. 136) *„treibt"* der Mensch *„daher in diesem Bereich Evidenzgefühle wie Luftwurzeln im semantischen Vakuum"*, mit Ahnungen und Hoffnungen, die prinzipiell nicht falsifizierbar sind, etwa Versündigungsideen, die zum Wahn werden können, aber auch Jenseitserwartungen von „heiligen Kriegern" oder die Vorstellung von Individuen, Familien und Populationen, von Gott ganz besonders geliebt zu werden, wie sie beispielsweise in Titeln, wie „Herrscher von Gottes Gnaden" ihren Ausdruck finden.

Eine Wurzel der Religiosität ist wahrscheinlich die subjektive dualistische Wahrnehmung und Interpretation von Leib und Seele. Die weit verbreitete Vorstellung der Unsterblichkeit der Seele ist ihr kultureller Ausdruck; sie hilft, die Angst vor dem „Nichtsein" zu überwinden. Eine zweite Wurzel dürfte die subjektive Wahrnehmung einer „kindlichen" Abhängigkeit von einer mächtigen Geistwelt oder von unerklärlichen Naturgewalten sein, die je nach religiöser Interpretation mit Angst oder/und Geborgenheit besetzt ist.

In der dritten Wurzel der Religiosität, dem Erklärungsversuch hinsichtlich Primärursache und Endzweck, zeigt sich die Herkunft unseres Intellekts, der evolutionär wohl primär im Rahmen seiner sozialen Funktionen entstanden ist. Infolgedessen sind in allen mono- und polytheistischen sowie animistischen Religionen Schöpfungsmythen *soziale* Ereignisse.

In der Kulturgeschichte hatten Religionen eine Relevanz hinsichtlich moralischer Regulative, psychohygienischer Hilfen und gruppenbindender Funktionen. Die ihnen zugrunde liegenden psychischen Mechanismen dürften daher der Gruppenselektion unterworfen gewesen sein. Auch auf diesen „weichen" Feldern religiöser Welterklärungen muss ein offener Dialog geführt werden. Das wird seit etwa dem Ende des vorletzten Jahrhunderts im Rahmen eines „Parlamentes der Religionen" versucht; ein moderner Vertreter dieser Idee ist z. B. HANS KÜNG (vgl. Kasten 16, S. 107).

2.2.4 DAVID HUME und NORBERT BISCHOF

Die Überwindung des naturalistischen und des moralischen Fehlschlusses

Während Erkenntnistheorie, das Konzept vom Schichtenbau der Welt und selbst die unterschiedlichen Evidenzgrade und Gewissheiten die meisten Menschen nur wenig tangieren, sind sie sehr sensibel, wenn es um die Berührungspunkte zwischen Natur und

---

28. 1. theoretische Vernunft in Logik und Mathematik; 2. praktische (empirisch fundierte) Vernunft in den Naturwissenschaften; 3. praktische Vernunft in Medizin und Technik mit theoretisch zum Teil unzureichenden, aber empirisch hinreichend fundierten Ergebnissen.

Moral geht. Hier treffen Natur- und Geisteswissenschaften unter einem lebenspraktischen Aspekt zusammen, der Orientierung zu geben verspricht.

Einer der wichtigen philosophischen Beiträge zum Verhältnis von Moral und Wissenschaft stammt von DAVID HUME (1739), der den Schluss vom biopsychischen Ist auf das moralische Sollen als „naturalistischen Trugschluss" entlarvt hat. Ein Beispiel hierfür wäre die Vorstellung, dass Empfängnisverhütung eine Sünde sei, weil Sexualität natürlicherweise der Fortpflanzung diene. Relevant ist der naturalistische Fehlschluss auch bei unserer Einstellung zur Homosexualität oder zum Zölibat.

Die Natur ist bezüglich der Kategorien Gut und Böse neutral, weil – aus heutiger Sicht – moralische Aspekte kein durchgängiges Selektionskriterium darstellen. Innerhalb ökologischer Grenzen ist die „Währung" der Evolution die Anzahl fortpflanzungsfähiger Nachkommen. Alle heute lebenden Organismen sind das Ergebnis einer äonenlangen Erfolgsgeschichte und zeigen deshalb sowohl moralisch „gute", als auch „böse" Verhaltensbereitschaften. Dies schließt nicht aus, dass viele Organismen auch Merkmale besitzen, die aus der Sicht einzelner Anwendungswissenschaften Vorbildwirkung haben, weil sie sich etwa im Rahmen der Chemie, Mikrobiologie und Technik nützen lassen. Auch wenn sie von Bionikern identifiziert, analysiert und für Anwendungen aufbereitet werden, sind weder vom Vorbild noch von ihrer Anwendung Schlüsse auf das moralische Sollen ableitbar.

Ähnlich wie der naturalistische Trugschluss in der Ethikdiskussion unzulässig ist, ist der umgekehrte Schluss wissenschaftstheoretisch problematisch (BISCHOF 1996, vgl. MEDICUS 1999–2004): Beim *moralistischen Trugschluss* wird aus der Sicht von Einstellungen und Weltanschauungen – und entgegen empirischen Erfahrungen – vom Sollen auf den biopsychischen Ist-Zustand geschlossen.[29] Manchmal werden Theorien daher mit dem Hinweis auf die Gefahr missbräuchlicher Anwendung abgelehnt. Dabei wird nicht zwischen *Erkenntniswert* und *Anwendungswert* unterschieden, bzw. zwischen den moralisch wertfreien Erkenntnissen und den potentiell negativen Auswirkungen der Erkenntnis bei bestimmten Anwendungen. Ein Beispiel ist die Ablehnung der durch Beobachtungen gut belegten Erkenntnis, dass Aggression *auch* eine biologische, also natürliche Wurzel hat, weil dies zur Folge haben könnte, jede Gräueltat und jedes Massenverbrechen zu entschuldigen. In ähnlicher Weise wurden und werden Annahmen der Soziobiologie als verwerflich abgelehnt, weil sie dem als naturgegeben angenommenen Egoismus das Wort reden – ein Vorwurf, der allerdings durch unbedachte Formulierungen auch genährt wurde (vgl. oben z. B.: „egoistisches Gen").

Wissenschaftstheoretisch relevant ist nicht Anwendungswert, Entstehungs- und Verwendungsgeschichte einer Theorie, sondern die Frage, ob sie dazu beiträgt, die Wirklichkeit wahrheitsähnlich zu beschreiben, zu erklären und zu verstehen.[30] Das heißt nicht, dass die Art und Weise, wie Daten gewonnen und wie Ergebnisse angewandt werden, moralisch wertfrei ist wie das Wissen selbst. Forschung und Anwendung sind wie jedes

---

29. Umgangssprachlich nach CHRISTIAN MORGENSTERNS Gedicht „Die unmögliche Tatsache": „Nicht sein kann, was nicht sein darf".

30. Ob eine religiöse oder politische Überzeugung die Wahrheitsähnlichkeit wissenschaftlicher Ergebnisse beeinflusst, lässt sich nur bei genauer Analyse einzelner Aussagen klären. Pauschale Urteile dienen nicht dem Kenntnisgewinn.

Handeln immer der Ethik verpflichtet. Keine Theorie ist vor missbräuchlicher Anwendung geschützt und ebenso wenig kann eine Theorie durch missbräuchliche Anwendung falsifiziert werden. In diesem Zusammenhang sei darauf hingewiesen, dass nicht nur der *Missbrauch* einer Theorie, sondern auch *Wissensverzicht* nachteilige Folgen haben kann.

2.3   Ein Plädoyer für das Orientierungswissen

Wie anhand von Beispielen dargestellt wurde, gibt es im Bereich der Humanwissenschaften mehrere Brücken, die geeignet sind, die Kluft zwischen den Natur- und Geisteswissenschaften zu überwinden und den Dialog zu ermöglichen. Leider sind die Bedingungen hierfür nicht unbedingt günstig: Die Strukturen und Prozesse, in denen heute geforscht wird, sind vorwiegend der Spezialisierung förderlich. Es gibt kaum Anreize, dass ein Naturwissenschaftler über das eigene Detailwissen hinaus versucht, Orientierungswissen sowie fakultäts- und schulenübergreifende Grundlagen zu identifizieren und zu entwickeln, oder dass ein Philosoph naturwissenschaftliche Grundlagen geisteswissenschaftlicher Inhalte einbezieht und theoretisch weiterentwickelt. Mit diesen Themen lassen sich im Allgemeinen keine wissenschaftlichen Karrieren machen. So werden aus der transfakultären Perspektive Fragen, Denkansätze und Ergebnisse ausgegrenzt und der Erkenntnisgewinn wird damit behindert. Eine auf Dauer angelegte Kooperation zwischen den Einzelwissenschaften bedarf der Strukturierung dieses Dialogs. Die hier vorgestellten wissenschaftstheoretischen Grundlagen sollen hierzu einen Beitrag leisten.

Zusammenfassung interdisziplinaritätstheoretischer Aspekte der Kapitel 1 und 2:
    Die hier vorgeschlagenen Konzepte verbessern die Möglichkeit einer transfakultär ausgelegten Kooperation. Erkenntnisse, die aus der Evolutionslehre abgeleitet werden können, ermöglichen eine naturwissenschaftliche Fundierung geisteswissenschaftlicher Inhalte in ähnlicher Weise, wie philosophische/geisteswissenschaftliche Erkenntnisse Grundlagen der Naturwissenschaften sind. Die historisch gewachsene Trennung wird sich deshab nicht mehr lange halten lassen.
    Naturwissenschaftliche Grundlagen: Die Entstehungsgeschichte des Menschen hat an Leib und Seele Spuren hinterlassen. Darwins Theorie hilft, diesen Spuren nachzugehen und sie zu verstehen. Sie leistet damit einen Beitrag, die historisch gewachsene Spaltung der Humanwissenschaften in „Leib- und Seele-Wissenschaften", Natur- und Geisteswissenschaften, Erfahrungs- und Vernunftwissenschaften, „Kernpsychiatrie" und Psychotherapie zu überwinden. Mit Hilfe des „Orientierungsrahmens für Interdisziplinarität in den Humanwissenschaften" können Zusammenhänge zwischen Einzelwissenschaften, Disziplinen und Schulen aufgezeigt und Lehre und Forschung transfakultär strukturiert werden.
    Geisteswissenschaftliche Grundlagen: Es gibt philosophische Erkenntnisse, die aus der Perspektive der Naturwissenschaften den transfakultären Dialog erleichtern: So erklären Philosophen historische Gründe der Spaltung in „Leib- und Seele-Wissenschaften", zeigen transfakultär unterschiedliche Gewissheitsansprüche auf, erläutern Schichtenregeln (nach NICOLAI HARTMANN), beschreiben Parallelen zwischen dem evolutionärem Kenntnisgewinn und den Naturwissenschaften (nach KARL POPPER) und mit

dem naturalistischen und moralistischen Trugschluss werden Ableitungen vom Sein auf das Sollen und vom Sollen auf das Sein als unzulässig identifiziert.

2.4   Anhang

Kasten 3: Man kann folgende **drei Formen des Wissens** unterscheiden:

1) **Detailwissen** (Erklärungswissen): wird zum Teil durch „reduktionistisches Zerlegen" eines Organismus gewonnen (z. B. im Rahmen von Genetik, Stereochemie, Zellphysiologie). Der analytische Blick ist dabei hinsichtlich der Systemebenen von „oben" nach „unten" gerichtet, bzw. von den Systemebenen der Gruppe und des Individuums „hinunter" auf Ebenen wie die der Zellen und Moleküle.

2) **Orientierungswissen** (Verständniswissen): Es hilft, Detailwissen und Theorien sowie Disziplinen und Schulen zu vernetzen und Diskussionen zu strukturieren (z. B. „Orientierungsrahmen für Interdisziplinarität in den Humanwissenschaften" in Kapitel 1).

3) **Handlungswissen** (know how): Es wird im Rahmen von Praktikums-, Lern- und Erfahrungsjahren nach der manchmal überwiegend theoretischen Berufsausbildung erworben.

Die ersten beiden Formen sind als Lehrbuchwissen überwiegend explizites, die letztere überwiegend implizites Wissen. Um Erkenntnisse zu gewinnen, braucht es beides, Detailwissen und Orientierungswissen, Zählen und Erzählen, Erklären und Verstehen.

Semmelweis-Effekt

IGNAZ PHILIPP SEMMELWEIS gilt als „Retter der Mütter", weil er das Kindbettfieber, an dem viele Wöchnerinnen im Krankenhaus starben, durch einfache Hygienemaßnahmen drastisch eindämmen konnte. Weniger bekannt ist, dass er zu seiner Zeit auf den heftigsten Widerstand „erfahrener Kliniker" stieß, die ihm Spekulation vorwarfen. Diese Abwehrfront der „Fachleute" wird als Semmelweis-Effekt bezeichnet. Es scheint in der Natur des Menschen zu liegen, dass er der Tendenz der Ausgrenzung von Abweichlern selbst im Bereich der Wissenschaft nachgibt. Grund genug, die Problematik mit einem Begriff zu benennen, um sie im Bewusstsein zu halten. Der Begriff Semmelweis-Effekt wird dem amerikanischen Schriftsteller und Freidenker ROBERT ANTON WILSON zugeschrieben, der den Effekt folgendermaßen charakterisiert: „The automatic rejection of the obvious, without thought, inspection, or experiment", „die unmittelbare Ablehnung des Offensichtlichen ohne weitere Überlegung, Überprüfung oder Experiment". Nach einer gängigen englischen Redewendung könnte man sagen, dass diese ausgrenzenden Fachleute den „Elefanten im Wohnzimmer" nicht sehen. Der Effekt kann sich sowohl auf der individuellen Ebene als auch bei der Konfrontation von Schulen manifestieren.

Der österreich-ungarische Arzt IGNAZ PHILIPP SEMMELWEIS (1818–1865) hat als erster erkannt, dass Hebammen und Ärzte den Prozentsatz von Kindbettfieber durch Handdesinfektion mit Chlorkalk drastisch senken können. Weil er mit seiner Erfahrung bei Kollegen auf Widerstände stieß, verfiel er darauf, seine fachlichen Gegner als „Mörder" zu beschimpfen, was sicherlich dazu beitrug, die Fronten zu verschärfen. Ob es gelungen wäre, seine Gegner durch mehr Diplomatie zu überzeugen, lässt sich im Nachhinein nicht sagen. Immerhin sprach für ihn, dass während seiner dreijährigen Tätigkeit (1846–1849) als Assistenzarzt in der geburtshilflichen Abteilung des Allgemeinen Krankenhauses in Wien dank seiner Hygienemaßnahmen beeindruckende Erfolge erzielt wurden: Die Sterblichkeitsrate sank von anfangs 15 auf 1,3 %. Die Interpretation der Zahlen war seinerzeit erschwert durch Unterschiede zwischen Abteilungen, die überwiegend von Hebammen geführt wurden und jenen, in denen Ärzte ohne Desinfektion von den Obduktionen direkt in den Kreißsaal gingen.

Dass die Zahlen der Abteilung von SEMMELWEIS nur von wenigen Mitstreitern gewürdigt wurden und sein Ansatz nur geringe Unterstützung bekam, ja Gegnerschaft hervorrief, gibt zu denken. Insbesondere auch, dass eine von einer Ärztekommission eigentlich beschlossene Überprüfung der SEMMELWEISschen Thesen von seinem Vorgesetzten in Wien durch Ministerbeschluss abgelehnt wurde.

Fehlender Rückhalt in der Kollegenschaft und Anfeindungen waren der Anlass, dass seine Assistenzstelle 1849 nicht verlängert wurde. Wegen der Widerstände verließ er Wien und ging nach Pest in Ungarn. Als Professor an der Universität Pest (von 1855 bis 1865) griff er in der erwähnten Weise in persönlichen Schreiben seine Widersacher weiterhin hart an. Letztendlich wurde ihm eine „geistige Umnachtung" attestiert, ohne dass sie je medizinisch verifiziert worden wäre. Die Diagnose kann aus heutiger Sicht durchaus als Gegenwehr seiner fachlichen Widersacher gesehen werden. SEMMELWEIS wurde in die Psychiatrie in Wien zwangseingewiesen, wo er 14 Tage nach seiner Einlieferung – möglicherweise als Folge der „Führungsmaßnahmen" durch das Personal – an Schlägen oder einer durch Verletzungen hervorgerufenen Sepsis (Blutvergiftung) verstorben ist.

Nur drei Jahre nach SEMMELWEIS' Tod wies der schottische Mediziner JOSEPH LISTER nach, dass Desinfektionen des Operationstisches mit Karbol die Sterblichkeit der Patienten drastisch senken kann, weshalb er zusammen mit SEMMELWEIS als Begründer der Asepsis gilt.

Etwa in derselben Dekade haben LOUIS PASTEUR und ROBERT KOCH mit der Beschreibung von Keimen als Krankheitsursache die theoretische Grundlage für die zunächst nur evidenzbasierte Einsicht von SEMMELWEIS und LISTER geliefert. Wenige Jahre nach SEMMELWEIS's Tod wurden seine Thesen allgemein anerkannt. Seine Persönlichkeit wurde u. a. durch eine Biographie von ALFRED HEGAR aus dem Jahre 1882 gewürdigt.

Der Fall SEMMELWEIS ist im Kontext seiner Zeit, seiner Widersacher und seiner Persönlichkeit zu sehen. Er war vermutlich gesellschaftlich unbedarfter als viele Kollegen, äußerte sich in Rede und Schrift zum Teil ungeschickt und war möglicherweise leicht kränkbar und nachtragend. Seine Erfolge bei der Senkung der Todesrate von Wöchnerinnen waren im heutigen Sprachgebrauch „evidenzbasierte" Erfahrungen, zu einer Zeit, in der man, wie etwa die VIRCHOW'sche Zellularpathologie dies tat, theoretische Konzepte zu verfolgen begann, in die seine Art von Wissen nicht recht passte.[31]

---

31. Auch Reviewer von hoch „be*impact*eten" Zeitschriften zeigen des Öfteren den Semmelweis-Effekt. Kritiker der Impactpunkte sprechen deshalb von einem Konformitätsindex. Konformität an sich, sollte keine Karrierevorteile bieten. Impact ebnet den Weg dafür, dass „[…] Wissenschaft ein moderner Weg zu einer guten Karriere" (FLECK 1960) wird. Impact-Punkte lassen sich eher mit Detail-, als mit Orientierungswissen lukrieren. In Pionierphasen von neuen Fachbereichen

Am Fall SEMMELWEIS zeigt sich exemplarisch, wie selektive Wahrnehmung und Beharrungstendenzen auch in der Wissenschaft wirken. Hierfür mag es anthropologische Dispositionen geben, die man an sich selbst und anderen immer wieder beobachten kann. Sie haben zum Teil affektlogische Ursachen, zum Teil sind sie Folge eines „denkökonomischen Prinzips", nämlich an lebensgeschichtlich „bewährten" Denkmustern festzuhalten. Diese Denkmuster sind zusammen mit ihren Assoziationen gut eingeübt – vermutlich neurokybernetisch gut gebahnt. Bei Konfrontationen mit neuen Theorien haben demnach „bewährte" Vernetzungen im Denkgebäude oft ein erhebliches Übergewicht. Nach KUHN wird deshalb bei der Bekämpfung neuer Paradigmen primär auf eingeübte Argumente zurückgegriffen: Gewichtungs- und Denkfehler werden zunächst nur von einer Minderheit bemerkt, wie die Wissenschaftsgeschichte zeigt. Die Beharrungstendenz intensiviert sich mit zunehmendem Alter und höherem Rang. Die Welt unserer Vorfahren, in der diese altersabhängigen Lern- und Denkbereitschaften entstanden sind, war im Unterschied zur Welt der Neuzeit oder der Welt, in der wir derzeit leben, relativ beständig. – Unsere Lernbereitschaften sind an die Bedingungen der Umwelt angepasst, für die sie entstanden sind (vgl. EEA). Die biopsychische Beharrungsdisposition im Sinne von „Wozu als ‚erfolgreicher Alter' umlernen?" steckt nach wie vor in unseren Genen, auch wenn sie heute nicht mehr angemessen ist.

Diese Barrieren können sich bei interdisziplinären Begegnungen auch in inquisitionsanalogen Ausgrenzungen manifestieren.[32] Sie können bei Spezialisten stärker ausgeprägt sein als bei Fachfremden und sind bei Interessenskonflikten, die es „wissenschaftlich" zu untermauern gilt, möglicherweise öfter anzutreffen als in „wertfreien" Diskussionen (solche Interessenskonflikte betreffen z. B. Diskussionen zu Energie, Waldsterben, Klimawandel). Seit vielen Wissenschaftsgenerationen sind auch die Humanwissenschaften durch den nach wie vor nicht restlos beigelegten „Streit der Fakultäten" (KANT) betroffen.[33]

Nach den Wissenschaftsphilosophen LUDWIK FLECK (1935, 1936), einem polnischen Mediziner, und THOMAS S. KUHN (1976), einem US-amerikanischen Physiker, gehört diese geschlossene Abwehr gegenüber einzelnen Abweichlern zur Wissenschaft selbst.

Dies hat zur Folge, dass Wissenschaftler zwei Realitäten „verpflichtet" sind, die manchmal divergieren: (1) ihrem Untersuchungsgegenstand und (2) dem Denkstil der maßgeblichen Fachleute[34], die in den Worten FLECKS, ein „Denkkollektiv" darstellen.

---

sind sie oft hinderlicher, als in Konsolidierungsphasen einer Disziplin. (Fachzeitschriften werden durch Impact-Punkte bewertet. Der Wert ist abhängig davon, wie häufig ihre Artikel innerhalb von zwei Jahren zitiert werden.)

32. Mitunter werden Positionen frei erfunden, um sie dann polemisch zu bekämpfen (vgl. „SozialDarwinismus"; siehe Kapitel 5.1.2, S. 98).

33. Ein 2004 durchgeführtes Gutachten von CLEMENS SEDMAK (einem Fachmann auf dem Gebiet der Theorie der Interdisziplinarität) über einige meiner wichtigsten Arbeiten hat keinen Beitrag enthalten, der geeignet gewesen wäre, die vorliegenden Kapitel weiter zu entwickeln. Kopien des Gutachtens sind auf Anfrage beim Autor erhältlich.

34. Ihr Status und Einfluss ist abhängig von ihrer wissenschaftlichen Qualifikation, ihrer sozialen, juridisch-verwaltungstechnischen und standespolitischen Kompetenz, Beziehungsarbeit, ihrem strategisch-manipulativen und sprachlichen Geschick, Stimmlage, Durchsetzungsvermögen,

Dieses Denkkollektiv ist bei der zunehmenden Komplexität des wissenschaftlichen Denkgebäudes eine schlichte Notwendigkeit, bei der man sich auf die Kompetenz anderer verlässt bzw. verlassen muss.

Dies kann sogar dazu führen, dass man sich – in einer als dynamisch angesehenen und daher fordernden Welt – vor „zerstörenden" Neuigkeiten, die ein ständiges Umdenken verlangen, abschottet. FLECK konstatierte Mitte der 30er Jahre sogar: *„[...] Äußerungen, die die intellektuelle Stimmung eines Kollektivs zerstören, wecken Haß";* und *„Die allgemeine Struktur des Denkkollektivs bringt es mit sich, dass der intrakollektive Denkverkehr ipso sociologico facto – ohne Rücksicht auf den Inhalt und die logische Berechtigung – zur Bestärkung der Denkgebilde führt [...]".*

Dies sind sicherlich drastische Formulierungen, doch zeigt auch die jüngere und jüngste Wissenschaftsgeschichte, dass aus einer derartigen Grundhaltung durchaus konfessionsanaloge Verdammungen erwachsen, die bisweilen an ein altgriechisches Scherbengericht erinnern, beispielsweise der Streit zwischen Verhaltensbiologen wie KONRAD LORENZ und HARRY HARLOW und Vertretern der Lerntheorie vor etwa einem halben Jahrhundert (vgl. Fußnote 12, S. 32 und Kasten 20, S. 151). Mit moralistischen Unterstellungen ähneln die von führenden Wissenschaftlern geäußerten Verdikte mitunter jenen der Chefideologen des Kalten Krieges und der Akkuratesse von dessen Zensoren. Infolgedessen werden innovative Wissenschaftler öfter bekämpft als die von ihnen angesprochenen Probleme diskutiert. ERHARD OESER hat in einem Vortrag in Freiburg am 7. Kongress der Gesellschaft für Anthropologie (2007) ausgeführt, dass der Philosoph KARL ULMER (1915–1981; ab 1970 Univ.-Professor in Wien) sogar noch im letzten Jahrhundert vor einer „empirisch verschmutzten Philosophie" gewarnt hat.

Aber auch einzelne Primatologen haben sich seinerzeit zuerst über das „Cover Girl" JANE GOODALL belustigt, bevor sie deren Entdeckungen bezüglich Werkzeuggebrauch bei wilden Schimpansen ernst genommen haben. JAN HACKING (2010) schreibt in Bezug auf den Wissenschaftsbetrieb: *„Ich habe Achtung vor den Opfern des Systems* [und] *bedaure ihre Not [...]".* Nur ein Beispiel von vielen: ERIK FORSGREN, der bereits 1917 den Tagesrhythmus der Leber beschrieben hatte, musste bis 1927 warten, ehe seine Arbeit von der Universität Stockholm als Dissertation angenommen wurde, weil man einen zirkadianen Funktionswechsel zunächst für unmöglich hielt (ZULLEY *et al.* 2009).

MAX PLANCK konstatierte (1948) in seiner Selbstbiographie: *„Eine neue wissenschaftliche Wahrheit pflegt sich nicht in der Weise durchzusetzen, dass ihre Gegner überzeugt werden und sich als belehrt erklären, sondern dadurch, dass die Gegner allmählich aussterben [...]".* Die Kontinentaldrifttheorie von ALFRED WEGENER (1880–1930) etwa wurde erst ein halbes Jahrhundert nach der Erstveröffentlichung (1912) allgemein anerkannt (GLAUBRECHT 2012). Auch wenn der Wissenschaft das Image des Neuen anhaftet, erweisen sich im historischen Rückblick viele Forscher nicht als Entdecker, sondern als konformistische Systemerhalter, von denen einzelne aufgrund ihrer Meisterschaft darin, ihre Inkompetenz durch Taktieren zu kompensieren, mehr Innovation verhindern, als sie

---

ihrer Selbstdarstellung und Selbstüberschätzung, anthropometrischen Variablen, ihren Fähigkeiten als Entertainer.

und ihr Institut zur Entwicklung beitragen.[35] Der Bielefelder Philosoph ODO MARQUARD nennt das knapp und treffend „Inkompetenzkompensationskompetenz".[36]

Es ist nötig, das Bewusstsein für derartige Regelverstöße gegen die wissenschaftlichen Ideale zu schärfen. Der Effekt darf freilich auch nicht „übergeneralisiert" werden: Nicht jeder unbequeme Denker hat Recht. Es darf aber auch nicht übersehen werden, dass Wissenschaft von Diskussion und Meinungsverschiedenheiten lebt. Der Begriff Semmelweis-Effekt scheint geeignet zu sein, diesem Problem, nämlich extremen Regelverstößen, einen Namen zu geben und dieses damit auch in der Lehre zu verankern sowie für die Forschungspraxis in Evidenz zu halten.

---

35. Studierende meiden Studienrichtungen, denen gegenüber sie eine kritische Position einnehmen; damit entgehen sie einerseits der institutionellen „Disziplinierung" (HACKING 2010), der Institution selbst entgeht dadurch freilich auch kritisches Potential.
36. Nach Wikipedia hielt MARQUARD 1973 einen Vortrag mit dem Titel „Inkompetenzkompensationskompetenz".

TEIL II:
Verhaltensphylogenese in Bezug auf die Großsystematik der Wirbeltiere

„In einer fernen Zukunft sehe ich die Felder für noch weit wichtigere Untersuchungen sich öffnen. Die Psychologie wird sich mit Sicherheit auf den (…) wohl begründeten Satz stützen, dass nothwendig jedes Vermögen und jede Fähigkeit des Geistes nur stufenweise erworben werden kann. Licht wird auf den Ursprung der Menschheit und ihre Geschichte fallen." (DARWIN 1859, deutsche Ausgabe von 1910: 564)

„In the distant future I see open fields for far more important researches. Psychology will be based on a new foundation, that of the necessary acquirement of each mental power and capacity by gradation. Light will be thrown on the origin of man and his history." (DARWIN 1859: 488)

In diesem Teil (bzw. Kapitel 3 bis 7) werden Aspekte der Verhaltensphylogenese von vier Verhaltensbereichen dem Stammbaum der Wirbeltiere zugeordnet. Daraus ergibt sich eine Orientierungshilfe für den Arten- und für den Tier-Mensch-Vergleich auf den Ebenen von Individuum und Gruppe. Die Sonderstellungen des Menschen sind dabei berücksichtigt. Mit den Übersichten 5 (S. 64), 7 (S. 101), 8 (S. 111) und 9 (S. 120) wird verdeutlicht, wie weit der Tierbegriff gefasst sein kann, der sich z. B. in Konzepten, wie dem „Tier"-Mensch-Vergleich wiederfindet.

Folgende Prämissen sind die Grundlagen für das Verständnis der Kapitel 3 bis 7. Die ersten beiden basieren auf Ergebnissen der vergleichenden morphologischen Forschung.

(1) Die Stammesgeschichte ist eine *Abfolge von Vorbedingungen:* Viele Fossilien zeigen Merkmale, die Vorbedingungen für phylogenetisch jüngere Merkmale waren.

(2) Stammesgeschichte ist *konservativ:* Viele Merkmale bleiben zum Teil in abgewandelten Formen während weiterer stammesgeschichtlicher Entwicklungen bestehen. Die Wahrscheinlichkeit des Verlustes eines bestehenden Merkmals sinkt mit seinem stammesgeschichtlichen Alter (RIEDL 1975). Beispiele dafür sind etwa Wirbelsäule und Rückenmark, die bei allen Wirbeltieren zu finden sind. Ein vorteilhafter Verlust dieser Merkmale ist undenkbar. Das Neue kommt also mit einem Fundament aus alten Vorbedingungen in die Welt.

(3) Verhalten, Emotion und Intellekt sind Leistungen, die auf elektro-physiologischen Prozessen in anatomischen Strukturen des Nervensystems basieren. Die ersten beiden Prämissen gelten deshalb zum Teil in gleicher Weise für die Anatomie des Nervensystems wie für seine Leistungen.

(4) Im Verlauf der Phylogenese haben die Vorfahren des Menschen immer komplexere Stadien von Verhaltensleistungen durchlaufen, die in manchen Aspekten mit Leistungen heute noch lebender Organismen vergleichbar sind.

3.   Zur Stammesgeschichte menschlichen Erkennens

Es war KONRAD LORENZ (1973), der auf der Grundlage der Prämissen (siehe vorherige Seite) mit seinem „Versuch einer Naturgeschichte menschlichen Erkennens" unterschiedliche Entwicklungsstufen des Verhaltens so geordnet hat, dass sich daraus ein hypothetischer Stammbaum psychischer Leistungen ergibt. LORENZ hat gezeigt, dass auch bezüglich kognitiver Leistungen das Höherentwickelte mit einem Fundament aus alten Vorbedingungen in die Welt kommt; der ursprünglich angeborenermaßen relativ starr vorgegebene Verhaltensablauf wird dabei immer variabler. Handlungsziele lassen sich zusehends freier, manchmal auf sehr unterschiedliche Weise erreichen. Dabei spielen aufkeimende Bewusstseinsleistungen eine immer größere Rolle (siehe Kasten 4, S. 68).

Die Entwicklungsschritte und Voraussetzungen des menschlichen Erkennens, seiner Freiräume und die Entwicklungsschritte der Traditions- und Kulturfähigkeit sollen hier im Kontext folgender Regel diskutiert werden:

In Bezug auf die Phylogenese gilt die Regel, dass mit jeder Lockerung von Determinanten oder jeder Öffnung von Programmen auch Verhaltensleistungen entstehen, die diese Lockerung begrenzen. Für eine Erweiterung des Freiraumes sind solche Lockerungen und Begrenzungen gemeinsam notwendig (LORENZ 1973, 1978a). Dieses Prinzip lässt sich besonders klar am Beispiel der Evolution von Lernleistungen verdeutlichen (im Schema des hypothetischen Stammbaumes psychischer Leistungen Spalten 2 und 3). Aus diesem Grund werden diese Leistungen im ersten Teil dieses Kapitels behandelt, auch wenn erst viel später in der Stammesgeschichte Freiräume entstanden sind, die in der geisteswissenschaftlichen Diskussion im Vordergrund stehen. Diese Aspekte, die man als soziale Funktionen des Intellekts bezeichnet, werden im zweiten Teil behandelt (Spalten 4 bis 6). Ausgehend von Theorien zur Evolution sozialer Gruppen soll im dritten Teil der Versuch unternommen werden, mit Fragestellungen der Biologie von Freiheit in der Kultur zu sprechen.[37] Im vierten Teil wird auf begriffliche Überlappungen zwischen psychotherapeutischen Grundbegriffen und der Theorie von Lorenz hingewiesen.

Wie bereits JAKOB VON UEXKÜLL (zitiert nach LORENZ 1944–48) erkannte, sind höhere Organismen nicht besser an ihre Umwelt angepasst als niedere. Den hohen physiologischen Kosten bei der Fortpflanzung niederer Organismen stehen hohe Kosten im Rahmen des Sozialverhaltens höherer Organismen gegenüber (WIESER 1998).

Bei den Verhaltensbeispielen zu den Spalten wird nicht immer erwähnt, ob es sich bei den Beispielen in Bezug auf den Menschen um analoge oder homologe Leistungen handelt. Um die in Übersicht 5 erwähnten Begriffe zu erläutern, werden mitunter Verhaltensbeispiele von Organismen verwendet, die einer höheren Stufe zuzuordnen sind.

Übersicht 5 zeigt idealisiert und vereinfacht eine hypothetische stammesgeschichtliche Reihung von Vorbedingungen menschlichen Denkens und Verhaltens. Von der linken Spalte ausgehend sind Spalte für Spalte immer komplexere Leistungsqualitäten zugeordnet. Die Unterscheidung von Homologien und Analogien erfolgt aus anthropologischer Sicht: In den oberen beiden Zeilen ist ein Stammbaum so eingezeichnet, dass in

---

37. Im „Triune Brain" (MCLEAN 1982) werden ähnlich der Einteilung in dem Kapitel (1.) das Stammhirn (Reptilhirn), (2.) das Säugerhirn und (3.) der Neokortex (Neuhirn) hervorgehoben.

der ersten Zeile in Bezug auf die Spalten vermutliche Homologien aufgezeigt werden und durch die fünf Äste, die in die zweite Zeile weisen, analoge Entwicklungen (siehe auch Kasten 1, S. 38). Das bedeutet, dass z. B. individuelles Lernen bei Wirbeltieren, Gliedertieren und Weichtieren drei Mal unabhängig entstanden ist. Die Altersangaben beziehen sich auf die Homologien in Bezug auf den Menschen, die Altersangabe zu Spalte 3 bezieht sich auf die jüngere bedingte Aktion bei terrestrischen Wirbeltieren. Der Einstufung liegt ein wichtiges Prinzip der ethologischen Forschung zugrunde, nämlich Anthropomorphismen (also Vermenschlichungen) zu vermeiden und zu versuchen, Verhalten bezüglich des kognitiven Überbaus möglichst sparsam zu interpretieren.

Von links nach rechts entstehen im Rahmen der Höherentwicklung Leistungen, durch die immer mehr Information verarbeitet werden kann und die immer umfassendere Prognosen ermöglichen. Dadurch ergeben sich Stufe für Stufe neue Freiheitsgrade. Die grau hervorgehobene Stufenfolge zeigt eine Vorbedingungsreihe, durch die exemplarisch das Prinzip des tabellarischen Schemas verdeutlicht wird. Entsprechend der stammesgeschichtlichen Beständigkeit vieler Merkmale kann man davon ausgehen, dass Stufe 2 = 1+2; Stufe 3 = 1+2+3 usw. ist. Ein Austausch zweier aufeinanderfolgender Begriffe ist in der Übersicht 5 rein logisch ausgeschlossen: AAM (angeborener Auslösemechanismus) ist eine Vorbedingung von EAAM (durch Erfahrung ergänzter angeborener Auslösemechanismus), EAAM von operantem Erwerben bedingter Reaktionen. Letztere sind stammesgeschichtlich älter als das operante Erwerben bedingter Aktionen, aber keine stammesgeschichtliche Vorbedingung dieser jüngeren Leistung (HASSENSTEIN 1973; Erläuterungen der Begriffe finden sich im Text des Kapitels). Das operante Erwerben bedingter Aktionen ist eine Vorbedingung von Spielverhalten, das stammesgeschichtlich zugleich mit Neugier entsteht. Neugier und Spiel sind zusammen mit den sozialen Funktionen des Intellekts Vorbedingungen von Handeln im Anschauungsraum und von Selbstexploration. Diese können als Vorbedingungen der Emphronesis und der Reflexion gesehen werden.

Mangels umfassender vergleichender neuroethologischer und neuropsychologischer Daten dürfen auf der Grundlage der funktionell definierten Begriffe keine voreiligen Schlüsse auf neuroanatomische Homologien gezogen werden.

Das tabellarische Schema wird auch durch analoge Entwicklungen gestützt: Bei der LORENZschen Stufenfolge dürfte es sich deshalb in groben Zügen um ein grundsätzliches und allgemeingültiges Prinzip der Entstehung von Nervensystemleistungen handeln (CRANACH 1976).

Durch ein Absetzen einzelner Begriffe vom Spaltenrand soll angedeutet werden, dass die dazugehörigen Leistungen in Bezug auf die Spalten etwas älter oder jünger sind, Leerfelder, „aufsteigende" oder „fallende" Reihungen ergeben sich durch graphische Zwänge. Begriffe der Übersicht 5, die im folgenden Text zum ersten Mal erörtert werden, werden *kursiv* gedruckt.

Der tabellarischen Übersicht lassen sich auch die aristotelischen Begriffe Anima vegetativa (Spalte 1), Anima sensitiva (Spalten 2 und 3) und Anima rationalis (Spalten 5 und 6) zuordnen. Im aristotelischen Denkschema fehlte der beginnende Überbau von emotionalen (ratiomorphen) Leistungen (Spalten 2 und 3) durch protointellektuelle Fähigkeiten (Spalte 4). Im Allgemeinen passen Emotionen als Produkt von Mutation und Selektion so gut auf bestimmte Umweltbedingungen, dass sie rationalen Entscheidungen oft nicht nachstehen. Sie werden deshalb von Bischof als „ratiomorphe" Leistungen bezeichnet. Der hypothetische Stammbaum psychischer Leistungen bietet auch Anhaltspunkte für Rekonstruktionsversuche der Evolution des menschlichen Bewusstseins.

Übersicht 5:
Idealisiertes und vereinfachtes Schema eines hypothetischen Stammbaumes psychischer Leistungen, basierend auf Lorenz 1973. Erläuterungen zur Übersicht im Text[38]

basale Histozoa	Wirbeltiere Fische, Amphibien, Reptilien	Affen	Menschenaffen	Menschen
	einige Weichtiere einige Gliedertiere	andere höhere Säuger höhere Vögel	Delphine? ? ?	
		Einsicht	Nachahmung, objektlos	
		Beobachtungslernen mit Objekt, mit Erbkoordinationen	Beobachtungslernen mit Objekt, mit Willkürbewegung	verantwortliche Moral/Schuld Wollen überindividuelles Wissen Lehren Wortsprache objektunabhängige Tradition
			Selbstexploration, das Ich wird zum Objekt, Empathie	Zeithorizont über momentane Appetenz hinaus begriffliches Denken Reflexion, das eigene Denken und das anderer wird zum Objekt Emphronesis

	EAAM	operantes Erwerben bedingter Aktionen	operantes Erwerben bedingter Reaktionen	soziale Funktionen des „Intellekts"; Neugier und Spiel	Handeln im Anschauungsraum
AAM					
Appetenzverhalten	bedingte Appetenz	hoch selektives Erkennen der optimalen Afferenz während der triebbefriedigenden Endhandlung			
Endhandlung			Erbkoordinationskomponenten werden immer kürzer	Willkürbewegung	
ungefähres Alter in Millionen Jahren: 800; Zentralisation 600; Wirbeltiere 550			Alter unter terrestrischen Bedingungen: 200–100	50	(Homoiologien?) 10 · 1 – 0,5

Voraussetzung

niedere Organismen sind nichts schlechter an Umwelt angepasst als höhere Jakob von Uexküll

38.   Die Übersicht konnte ich vor der ersten Veröffentlichung (1985) mit KONRAD LORENZ besprechen; sie ist von EIBL-EIBESFELDT in der dritten Ausgabe von „Die Biologie menschlichen Verhaltens" (1995) übernommen worden.

3.1   Evolutionäre Stufen menschlichen Erkennens (nach K. Lorenz 1973)

3.1.1   Phylogenetischer und ontogenetischer Kenntnisgewinn

3.1.1.1   Ausschließlich stammesgeschichtlich „gelerntes" Verhalten (Spalte 1)

> „Der niedrigste Organismus ist etwas bei weitem Höheres als der unorganische Staub unter unseren Füßen; und Niemand mit einem vorurtheilsfreien Geiste kann irgend ein lebendes Wesen, wie niedrig es auch sein mag, studieren, ohne enthusiastisch über seine merkwürdige Structur und seine Eigenschaften erstaunt zu werden." (Darwin 1871, deutsche Ausgabe von 1910: 184)

> „The most humble organism is something much higher than the inorganic dust under our feet; and no one with an unbiassed mind can study any living creature, however humble, without being stuck with enthusiasm at its marvellous structure and properties." (Darwin 1871, Ausgabe von 1901: 255–256)

Diese Spalte bezieht sich stammesgeschichtlich auf basale Histozoa (Eumetazoa) als Vorfahren der in Übersicht 5 ab Spalte zwei genannten Wirbel-, Glieder- und Weichtiere. Verhaltensleistungen von denjenigen Arten, die nur der ersten Spalte zuzuordnen sind, sind genetisch festgelegt und können nicht durch Konditionierung verändert werden. Ein einfaches Beispiel soll die Begriffe der ersten Spalte verdeutlichen: Ein Tier, das *Appetenz* nach Nahrung, also Hunger hat, begibt sich auf Nahrungssuche *(Appetenzverhalten)*, erkennt die Nahrung mit seinem Auslösemechanismus (AM) und frisst sie *(Endhandlung)*. Appetenzverhalten ist eine Art Suchverhalten, das die Wahrscheinlichkeit erhöht, auf eine Reizsituation zu treffen, in der der Reizfilter, genannt *angeborener Auslösemechanismus (AAM)*, den Ablauf der Endhandlung auslöst. Ein bekanntes Beispiel für einen AAM ist der Reizfilter der Zecke, die ein Säugetier am Geruch nach Buttersäure und 37° C Wärme erkennt. Eine Zecke erklettert einen Grashalm und wartet auf den Reiz Buttersäure, auf den hin sie sich am Säugetier festzuhalten versucht. Eine 37° C warme Körperoberfläche löst den Ablauf der triebbefriedigenden Endhandlung aus, die Zecke bohrt die Haut an, um Blut aufzunehmen.

Die Leistungen, die Spalte 1 zugeordnet sind, können als Vorbedingungen für später entstandene Leistungen betrachtet werden.

Die Begriffe Auslösemechanismus, Appetenz und Endhandlung sind nicht nur bei der Beschreibung einfachen Instinktverhaltens, sondern auch in Bezug auf Verhaltensleistungen von höheren Organismen nützlich. Sie beziehen sich mitunter auf unterschiedliche stammesgeschichtliche Leistungsstufen. Äquivalente von Appetenzen sind beim Menschen z. B. Hunger, bzw. im Verlauf der Evolution gewachsene Verhaltensbereitschaften und -ziele, Antriebe und Hemmungen. Äquivalente von AAMs sind angeborene Anteile bei der Interpretation des mimischen Ausdrucks und anderen sozialen Interpretationen und Bewertungen hinsichtlich Alter, Rang und Geschlecht.

Da ein Neugeborenes noch keine individuellen Erfahrungen sammeln konnte, erlaubt sein zweckmäßiges Verhalten Rückschlüsse auf angeborene Grundlagen: Das Brustpheromon der laktierenden Brust sowie ihre Berührungen der Wange des Säuglings lösen angeborenermaßen eine Hinwendung des Mundes zur Brust aus, und das Kind beginnt „zielstrebig" an der Mamille zu saugen. Bis zu dieser Stufe ist alle Kenntnis des Nervensystems Ergebnis von Mutation, Selektion, Rekombination und Isolation. Man kann auch von phylogenetisch „Gelerntem" sprechen. Informationsträger sind die Gene.

3.1.1.2 Individuelles Lernen; wie aus dem Kennenlernen von Reizsituationen bedingte Reaktionen werden (Spalte 2)

Die nächste Stufe in unserer Reihung vermutlicher Vorbedingungen zeichnet sich durch die Fähigkeit aus, im Leben zu lernen (vgl. BITTERMAN 1965, FOPPA 1965); zunächst wird ein AAM durch Erfahrung ergänzbar. Man spricht von einem durch *Erfahrung ergänzten angeborenen Auslösemechanismus (EAAM)*. Diese Lernfähigkeit ist ein entscheidender Schritt zur Lockerung der Verbindung zwischen genetischen Determinanten und Verhalten. Eine Zentralisation von Nervenzellen zu Ganglien oder dem Neuralrohr war wahrscheinlich eine Voraussetzung für das Entstehen individuellen Lernens. Auf dieser Stufe lösen neu gelernte Reize (konditionierte Stimuli) Verhaltensweisen aus, die bisher (in Spalte 1) nur durch Ansprechen eines AAM ausgelöst werden konnten.

Lernen ist nur dann zweckmäßig, wenn es „angeborene Lehrmeister" (LORENZ z. B. 1978a) gibt, die das Repertoire dessen, was gelernt wird, einengen (vgl. GARCIA *et al.* 1967). Sonst könnte auch vieles gelernt werden, was nicht zum Ziele führt. Man bewertet im Allgemeinen nicht Fehllernen (z. B. Phobien, Zwänge), sondern nur zweckmäßiges Lernen als freiheitserweiternd. Zweckmäßiges Lernen wird durch die Selektion gefördert, Fehllernen behindert. Es gewährleisten also ganz bestimmte Verhaltensleistungen, dass der Lernprozess zumeist zu einer Anpassungsverbesserung führt. Der Lehrmeister Geschmackssinn beispielsweise beschränkt den „Fressfreiraum" zweckmäßig. Das erfolgt durch Rückmeldungen während der Endhandlung, die positiv oder negativ erlebt werden. LORENZ (1973) spricht im Falle von positiven Rückmeldungen vom *hoch selektiven Erkennen der optimalen Afferenz während der triebbefriedigenden Endhandlung*, diese optimale Afferenz ist etwa der süße Geschmack einer bestimmten Nahrung.

Konkret: Die Individuen vieler Bienenarten bevorzugen aufgrund angeborener Reizfilter bestimmte Farben und Geruchsstoffe. Wenn im Experiment mit Bienen bei einer bestimmten Farbtafel reichlich Zuckerlösung vorhanden ist, dann werden von ihnen Farbtafeln mit derselben Farbe bevorzugt aufgesucht. Eine *bedingte Appetenz* ist entstanden. Bei einem anderen Beispiel ist der Schmerzsinn „Lehrmeister": Die erfahrungslos aufgezogene Kröte schnappt aufgrund eines AAM nach allen kleinen Gegenständen, die sich entlang ihrer Längsachse bewegen. Nach dem ersten Wespenstich werden Wespen in Hinkunft gemieden, der AAM ist durch Erfahrung ergänzt worden. Es ist eine bedingte Aversion entstanden.

Die angeborene Selektivität des Auslösemechanismus (AAM) kann mit der Fähigkeit, ihn durch Erfahrung ergänzen zu können, abnehmen. Diese Öffnung des Programms am AAM erfährt dann durch eine hochselektive Qualitätskontrolle *während der Endhandlung* zweckmäßige Einschränkungen (z. B. ein süßer Geschmack beim Essen von reifen Früchten). Der gewonnene Freiraum hat daher als Grundlage (1.) die Öffnung des Programms am AAM und (2.) die Begrenzung durch das hochselektive Erkennen der optimalen Rückmeldung (Afferenz). So können sich alte Leistungen unter den Selektionsbedingungen neu dazugekommener ändern.

Kasten 4: **Wurzeln des Bewusstseins**, von der ratiomorphen Entscheidungsfindung
zum menschlichen Bewusstsein

Die Verbindung des hoch selektiven Erkennens der optimalen Afferenz während der
triebbefriedigenden Endhandlung mit der Bereitschaftsinstanz (Appetenz) sowie der
Erinnerung an die Reizkonstellation während des Ansprechens des AAM könnten zu
Vorbedingungen von Emotionen geworden sein. Eine zentrale übergeordnete Instanz,
die sowohl zwischen besser als gut und schlechter als schlecht unterscheidet, sowie
mit den Rückmeldungsafferenzen und den Appetenzen in einem engen Verrech-
nungswechselbezug steht, könnte ein angeborener emotionaler „Lehrmeister" sein
(Übersicht 5, Spalte 2). Ein weiterer Schritt in der Evolution emotionaler Bewusst-
heiten könnte die Loslösung motorischer Einzelhandlungen von ihrem ursprünglichen Triebbereich gewesen sein (Spalte 3). Eine weitere „Bewusstseinsleistung" ist
die Objektpermanenz, die Annahme, dass verschwundene Objekte weiter existieren
(möglicherweise ab Spalte 4).

   Mit der Evolution von Brutpflege und von sozialen Zusammenschlüssen werden
Artgenossen mehr und mehr zu einem bestimmenden Faktor der Verhaltensphylogenese. Unsere emotionale Ausstattung schließlich zeigt typische Säugetier- und Pri-
matenmerkmale und ist das Produkt einer stammesgeschichtlichen Differenzierung
zu einem hoch entwickelten Sozialwesen. Emotionelle Gestimmtheit dürfte nach und
nach durch immer bessere Abstraktionsleistungen der Wahrnehmung und immer umfassendere prognostizierende Verrechnungsleistungen wie Einsicht in räumliche und
zeitliche Zusammenhänge, durch soziale Funktionen des (Proto-)Intellekts (Spalte
4; siehe S. 73) und die Fähigkeit, beobachtete Erbkoordinationen[39] zu wiederholen
(Spalte 4), überbaut worden sein. Aufgrund von Stimmungsübertragungen (Spalte 2)
als Vorbedingung könnten bei dieser ersten Form des Beobachtungslernens bereits
die Spiegelneurone eine zentrale Rolle spielen (BISCHOF-KÖHLER 2011). Später ent-
stand die Fähigkeit, sich auf Grund von Vorerfahrungen verschiedene Verhaltensopti-
onen vergegenwärtigen zu können. Diese Form der Introspektion wird Metakognition
genannt [in Differenzdressuren schaffen es z. B. Altweltaffen sich nicht nur im Sinne
von (1.) Pro und (2.) Kontra zu entscheiden, sondern auch auf eine introspektiv wahr-
genommene Unsicherheit hin, die (3.) Option „Unsicher" zu wählen; FISCHER 2012].

   Diese Innenwahrnehmung, die ab Spalte 4 dem Experiment zugänglich ist, war
wahrscheinlich zusammen mit der Stimmungsübertragung eine Vorbedingung der
Empathie in Zusammenhang mit dem Unterscheidungsvermögen zwischen „I" und
„Me" (Selbstexploration). Menschenaffen können darüber hinaus mit vergegenwär-
tigten Bildern von Gegenständen experimentieren (BISCHOF-KÖHLER 2011; Handeln
im Anschauungsraum bei LORENZ 1973; Spalte 5) und sind bereits zur Nachahmung
von Willkürmotorik fähig. Diese Leistungen sind vermutlich ab Homo erectus durch
die Fähigkeit, künftige eigene Bedürfnisse und Denkinhalte zu antizipieren, sowie
sich die Denkinhalte anderer vorzustellen („theory of mind"/Emphronesis, Kapitel 5),

---

39. Erbkoordinationen oder Instinktbewegungen sind angeborene Bewegungsmuster. Sie sind relativ
      formkonstant (vgl. HOLST 1969, ROEDER 1955).

> überbaut worden. Auch wenn mit Homo sapiens die Reflexionsfähigkeit als Problem-
> lösungsstrategie in die Welt gekommen ist, erweist sich bei den meisten spontanen
> Alltagsentscheidungen unser ratiomorpher/emotionaler Apparat durchaus als „ver-
> nünftig" und nach wie vor als nützlich. Das Fehlerrisiko rascher intuitiver Entschei-
> dungen steigt aber mit zunehmenden Komplexitäten und neuartigen Anforderungen:
> Hier können die Risiken durch (emotional) möglichst vorbehaltlose Analysen, Dis-
> kussionen und Reflexionen gesenkt werden (vgl 2.2.1, S. 43 und Kasten 23, S. 188).

Wie Attrappenversuche bei Tier und Mensch zeigen, erkennen die angeborenen Reizfilter die auslösende Situation an äußerst groben Relationen. Ein detailreiches Erkennen
von Artgenossen und Objekten durch den Reizfilter kann nur durch individuelles Lernen
erreicht werden. Im Übrigen liegen die Vorteile des individuellen Lernens auf der Hand:
Der ontogenetische Kenntnisgewinn erfolgt um einige Zehnerpotenzen rascher als ein
phylogenetischer Kenntnisgewinn durch Mutation und Selektion und kann sich einer
sich verändernden Umwelt besser anpassen. Der Nachteil: Das ontogenetisch Gelernte
geht mit dem Tod des Individuums verloren.

3.1.1.3 Erkunden (bedingte Reaktion) und Erlernen neuer Bewegungsabläufe (bedingte Aktionen) (Spalte 3)

Bis zu dieser Entwicklungsstufe stehen dem Tier durch Erfahrung ergänzbare Auslösemechanismen, Appetenzverhalten und triebbefriedigende Erbkoordinationen zur Verfügung. Ein Individuum kann nun als nächsten entwicklungsgeschichtlichen Schritt unter
der Motivation einer Appetenz ein und dieselbe Bewegungsweise an verschiedenen Objekten und Situationen durchprobieren, gewissermaßen die Brauchbarkeit dieser Objekte erkunden. Man spricht dabei vom *operanten Erwerben bedingter Reaktionen* oder von
Erkunden.

Raben haben einen angeborenen Reizfilter für die Auswahl ihres Nistmaterials. Indem sie Verschiedenes durchprobieren, was dieser Filter durchlässt, lernen sie durch die
Rückmeldungen während der triebbefriedigenden Endhandlung das optimale Material
kennen: Der AAM ist durch Erfahrung ergänzt worden, der (EAAM-)Reizfilter wählt
nun schärfer aus (siehe auch EIBL-EIBESFELDT 1958).

Es kann aber vorkommen, dass z. B. eine angeborene Bewegungsweise (oder Erbko-
ordination) aus dem Nestbauverhalten in ähnlichen Situationen immer wieder eine neue
Nahrungsquelle erschließt. Nun wird es von Vorteil sein, wenn das Tier diese Situation
wiedererkennt und darüber hinaus neurokybernetisch dazu in der Lage ist, das Verhaltenskommando für diese Bewegung, etwa Sammeln von Nistmaterial, mit der Bereitschaftsinstanz (Appetenz) des Nahrungserwerbes zu assoziieren. Das Tier hat operant
eine bedingte Aktion (HASSENSTEIN 1973) erworben.

Mit dem *operanten Erwerben bedingter Aktionen* ist die Fähigkeit entstanden, Bewegungsmuster, die ursprünglich nur in einem Triebbereich ausgelöst werden konnten,
nach einem Lernprozess auch in einem anderen Triebbereich zu verwenden.

Ähnliches gilt auch für die Kapriole des Pferdes. Sie ist ursprünglich eine Bewegung des Verteidigungsverhaltens, die nach entsprechenden Dressuren auch in einem anderen Verhaltenskontext ausgeführt werden kann: Wird ein Pferd, das die Kapriole ausgeführt hat, mehrmals mit Futter belohnt, dann wird es diese Bewegung auch ausführen, wenn es vom Reiter mit Hilfe eines konditionierten Stimulus dazu aufgefordert und weiterhin belohnt wird. Bemerkenswert daran ist, dass auf dieser phylogenetischen Entwicklungsstufe Bewegungen unabhängig von ihrer ursprünglichen Motivation ausgeführt werden können, also „freier" werden.

Unter den Selektionsbedingungen dieses operanten Lernens werden die Kombinationsmöglichkeiten umso vielfältiger, je kürzer die Elemente der Erbkoordinationen und je flexibler die im Raum orientierenden Bewegungsanteile (Taxiskomponenten) werden; dies mündet in das Entstehen der *Willkürbewegung* (vgl. Lorenz 1973, 1978a; Medicus 1985). Sie ist im Vergleich zu den „formkonstanten" angeborenen Bewegungen (Erbkoordinationen) sehr variabel. Daher bedarf es zu ihrer Steuerung besonderer Leistungen auf der Seite der Verarbeitung von Sinnesreizen.

3.1.1.4 Willkürmotorik, Neugier- und Spielverhalten (Spalte 4)

Eine Motorik, die stammesgeschichtlich betrachtet immer freier wird, benötigt auf der Wahrnehmungsseite immer mehr *Einsicht* in räumliche und zeitliche Zusammenhänge, vice versa ist aber bei mehr Einsicht auch mehr Flexibilität bei den motorischen Möglichkeiten zur Ausführung dessen, was „eingesehen wird", vorteilhaft (vgl. Richelle *et al.* 1980, Schöne 1983).

Da der Energiehaushalt bei allen Organismen Beschränkungen unterworfen ist, ist es zweckvoll, den Energiebedarf für neu erlernte Bewegungen zu minimieren. Wie jeder weiß, der eine neue Sportart zu erlernen versucht, können die ersten willkürmotorischen Lernschritte sehr anstrengend sein. Das subjektive Korrelat des „angeborenen Lehrmeisters", der das Einüben immer energiesparenderer Willkürbewegungen „kanalisiert", ist die subjektiv wahrnehmbare Funktionslust. Die Erweiterung des Bewegungsfreiraumes ergibt sich erst durch die Öffnung motorischer Programme zusammen mit Einsicht und Funktionslust. Die Lehrmeister Einsicht und Funktionslust beschränken den motorischen „Spielraum" zweckmäßig (Lorenz 1973, 1978a). Bemerkenswert ist ferner die Tatsache, dass für den menschlichen Betrachter gut eingeübte und energetisch günstige Bewegungen als harmonischer, schöner und nachahmenswerter empfunden werden als Willkürbewegungen des Anfängers. Die Schönheit von eingeübten Bewegungen wird z. B. bei Tanz und Ballett kulturell verfeinert.

Beim operanten Erwerben bedingter Reaktionen bzw. beim Erkunden untersucht das Tier *verschiedene* Objekte, wobei es unter der Motivation *eines* bestimmten Triebbereiches Bewegungsmuster dieses Verhaltensbereiches verwendet. Beim *Neugier- und Spielverhalten* wird eine Abfolge von Erbkoordinationen *verschiedener* Instinktbereiche an *einem* Objekt durchprobiert. So wechseln z. B. spielende Hunde zwischen Fliehen und Verfolgen und zwischen Verhaltensweisen des Rangkämpfens und des Beuteschlagens. Der Wechsel erfolgt dabei viel rascher, als dies im Ernstfall möglich wäre und bestimmte Verhaltensweisen werden natürlich „spielerisch" abgeschwächt, etwa das „Totschütteln" der „Beute".

Das operante Erwerben bedingter Aktionen war eine phylogenetische Vorbedingung dafür, beim Spiel rasch zwischen verschiedenen Triebbereichen wechseln zu können.

Kasten 5: Der Mensch, von Natur aus ein Kulturwesen
Universelle Merkmale menschlicher Kulturen

Die Vorfahren aller heute lebenden Menschen lebten vor ca. 100 000 bis 200 000 Jahren. Als Angehörige von Homo sapiens sapiens zeigten sie bereits viele Merkmale von Kultur, wie man aufgrund von archäologischen Funden und von Universalien bei heutigen Kulturen schließen kann. Die Sonderstellung menschlicher Traditionen wird durch den Begriff Kultur unterstrichen.

1) Aufgrund der *Zukunftsvorstellungen* des Menschen kann Feuer zur Nahrungszubereitung genutzt werden. Durch Zukunftsvorstellungen wurde auch die Evolution der Fähigkeit möglich, Besitz bei Abwesenheit des Besitzers respektieren zu können: Damit zahlt sich die Herstellung aufwendiger Werkzeuge (z. B. Steinbeil, Schmuck und Kultgegenstände) aus.

2) Die *Emphronesis* (bzw. „theory of mind", siehe auch Kapitel 5) war eine wichtige kognitive Voraussetzung für die Evolution von Gestik und Wortsprache: Mit Hilfe der Wortsprache kann • die Wirklichkeit der äußeren Welt [Welt 1 nach POPPER (1974)] in der inneren Welt (Welt 2) abgebildet werden; • beide Welten können mit ihrer Hilfe verglichen werden. Auf dieser Grundlage kann sie zur • Lösung von schwierigen sozialen Problemen eingesetzt werden und macht eine • objektunabhängige Tradition möglich. Sie ist • Grundlage für Gebote, Sprüche, Formeln, Gedichte und Gesänge.

3) Menschen aller Kulturen schmücken ihren Körper.

4) In allen Kulturen werden traditionsgemäß Gegenstände des täglichen Gebrauchs schöner gefertigt, als es für ihre Funktion erforderlich ist; zum Teil werden sie mit Ornamenten geschmückt. Die durch diese Investitionen erzielten Verschönerungen und Wertsteigerungen bereiten den Erzeugern Freude und verhelfen den Besitzern zu Ansehen.

5) Zum „Leib-Seele-Problem": Jenseitsvorstellungen werden im Rahmen der Mythologie in allen Kulturkreisen tradiert.

6) Alle Kulturen haben Riten zu Geburt, Initiation, Heirat, Tod.

7) Alle Kulturen feiern (zusätzlich zu den Riten) Feste. Diese gemeinsamen, emotionell hoch besetzten Aktivitäten fördern, neben ihrer unmittelbaren Bedeutung für die beteiligten Individuen, den Gruppenzusammenhalt.

8) Alle Kulturen haben Kultgegenstände für Riten im Rahmen ihrer Mythologie, die fast immer besonders schön gearbeitet sind. Hässliche und abstoßende stilistische Elemente fanden nur zur Geisterabwehr, zum Teil auch für Ventilsitten Verwendung.

9) In vielen Kulturen werden Wahrnehmungen durch Trance und (meist zum Nachteil der Betroffenen) durch Rauschmittel manipuliert (Rauschmittel werden auch von Tieren eingenommen: z.B. Verzehr vergorener Früchte).

10) Sozial attraktives Verhalten wird nicht nur direkt gefordert, sondern auch durch Religion, Philosophie, literarische und bildende Künste direkt und indirekt gefördert und unattraktives Verhalten gehemmt.

11) Einsicht in Diskrepanz zwischen Eigeninteresse und Rechte anderer, zum Teil resultieren daraus lebenslange Schuldgefühle.

12) Konzept von Gemeinwohl.

Einige der erwähnten Aspekte können den Gruppenzusammenhalt und die Synchronisation der Gruppe fördern und können eine psychohygienisch günstige Wirkung haben.

Die Homo-sapiens-spezifischen Traditionen konstituieren beim Menschen das, was transdisziplinär als Kultur gilt. Höheren Säugetieren und Vögeln sowohl Tradition als auch Kultur zu attribuieren bedeutet eine Einbuße begrifflicher Differenzierung, denn dann steht kein Begriff mehr zur Verfügung, der der menschlichen Sonderstellung gerecht wird. Es empfiehlt sich deshalb, bei Tieren von Tradition und beim Menschen von Tradition und Kultur zu sprechen; um Übergangsaspekten z. B. bei Menschenaffen gerecht zu werden, kann der Begriff Protokultur nützlich sein.

3.1.1.4.1 Stammesgeschichtliche Stufen der Tradition

Das individuelle Lernen erlangt dann eine besonders große Bedeutung, wenn das erlernte Wissen nicht mit dem Tod des Individuums verloren geht, sondern an die nächste Generation weitergegeben wird: dies ist Tradition. Sie ist zunächst von der Anwesenheit eines erfolgreich handelnden Vorbildes abhängig, das an einem bestimmten Objekt manipuliert *(Beobachtungslernen mit Objekt*, objektabhängige Tradition). Traditionelle Weitergabe findet statt hinsichtlich Nahrung, Gefährlichkeit von Beutegreifern sowie bei marinen Fischen z. B. bezüglich Wegetraditionen. Aufschlussreich sind z. B. Beobachtungen an Meisen in England (HINDE & FISHER 1951; siehe auch KOTHBAUER-HELLMANN 1990). Diese Meisen haben gelernt, Milchflaschen zu öffnen. Sie müssen nur den Ort der Manipulationen durch Beobachtung kennenlernen und die beobachteten Erbkoordinationen (angeborene Bewegungen) wiederholen.[40] Meisen suchen auch sonst Nahrung durch Picken und Ziehen an Rindenstücken oder, wie in unserem Beispiel, an Verschlüssen aus Alufolien. Dohlen geben ihr manchmal schmerzlich erworbenes Wissen über Beutegreifer (z. B. eine Katze) durch Warnrufe an die nächste Generation weiter. Diese Weitergabe von Wissen ist allerdings an das Erscheinen des Raubtieres gebunden. Bleibt eine Generation von entsprechenden Beutegreifern verschont, so geht das Wissen verloren. Aus prinzipiellen Gründen kann der Informationsträger von im Leben erworbenem Wissen (individuelles Lernen) und der Träger der Weitergabe dieses Wissens (Tradition)

---

40. Ab wann in der Säugetierevolution Spiegelneuronen entstanden sind, ist noch unbekannt. Primär dürften diese Neurone beim Nachempfinden von beobachteten Erbkoordinationen eine Rolle gespielt haben (BISCHOF-KÖHLER 2011), z. B. beim Beobachtungslernen mit Objekt (Spalte 4). Neugeborene können Bewegungen der Mundpartie eines erwachsenen Vorbildes nachahmen (z. B. Mund öffnen, Zunge herausstrecken). Bei den entsprechenden Bewegungen des Säuglings handelt es sich um Erbkoordinationen, die Vorteile beim Füttern mit sich bringen.

nur ein anderer als die Gene sein, weil die Erbmasse eines Individuums nicht von onto-genetisch Gelerntem beeinflusst werden kann.[41]

Falls Willkürbewegungen beobachtend gelernt werden, so ist dazu Einsicht in die Handlung erforderlich, eine kognitiv relativ komplexe Entwicklungsstufe. Zur *Nach-ahmung* (Spalte 5) von Bewegungen, bei denen *keine Objekte* manipuliert werden, sind schließlich in Ansätzen Schimpansen und Delphine fähig (z.B. die „Zeichensprache" von Schimpansen unter Laborbedingungen). Sie müssen dabei das Körperschema eines anderen auf sich selbst übertragen können; das stellt bereits eine sehr komplexe Form von Einsicht dar.

Obwohl es viele Beispiele für Traditionen im Tierreich gibt, sollte der Begriff Kultur dem Menschen vorbehalten bleiben, denn in allen menschlichen Kulturen gibt es viel-fältige Beispiele für Besonderheiten der menschlichen Traditionen, die seine Sonderstel-lung begründen (siehe Kasten 5, S. 71).

3.1.2 Evolution kognitiver Leistungen

3.1.2.1 Soziale Funktionen des Protointellekts und Intellekts

Mit der phylogenetischen Entwicklung sozialer Gruppen entstehen viele neue soziale Antriebe und Hemmungen im Spannungsfeld von Eigennutz und Altruismus. Dadurch ergeben sich mitunter sehr komplexe soziale Situationen, die eine Vielzahl unterschiedli-cher Folgesituationen erlauben. Diese vielen, zum Teil antagonistischen Alternativen er-fordern eine Entscheidungshilfe, damit die beteiligten Individuen zwischen verschieden vorteilhaften sozialen Lösungen entscheiden können (*soziale Funktionen des Intellekts*, HUMPHREY 1983). Komplizierend wirkt, dass jedes Gruppenmitglied seine eigene Stra-tegie hat und dass häufig mehr als zwei Partner interagieren (DUNBAR 1988). Das Gehirn wurde deshalb im Laufe der sozialen Evolution bei höheren Primaten und Delphinen enorm leistungsfähig, manche Autoren sprechen von einem Extremorgan (siehe Kasten 6, S 74). Ganz offensichtlich zeigt sich diese Tendenz bei höheren Primaten, die sich wegen ihres Protointellekts nicht immer entsprechend ihrer momentanen Motivation verhalten müssen oder können.

Persönliche Vertrautheit und Antipathie sowie die Vielzahl an attraktiven Motiven, zum Beispiel Hilfsbereitschaft, und unattraktiven Motiven, zum Beispiel Rivalität, die für soziale Primaten charakteristisch sind, können nur durch Lernen und vor allem bei höheren Primaten durch Entscheidungen im Rahmen protointellektueller Leistungen konsistent und zweckvoll abgestimmt werden. Es waren die innerartlichen Selektionsbe-dingungen, die zur Evolution des Extremorgans (Proto-)Intellekt bei höheren Primaten

---

41. Im Gegensatz dazu wird die Genexpression eines Individuums z. B. durch proximate Lernanfor-derungen beeinflusst. Zur Epigenetik: In seltenen Fällen kann die Genexpression eines Individu-ums durch Lebensumstände der Eltern oder in Abhängigkeit davon, ob sie von Mutter oder Vater stammen, beeinflusst werden.

und Hominoiden geführt haben[42] (HUMPHREY 1983; siehe auch BRÜNE *et al.* 2003). Eine besondere protointellektuelle Teilleistung ist die Selbstexploration.

Kasten 6: **Extremorgan**

extreme Ausprägung eines Merkmals oder Organs im Vergleich zu Vorfahren und zu nah verwandten Arten, z. B. Giraffenhals, Narwalzahn, Walratkissen des Pottwals. Der Begriff Extremorgan ist unscharf und wenig gebräuchlich. Einige Autoren verwenden den Terminus gelegentlich für besonders auffällige *innerartliche Anpassungen.*[43] Diese mitunter besonders ausgeprägten Merkmale *können sich als ökologisch nachteilig erweisen,* z. B. Federn der Paradiesvögel, Pfauenrad, Hirschgeweih (vgl. MEDICUS 1999–2004). In einem gewissen Sinn kann der Begriff Extremorgan auch auf den *menschlichen Intellekt* angewendet werden: Er ist (evolutionär gesehen) primär das Produkt innerartlicher Selektion (z. B. „soziale Funktionen des Intellekts" bei höheren Primaten). Da der Intellekt vom Menschen benutzt wird, um Bedürfnisse rasch und optimal zu befriedigen, entstehen Kollateralschäden, die z. B. die Erde bedrohen. So können die Folgen zu einer ökologischen Bedrohung unserer Art werden (z. B. globale Erwärmung).

3.1.2.2 Selbstexploration, Handeln im Anschauungsraum (Spalte 5)

Vorbedingungen der *Selbstexploration* finden sich nicht nur in „basaleren" sozialen Funktionen des Protointellekts, sondern auch in Neugier, Spiel und Einsicht (vgl. HUMPHREY 1983; BYRNE & WHITEN 1988, FRANK 1992). GALLUP (1970) beobachtete bei Schimpansen und LETHMATE (1977) bei Orangutans, dass sie sich in einem Spiegel erkennen können: Sie zeigten dem Spiegelbild gegenüber immer weniger und schließlich gar keine sozialen Signale mehr (z. B. Drohmimik). Stattdessen verglichen sie die Synchronität der Körperwahrnehmung mit Eigenbewegungen im Spiegelbild. Diesbezüglich erfahrene Tiere nützen den Spiegel auch dazu, Körperteile zu untersuchen, die sie ohne Spiegel nicht zu sehen bekommen, etwa ihr Gebiss. Anthropomorph ausgedrückt, erkennen die Schimpansen und Orangutans sich selbst. Das „Ich" wird im Bewusstsein zum Objekt gemacht. Darüber hinaus können sie auch Veränderungen an sich wahrnehmen. Einen Farbfleck, der ihnen in Narkose ins Gesicht gemalt worden ist, werden sie im Spiegel explorieren und zu beseitigen versuchen (Menschenkinder können das ab ca. 18 bis 22 Monaten). Ich-Vorstellungen und die zweifellos ältere Wahrnehmung eigener

---

42. Angesichts der vielen Antriebe und Hemmungen, die im Rahmen der sozialen Evolution entstanden sind (z. B. Aggression auslösende und hemmende Bedingungen) kann man beim Menschen keinesfalls von einer Instinktreduktion sprechen.

43. Wenn Extremorgane die Folge sexueller Selektion sind, dann werden sie zumeist von dem Geschlecht ausgebildet, das den höheren Konkurrenzdruck um das andere hat. Infolge der hohen Kosten einzelner Extremorgane handelt es sich zum Teil um „ehrliche (fälschungssichere) Signale", etwa hinsichtlich der Fitness, die bei der sexuellen Selektion wichtig sein kann (z. B. Pfauenrad).

Stimmungen und Gefühle sowie Stimmungsübertragungen[44] waren Vorbedingungen für ein bewusstes Einschätzungsvermögen der Stimmungen des anderen und damit auch für empathisches Handeln (BISCHOF-KÖHLER 1989; siehe auch DE WAAL 1983, 1997, 2011, GOODALL 1986, 1991).

In unserem vereinfachten Modell der Reihe der Vorbedingungen ist an dieser Stelle ein weiterer Begriff bedeutsam: das *Handeln im Anschauungsraum*, eine Leistung, die im Tierreich bei Menschenaffen zu finden ist. Ein Schimpanse kann, wie WOLFGANG KÖHLER auf seiner Forschungsstation auf Teneriffa beobachtet hat, eine an der Decke eines Raumes aufgehängte Banane durch Springen nicht erreichen und unterbricht „sichtlich enttäuscht" seine vergeblichen Bemühungen. Nach einer Weile – nachdem er sich beruhigt hat – beginnt er auf den Platz unter der Banane zu schauen, dann blickt er zu einer Kiste, die sich ebenfalls im Raum befindet, schaut wieder zur Banane und dann auf den Platz unter dieser und beginnt „sichtlich erfreut", die Kiste unter die Banane zu schieben (KÖHLER 1921; RENSCH 1973). Wie sollte man diese Beobachtungen anders interpretieren, als dass der Schimpanse die Handlung in Gedanken vorweggenommen (Handeln im Anschauungsraum) und so eine Lösung gefunden hat, an die Banane zu gelangen? Der Selektionsvorteil dieser Fähigkeit ist beträchtlich: Wir können unsere irrigen Anschauungen und Hypothesen „sterben" lassen, ehe wir ihretwegen selbst der Selektion anheim fallen (POPPER 1974).

| Kasten 7: | **Reifungsstufen im Umgang mit dem Spiegel** |
| | nach D. BISCHOF-KÖHLER (2011) |

1. Lj.:	Erlebnis des Bewirkens mit Aktivitätssteigerung. Das Kind unterscheidet selbst- und fremdbewirkte Effekte.
12–14 Mo.:	Spielpartnerverhalten (hinter Spiegel schauen, Spielsachen anbieten, guck-guck-da-Spiel); gegen Ende des 1. Lj. z. T. werden „Verdoppelungen" bemerkt.
15–18 Mo.:	Vermeidungsverhalten; Schein und Wirklichkeit werden unterschieden; erkennt seine Bewegungen noch nicht „von außen".
15–22 Mo.:	Selbst-Erkennen, Selbst-Objektivierung; Experimentieren mit eigener Außenseite.
18–24 Mo.:	Benennen des Spiegelbildes, Selbsterkennen auf Video.

Werkzeuggebrauch konnte auch bei frei lebenden Schimpansen beobachtet werden: Bekannt sind seit GOODALLS Beobachtungen das Angeln nach Termiten mittels Grashalmen sowie seit BOESCHS *et al.* (1983, DARWIN 1871) Dokumentationen das Nüsseknacken mit Steinen. Wenn es bei den Nüssen keine Steine gibt, dann müssen die Schimpansen diese, wenn sie Nüsse knacken wollen, mitbringen. Da sie aber noch keine Vorstellun-

---

44. Dabei übertragen sich Stimmungen, Gefühle und Verhaltensbereitschaften von einem Individuum auf andere. Dies zeigt sich in einer gemeinsamen Ausrichtung des Verhaltens innerhalb der Gruppe (z. B. Flucht, Weinen, Ausgelassenheit). Das Phänomen der „Gefühlsansteckung" gibt es auch beim Menschen.

gen über künftige Bedürfnisse haben, können sie die Steine nicht so lagern, dass sie sie am nächsten Tag oder im nächsten Jahr wieder finden. Homo erectus hatte höchstwahrscheinlich bereits entsprechende Zukunftsvorstellungen. Wenn das zutrifft, dann war er auf freie Hände angewiesen, um bestimmte Werkzeuge immer mit sich tragen zu können. Möglicherweise war das eine der Bedingungen, die zur Bipedalität geführt haben. Selbstexploration und Handeln im Anschauungsraum waren wahrscheinlich Vorbedingungen für die Evolution der Fähigkeit, sich eigene künftige Bedürfnisse vorstellen zu können.

Es ist denkbar, dass es von der Vorstellung über eigene künftige Bedürfnisse und Gedanken nur mehr ein kleiner Schritt zu Vorstellungen über Denkinhalte anderer war (Emphronesis oder „theory of mind"). Die Emphronesis ihrerseits war wahrscheinlich auch eine Voraussetzung für die Evolution unserer Fähigkeit, uns gestisch (TOMASELLO 2009) und mit der Wortsprache zu verständigen. So gesehen war wahrscheinlich die Fähigkeit zu Zukunftsvorstellungen die entscheidende intellektuelle Leistung, die die Hominisation eingeleitet und ermöglicht hat (BISCHOF 2008; siehe auch Kästen 10 bis 13, S. 84ff, 5.2.1, 5.2.3).

3.1.2.3 Reflexion und Sprache (Spalte 6)

Man darf annehmen, dass die sozialen Funktionen des Intellekts mit Selbstexploration und Handeln im Anschauungsraum, Zukunftsvorstellungen und Emphronesis Vorbedingungen der menschlichen *Reflexion* und der *Wortsprache* waren. Der Mensch kann sein Wissen mittels der Sprache objektfrei weitergeben. Man spricht von objektunabhängiger Tradition. Sie ist eine Grundlage der menschlichen Kultur. Der Mensch ist schließlich in der Lage, auch seine eigenen Gedanken zum Objekt der Reflexion zu machen. Mit Hilfe der menschlichen Reflexion kann die den Überlegungen zugrunde liegende Logik hinterfragt werden (z. B. RIEDL 1980). Gemäß ihrer stammesgeschichtlich gewachsenen Funktion werden unsere Denkinhalte von angeborenen Stimmungsqualitäten, Bewertungen, Antrieben und Hemmungen beeinflusst.

3.1.2.3.1 Zweckmäßigkeitsaspekte des menschlichen Erkennens

Die Zweckmäßigkeitsanforderung gilt wie beim Lernen auch für den Erkenntniswert (oder Erklärungswert, heuristischen Wert) und für den Anwendungswert. Dazu zwei kurze Feststellungen:

ad Erkenntniswert: Aus der Sicht der Evolutionären Erkenntnistheorie erfährt die Denkfreiheit durch das Postulat der Wahrheitsähnlichkeit der Anschauungen Einschränkungen (z. B. RIEDL 1980). Trotzdem bleibt es ein menschliches „Privileg", den „baren Unsinn" zu glauben (nach LORENZ) – bis hin zum Wahn.

ad Anwendungswert: Um Missbrauch von Erkenntnissen (z. B. Atombombe/Rüstungsindustrie) zu vermeiden, sind Richtlinien für Beschränkungen der „freien" Anwendung nützlich: Im Prinzip gelten dieselben Vorbehalte wie bei der Frage, was bei „natürlichem" (angeborenem und gelerntem) menschlichem Verhalten „gut" oder „böse" ist. Der Mensch kennt und überliefert, wahrscheinlich seitdem es Mythen und religiöse

Vorstellungen gibt, hilfreiche Einschränkungen der freien Anwendung. Beispielhaft ist wegen ihrer Klarheit und Einfachheit die Goldene Regel.[45] Prinzipiell sind Grenzen von Freiheiten dort zu ziehen, wo Anderen Leid und Schaden zugefügt werden kann.

Bei der Diskussion der goldenen Regeln gilt allgemein: Pluralistische Bedingungen sind zur Vermeidung von Missbrauch erforderlich sowie, in Analogie zur stammesgeschichtlichen Formenvielfalt, als heuristisches Prinzip nützlich.

3.1.3 Leben in Gemeinschaften und Kultur, kulturtheoretischer Ausblick

Menschliches Leben ist Leben in kulturbildenden Gemeinschaften. Grundlage jeder Kultur sind kleinere und größere Sozietäten, die über die engere Verwandtschaft hinausgehen. Die sozialen Zusammenschlüsse bieten Vorteile, die alleine lebende Artgenossen nicht haben und ermöglichen auch die Entwicklung und Nutzung ökologischer Nischen, die von solitären Individuen und Familien nicht besetzt werden könnten (z. B. DUNBAR 1988). Diesen Erweiterungen der Freiräume stehen Sollbestimmungen und „Beschränkungen" gegenüber, durch die diese Zusammenschlüsse erst ermöglicht werden. Dabei erlangen z. B. soziale Spielregeln, die altruistisches Verhalten und den Gruppenzusammenhalt fördern und destruktive Formen der Aggression hemmen, eine besondere Bedeutung.

Soziale Antriebe und Hemmungen wurden in der Stammesgeschichte schon bei unseren Primatenvorfahren durch Tradition überbaut und ältere Verhaltensbestandteile wurden darauf abgestimmt, so dass wir schließlich ohne Tradition nicht mehr überlebensfähig sind. Von diesem Gesichtspunkt aus erhalten Tradition und Kultur eine neue grundlegende Erklärung und Bedeutung. Es ist nicht ratsam, sie als jene entscheidende Hilfe zu unterschätzen, die zur Verfügung steht, um mit unserer biologischen Ausstattung in der Umwelt, die wir uns geschaffen haben, leben zu können. LORENZ (1973) war einer der ersten Biologen, der eine wissenschaftliche Untersuchung der Zusammenhänge zwischen der Natur und Kultur des Menschen empfohlen hat.

3.1.3.1 Kulturgeschichtliche Erweiterung des archaischen Stammes zu größeren politischen Einheiten

Das, was den Menschen und seine Kulturfähigkeit ausmacht, hat seine Wurzeln und Grundlagen in der Natur; Humanität wird – wie DARWIN und LORENZ schon wussten – durch die Kultur weiterentwickelt. Entfaltung und Vielfalt in den Kulturen haben neue komplexe Verschränkungen zwischen Natur und Kultur entstehen lassen, die durch einfache Kosten-Nutzen-Rechnungen alleine nicht beschrieben werden können.

Zu Zusammenschlüssen zwischen mehreren Stämmen kam es vermutlich erstmals im Übergangsfeld von der Neusteinzeit zu den frühen Metallkulturen. Die Erweiterung des Machtbereiches über die enge Stammesgrenze hinaus hat Vorteile. Sie betreffen macht- und verteidigungspolitische Aspekte, darüber hinaus können sich größere politi-

---

45. Zum Beispiel „Was du nicht willst, dass man dir tut, das füg' auch keinem anderen zu."

Kasten 8

Instinkt-Dressur-Verschränkung: von K. LORENZ eingeführte Bezeichnung für Verhaltensphänomene, bei denen angeborene Verhaltensmerkmale durch Lernen modifiziert und ergänzt werden. Der Begriff wird wegen seiner Unschärfe (betr. z. B. Instinktbegriff) heute nur selten verwendet.

Instinkt-Kultur-Verschränkung*: das Einfließen bzw. Ausgeprägtsein von „instinktiven" Elementen in der menschlichen Kultur.* Die Bedeutung dieses Begriffs steht zwischen Vorstellungen von starr angeborenen Instinktvorgaben und einer beliebigen Formbarkeit durch Lernen und Kultur. NORBERT BISCHOF (2008) schreibt dazu: „Die Natur ist in der Kultur allgegenwärtig. Aber sie ist es nie in der Form der brutalen Nötigung, sondern immer nur durch freundliche Angebote, deren Verlockung zu widerstehen uns schwer fällt und durch den Preis, den sie fordert, wenn wir diese Angebote ausschlagen" (Beispiele für den „geforderten Preis" waren/sind z. B. Folgen von Besitzlosigkeit und Zölibat). Instinktive Elemente von Stimmungen, Motiven, Wahrnehmungen, Denken und sozialen Bewertungen, die in das Kulturleben einfließen, sind z. B. enthalten in: • Geben und Nehmen von Geschenken – einschließlich verbaler Geschenke (z. B. Grüße, Komplimente, Wünsche) – als soziale „Strategie" mit reziprok altruistischer Motivation; • der Produktion von mehr weiblichen als männlichen Puppen, weil Mädchen ein größeres Interesse für Babys und Brutpflegespiele haben und Kinder vor der Pubertät Angehörige des eigenen Geschlechts als Spielgefährten bevorzugen; • Eifersuchtsdelikte, die in verschiedenen Rechtssystemen je nach Geschlecht des „Ehebrechers" unterschiedlich geahndet werden. Einzelne dieser Elemente werden zum Teil kulturell verstärkt, etwa wenn sie sozial und psychohygienisch vorteilhaft sind. Beispiele sind die Trauerphasen oder die kulturellen Überformungen der Monopolisierungstendenzen und der Bindungswünsche Verliebter durch verschiedene Formen der Eheschließung. Andere „instinktive" Elemente wirken sich manchmal als Bürden aus, die das soziale Zusammenleben erschweren können (z. B. impulsive Aggressivität), oder sie werden für solche gehalten. Kulturell werden sie häufig abgeschwächt und unterdrückt, z. B. Verbot des Oralverkehrs in einzelnen Ländern (z. B. in einigen Bundesstaaten der USA) (vgl. MEDICUS 1999–2004).

Kulturethologie: Spezialgebiet der Humanethologie; die Verschränkung von Natur, Kultur, Ökologie und Soziologie des Menschen steht bei der Untersuchung kultureller Errungenschaften im Vordergrund. Fragen dazu lauten z. B.: Wie sind Tradition und Kultur entstanden? Wie kommen wir mit unserer biologischen Ausstattung in einer durch uns selbst veränderten Welt zurecht? Welche stammesgeschichtlichen Erwerbungen fließen in die Kultur ein? Welche kulturellen Errungenschaften sind psychohygienische, familiäre, soziale und soziopolitische Anpassungshilfen (vgl. MEDICUS 1999–2004)?

sche Einheiten eher berufliche Spezialisierungen leisten, wie sie in Metallkulturen und Hochkulturen notwendig werden.

3.1.3.1.1 Programmierungen, die – kulturell gefördert – für das Zusammenleben vorteilhaft sind

Wie lassen sich soziale Verhaltensdispositionen kulturell dazu nützen, die Kategorisierung von Artgenossen in Gruppenangehörige und Gruppenfremde zumindest teilweise zu überwinden?

Die Erweiterung der Kategorie soziale Gruppe/Stamm kann wahrscheinlich nur dann zweckmäßig funktionieren, wenn das, was innerhalb des Stammes erwünscht ist, kulturell auch Nachbarstämmen gegenüber praktiziert wird, die zum erweiterten Einfluss- und Machtbereich gehören. Das gilt für die Erweiterung bis hin zum Staat: Soziales und sozial attraktives Verhalten, das sich innerhalb des persönlich bekannten Umfeldes stammesgeschichtlich bewährt hat, wird als kollektiver Wert kulturell durch Religionen, Moral und Gesetze auch Unbekannten gegenüber gefordert. Zu diesen moralischen Errungenschaften gibt es in allen Hochkulturen Beispiele für konvergente kulturelle Entwicklungen (z. B. der Inhalt der biblischen Zehn Gebote).

Kulturelle soziale Regulative waren und sind einer kulturgeschichtlichen Bewährungsprobe ausgesetzt. Davon sind viele Bereiche der Kultur betroffen. Es bestehen sogar mehr oder minder zweckmäßige Bezüge zwischen dem Spielraum der Freiheit in der Kunst auf der einen Seite und der Natur des Menschen auf der anderen Seite:

In allen Kulturen und in allen sozialen Nischen werden Intensität und Häufigkeit von Stimmungsqualitäten durch Wohnkultur, verschiedene Arten von Kunst, Riten und Festen etc. beeinflusst. Das wird besonders deutlich z. B. in Theater, Oper und Film, wo die Wirkung von Inhalten und Stimmungen durch künstlerische Ausdrucksformen (z. B. durch Bühnenaufbau und Musik) noch gesteigert wird (hinsichtlich des Zusammenhangs zwischen Oxytocinausschüttung und Musikgenuss vgl. BERNATZKY *et al.* 2011).

> „Die Musik erweckt verschiedene Gemüthserregungen in uns, regt aber nicht die schrecklicheren Gemüthsstimmungen des Entsetzens, der Furcht, Wuth u. s. w. an. Sie erweckt die sanfteren Gefühle der Zärtlichkeit und Liebe, welche leicht in Ergebung übergehen. In den chinesischen Annalen wird gesagt: ‚Musik hat die Kraft, „den Himmel auf die Erde" herabsteigen zu machen'." (DARWIN 1871, deutsche Ausgabe von 1910: 646)

> „Music arouses in us various emotions, but not the more terrible ones of horror, fear, rage, & c. It awakes the gentler feelings of tenderness and love, which readily pass into devotion. In the Chinese annals it is said, ‚Music hath the power of making heaven descend „upon earth"."‘" (DARWIN 1871, Ausgabe von 1901: 870)

So werden insbesondere in Hochkulturen Motive, die das soziale Zusammenleben unterstützen, nicht nur durch Religion und Ethik gefordert, sondern auch durch z. B. literarische und bildende Künste direkt und indirekt gefördert. Große Werke der Kulturgeschichte bereiten Freude, bieten Hilfe bei Entbehrungen und Schicksalsschlägen, haben eine psychohygienisch günstige Wirkung und beeinflussen wahrscheinlich auch das Sozialverhalten positiv. Mit der schwindenden Wertschätzung der Religion finden ethische Aspekte kaum mehr künstlerischen Ausdruck; zum Teil ist es sogar populär geworden, Gefühle anzusprechen, die für das soziale Zusammenleben nachteilig sein können (Beispiele: in der Werbung „Geiz ist geil"; seit den 68ern „mach kaputt, was dich kaputt macht"; das Idealisieren von Drogen als „Bewusstseinserweiterung").

Im Übrigen hat wahrscheinlich auch der nützliche und notwendige Abbau von Hierarchien zu einem Wandel der Künste beigetragen. Große Werke sind das Ergebnis einer dienenden Haltung einem Größeren und/oder einem Transzendentem gegenüber. Sie wurden, oft von vielen gemeinsam, mit Demut, Fleiß und Sorgfalt ausgeführt. Im Gegensatz dazu steht die dilettantische und der Sensation verpflichtete Selbstdarstellung von Künstlern, wie sie sich mit der Entwicklung des Individualismus mehr und mehr findet.

Wie z. B. in Kapitel 5 (Übersicht 7, S. 101 und Kapitel 12, Übersicht 13, S. 190) ausgeführt, sind in vielen Lebensbereichen emotionelle Bewertungen und rationale Aspekte miteinander verschränkt. Seit der Aufklärung steht das Zweifeln als Tugend in der Welt der Wissenschaften in einem Spannungsfeld zu Tugenden wie Ehrfurcht und Demut. Dabei sind Ehrfurcht und Achtung als ethische Grundhaltung beispielsweise vor der Menschheit, ihren Kulturen und künftigen Generationen, sowie vor der Natur absolut nützlich und notwendig und einsichtiger denn je geworden. Dies wird auch von Künstlern je nach ihren Haltungen unterschiedlich widergespiegelt.

> „Ein menschliches Wesen ist Teil des Ganzen, genannt Universum, begrenzt in Raum und Zeit. Es erfährt sich selbst, seine Gedanken und Gefühle als etwas, das von dem Rest getrennt ist, eine Art von optischer Täuschung seines Bewusstseins. Diese Täuschung ist eine Art von Gefängnis für uns, das uns auf unsere persönlichen Wünsche und Einwirkungen einiger weniger Personen in unserer näheren Umgebung beschränkt. Unsere Aufgabe muss es sein, uns aus diesem Gefängnis zu befreien durch Ausdehnung unseres Mitleids auf alle lebenden Kreaturen und der ganzen Natur in ihrer Schönheit. Niemand kann diese Aufgabe vollends erfüllen, doch gerade die Anstrengungen, dieses Ziel zu erreichen, sind ein Teil der Befreiung und ein Fundament für innere Zuversicht." (ALBERT EINSTEIN)

> „A human being is part of a whole, called by us the Universe, a part limited in time and space. He experiences himself, his thoughts and feelings, as something separated from the rest—a kind of optical delusion of his consciousness. This delusion is a kind of prison for us, restricting us to our personal desires and to affection for a few persons nearest us. Our task must be to free ourselves from this prison by widening our circles of compassion to embrace all living creatures and the whole of nature in its beauty. Nobody is able to achieve this completely but the striving for such achievements is, in itself, a part of the liberation and a foundation for inner security." (ALBERT EINSTEIN)

3.1.3.1.2 Programmierungen, deren kulturelle Einschränkung für das Zusammenleben vorteilhaft sind

Die Gewaltbereitschaft des Menschen hat aus ethologischer Sicht angeborene Grundlagen, die durch Erziehung und Kultur eingeschränkt werden müssen. Bei kriegerischen Naturvölkern (z. B. Eipo/Neuguinea, Yanomami/Venezuela) starben vor dem Einfluss der Europäer etwa ein Viertel aller Männer eines gewaltsamen Todes: das sind etwa 3 bis 10 Personen (zumeist Männer) pro 1000 Einwohner pro Jahr (SCHIEFENHÖVEL 1986, 1995); die Hälfte von ihnen durch Innergruppenkonflikte, zumeist wegen Eifersucht, und die andere Hälfte durch Stammesfehden. Die Homizidrate in europäischen Millionenstädten beträgt in Friedenszeiten hingegen infolge von Moral, Ethik, Erziehung und Gesetzgebung nur etwa ein Hundertstel davon. Wie der Kulturenvergleich zwischen Neuguinea und Europa zeigt, kann der kulturelle Einfluss (z. B. bezüglich der Ausmaße von Tötung und Mord) bemerkenswert groß sein. Dabei mögen kulturelle Einflüsse auf Schwellen bei der Aggressionsauslösung und auf anerzogene direkte Hemmungen sowie beim Durchhaltevermögen bei der Anwendung aggressionshemmender Mechanismen (z. B. von sozial freundlichen Verhaltensweisen) eine Rolle spielen.

3.1.4 Überschneidungen zwischen Konzepten der Psychotherapie und der Ethologie

Für Theorienkonflikte in der Psychotherapie können sich nicht nur die allgemeinen Grundlagen aus dem ersten Teil des Buches, sondern auch die speziellere Theorie von LORENZ (1973; vgl. Übersichten 5, S. 64 und 7, S. 101) als eine Verständigungshilfe erweisen und in diesem Sinn weiterentwickelt werden. So kann man etwa die Wirkprinzipien der Psychotherapie auch mit ethologischen Konzepten erhellen. Die Prinzipien sind nach WESIACK (2000): Modifikation von Verhalten durch Lernen, Vermittlung von Einsicht, expressiv kathartische Aspekte (Erleichterung beim Sender; Anpassungswert: Verhaltensänderung beim Empfänger), Stützung und Entspannung (Stimmungsübertragung/Empathie/Emphronesis) und Systemveränderung (z. B. in Familie und sozialem Umfeld). Das, was für die Wirkprinzipien gilt, kann auch auf Theorieebene ausgeführt werden. Dies soll am Beispiel einiger Aspekte der Lerntheorie und Tiefenpsychologie deutlich gemacht werden. Grundbegriffe der Lerntheorie und Tiefenpsychologie können als Spezialfälle des Lorenzschen Modells gesehen werden. Solche Grundbegriffe aus der Lerntheorie (operantes und klassisches Konditionieren) und Tiefenpsychologie (z. B. Ich, Es, Überich) samt einiger ihrer Zusammenhänge überschneiden sich mit dem evolutionären Modell, was im Folgenden kurz verdeutlicht werden soll.

3.1.4.1 Lerntheorie

Die Begriffe des klassischen und operanten Konditionierens decken sich teilweise mit den Begriffen der bedingten Appetenz und der bedingten Aktion der Ethologen. Wie bereits erwähnt, richtet sich die bedingte Appetenz nach der erlernten Reizsituation. Das überlappt sich mit dem klassischen Konditionieren der Lerntheoretiker, die z. B. beim PAWLOWschen Hund das Futter als den unkonditionierten und das Glockenläuten als den konditionierten Stimulus bezeichnen (PAWLOW 1953). Bei der bedingten Aktion wird ein bestimmtes Verhalten eines Verhaltensbereiches (A; z. B. Capriole, Übersicht 6) durch verstärkende Reize, die mitunter die Reizfilter eines anderen Bereiches (B; z. B. Futter) ansprechen, gefördert. Das Verhaltenskommando (A) wird mit einer Bereitschaftsinstanz (B) assoziiert. Hier spricht der Lerntheoretiker von operantem Konditionieren. Die Trennschärfe der verschiedenen Begriffe unterscheidet sich möglicherweise: Regelmäßig vor der Fütterung eines PAWLOWschen Hundes ertönt eine Glocke. Der angeschnallte Hund reagiert nach einer Reihe von Durchgängen bereits auf das Glockensignal hin mit der Speichelsekretion (soweit handelt es sich um einen bedingten Speichelreflex). Wird der Hund jedoch, wie LIDELL (zitiert nach LORENZ 1978a) demonstriert hat, losge-

Übersicht 6	operantes Erwerben bedingter Reaktionen	operantes Erwerben bedingter Aktionen
Die adaptive Modifikation des Verhaltens durch Lernen betrifft:	*Die auslösende Reizsituation:* Durch Lernen bedingtes Wiedererkennen ursprünglich neutraler Reizsituationen	*Das Verhaltenselement:* Von Motivation unabhängiger, gelernter Gebrauch von Erbkoordinationen verschiedener Triebbereiche
Ergebnis (gute/schlechte Erfahrung)	bedingte Appetenz/bedingte Aversion	Bedingte Aktion/bedingte Hemmung
Beispiel	*Pawlowscher Hund,* unabhängig davon, ob angeschnallt (wie beim klassischen Konditionieren) oder motorisch aktiv (wie beim operanten Konditionieren)	*Kapriole des Pferdes* (Verteidigungsverhalten) wird, nach Belohnung durch Futter, Teil der Appetenz nach Futter

Übersicht 6: Nach Bernhard HASSENSTEIN (z. B. 1973) bestehen zwischen Begriffen der klassischen Lerntheorie und Begriffen der ethologischen Lerntheorie Überlappungen – im Sinne von: klassisches Konditionieren ist enger definiert als operantes Erwerben bedingter Reaktionen; operantes Konditionieren ist weiter definiert als operantes Erwerben bedingter Aktionen.

schnallt, zeigt er beim Glockenläuten Appetenzverhalten: Er bellt und wedelt die Glocke an, wie ein Wolf ein älteres Rudelmitglied anbettelt; dieses Verhalten konnte er im angeschnallten Zustand weder zeigen noch lernen. Obwohl im angeschnallten wie im unangeschnallten Zustand nur der gespeicherte Reizeingang (Glocke) mit der Appetenz nach Futter assoziiert wird, wird unter Umständen das Verhalten bei einem nicht angeschnallten Tier als operant konditioniert bezeichnet. Der Ethologe spricht in beiden Fällen von einer bedingten Appetenz, die von einem bedingten Speichelreflex begleitet wird (HASSENSTEIN 1973; LORENZ 1978a).

Eine früher von manchen Lerntheoretikern (sog. Behavioristen) vertretene Meinung, der Mensch werde völlig erfahrungslos als eine sogenannte „tabula rasa" geboren, also ohne stammesgeschichtliche Vorkenntnisse (beziehungsweise ohne phylogenetische „Erfahrungen" der Spezies), darf inzwischen als überholt betrachtet werden. Nicht nur Vernunftgründe sprechen dagegen (z. B. a-priori bei KANT 1781, 1790), sondern auch Ergebnisse aus der Biologie (LORENZ 1941, 1943) und Entwicklungsneurologie und -psychologie. Die Erforschung der in der Stammesgeschichte erworbenen und genetisch fixierten Voraussetzungen des individuellen Lernens, die Frage nach den „angeborenen Lehrmeistern" bei Tier und Mensch, sind wichtige Fragestellungen der Biologie. Das gilt auch für die Frage, warum Lernen fast immer zu einer Anpassungsverbesserung führt.

3.1.4.2 Tiefenpsychologie

Es gibt in der Tiefenpsychologie eine Reihe von Theorien, die sich im Grunde von FREUD herleiten lassen. Daher wird in diesem Abschnitt weitgehend von Freud'schen Grundbegriffen (FREUD 1950) ausgegangen, wohl wissend, dass sich auch innerhalb der Tiefenpsychologie Meinungsverschiedenheiten und Kritiker finden.

Beginnen wir mit dem sogenannten „Es". Hier finden sich eine Reihe von Überschneidungen mit dem Triebmodell der Ethologen. Das „Es" wird durch Begriffe wie Reizfilter, Appetenz und triebbefriedigende Endhandlung konkreter fassbar. Es ist jedoch wichtig, in diesem Zusammenhang darauf hinzuweisen, dass die Ethologie und Neuroethologie (z. B. EWERT 1976) viele Bereitschaften und Verhaltensweisen mit unterschiedlichen Charakteristika nebeneinander kennen. Durch vermutlich wechselseitige Hemmschaltungen kommt jedoch je nach aktueller Dringlichkeit und Möglichkeit praktisch nur eine Verhaltensweise zum Tragen. Die Reaktionsstärke ist dann eine Funktion (der doppelten Quantifizierung) von Reizstärke und inneren Bedingungen. Die inneren Bedingungen können durch Rezeptoren (z. B. für Osmolarität im Hypothalamus, die Appetenz nach Wasser auslösen), aber auch durch eine endogene Kumulation von Bereitschaft, etwa bei Triebstau, beeinflusst werden.

Es stiftet Verwirrung, dass die Umgangssprache und die Literatur außerhalb der psychoanalytischen Fachliteratur einerseits und die Tiefenpsychologie andererseits den Begriff der „Sexualität" in einem unterschiedlichen Sinn verwenden. Im Sinne einer besseren Verständigung wäre ein begrifflicher Konsens wünschenswert. Manche Tiefenpsychologen fassen den Begriff der „Sexualität" so weit, dass ihnen ein Begriff für das, was umgangssprachlich mit „Sexualität" gemeint ist, fehlt (vgl. FREUD 1950; HASSENSTEIN 1973).

Der Begriff „Ich" bei FREUD überschneidet sich mit den LORENZ'schen Begriffen der Selbstexploration, Voraussicht der Folgen eigenen Handelns und der Reflexion. Dank dieser Denkleistungen, samt unserer Leistung, wollen zu können, sind wir sicherlich die von unseren Trieben unabhängigsten Primaten.

Kein Mensch ist in der Lage, alle Bewertungen zu begründen, gleichgültig ob sie aus dem ratiomorphen Apparat des „Es" mit seinen Säuger- und Primatenmerkmalen oder aus dem „Überich" mit zum Teil tradierten Normen kommen. Darüber hinaus kennen wir die stammesgeschichtlichen Vor- und Selektionsbedingungen unserer Vernunft noch viel zu wenig, als dass wir erschöpfend erklären könnten, was das Unvernünftige an unserer Vernunft ist, beziehungsweise wie adäquat die Passung der Kategorien unserer Vernunft an die innere und äußere Welt ist (DARWIN 1871; LORENZ 1973; POPPER 1974; RIEDL 1980; VOLLMER 1975; WUKETITS 1981).[46]

Die Begriffe der verantwortlichen Moral und des Gewissens schließlich lassen sich dem FREUD'schen „Überich" zuordnen. Es bildet sich laut Tiefenpsychologie aus, indem in der Entwicklung des Kindes Werte der Eltern und der Umgebung internalisiert wer-

---

46. Unbewusste Prozesse und eingeübte Entscheidungs- und Abwehrpräferenzen sind mit ethologisch fundierten Theorien gut kompatibel. Eine Übersicht über Abwehrmechanismen (aus ZIMBARDO *et al.* 1978) hat KONRAD LORENZ in Altenberg 1985 kommentiert mit: „Das gibt es alles und noch viel mehr."

den. Dabei sind wir eher geneigt, unsere Intelligenz in den Dienst vorhandener Bewertungen zu stellen (vgl. Affektlogik, Kapitel 12 und Parakosmos, Kapitel 9), als mit Hilfe der Intelligenz Bewertungen neu zu entwickeln oder zu korrigieren.

3.2 Anhang, weitere Aspekte der Hominisation

Hinsichtlich Menschwerdung werden je nach Forschungsbereich verschiedene Aspekte hervorgehoben. Beispiele sind Werkzeugherstellung, Wortsprache, Feuer und Bipedalität:

Kasten 9: **Der Mensch als „Mängelwesen"** (A. GEHLEN)

Wir sind nach LORENZ spezialisiert auf das nicht-spezialisiert-Sein: Wir können ohne technische Hilfen kilometerweit laufen und zugleich Güter tragen, durch Höhlen robben, stundenlang schwimmen, 10 m tief und tiefer tauchen und auf Bäume und Felswände klettern. Diese Kombination macht uns kein Tier nach, ganz zu schweigen von unseren sprachlichen und reflexiven Leistungen. Auch wenn MARKL Homo sapiens zu Recht als „Volltreffer der Evolution" bezeichnet, gilt es, uns vor Risiken zu schützen, die sich z. B. aus biopsychischen „Mängeln" ergeben können.

Nach BISCHOF (1985: 513) geht es nicht an, mit Hilfe des Konzeptes vom Mängelwesen Mensch „die Befreiung von der biologischen Erblast zu erschleichen, indem man ihren angeblichen Verlust betrauert".

Kasten 10: **Werkzeugherstellung und Gebrauch**

sind im Prinzip schon bei Menschenaffen zu beobachten. Phylogenetische Vorbedingung dieser Leistung waren die „sozialen Funktionen des Intellekts" (HUMPHREY 1983). Beim Werkzeugeinsatz sind Menschen z. B. Schimpansen überlegen, weil sie beim Einschlagen eines Nagels mit dem Folgeschlag Fehler vorheriger Schläge ausgleichen können. Nur beim Menschen gibt es wegen seines größeren mentalen Zeithorizonts, der über die momentane Motivationslage und Anwendungssituation hinausreicht, den Besitz eines Werkzeuges. Beispiele für kulturhistorisch alte und einfache Werkzeuge, für die es keine Parallelen im Tierreich gibt, sind geschäftete und geschärfte Steinbeile, Feuer, Einbaum, Pfeil und Bogen.

Kasten 11: **Feuer**

Die kulturhistorische Bedeutung des Feuers war schon DARWIN bekannt. Eine kognitive Voraussetzung für die Nutzung von Feuer war ein Zeithorizont, der über die momentanen Bedürfnisse hinausgeht. Dadurch konnte gewährleistet werden, dass es über längere Zeiträume gehütet wurde. Das Hüten setzte darüber hinaus eine höhere Kooperationsbereitschaft voraus, als sie bei Menschenaffen beobachtet werden kann. RICHARD WRANGHAM (2009) unterstreicht, dass das Erhitzen von Lebensmitteln (möglicherweise ab Homo erectus – also seit etwa 1 Million Jahren, oder seit Homo heidelbergensis, bzw. seit ca.1/2 Million Jahren) die Selektionsbedingungen verändert hat. Durch Hitze „vorverdaute" Nahrung muss viel weniger lange gekaut werden, ist leichter verdaulich, dadurch können bei der Verdauung mehr Kalorien gewonnen werden (wie auch Viehzüchter wissen, die das Futter für manche ihrer Haustiere kochen). Insgesamt kann also trotz des Aufwandes, der für die Brennholzbeschaffung, das Erhitzen und den Erhalt des Feuers nötig ist, bei der Nahrungsbeschaffung und -aufbereitung sowie beim Kauen und Verdauen Zeit und Energie eingespart werden. Infolge der durch Erhitzen der Nahrung veränderten Selektionbedingungen wurde im Verlauf der Kulturgeschichte (möglicherweise ab Homo erectus) der Mund kleiner, das Gebiss schwächer und der Verdauungstrakt kleiner. WRANGHAM vermutet, dass dadurch auch ein immer größeres Gehirn mit hochwertiger Nahrung versorgt werden konnte. Das menschliche Hirn hat 2 % des Körpergewichts und benötigt immerhin etwa 20 % des Grundumsatzes. Unsere biologische Ausstattung hat sich an die Tradition des Erhitzens von Nahrung so angepasst, dass Menschen, die nur Rohkost essen überschlank bzw. unterernährt sind.

Kasten 12: **Sprache**

Evolutionäre Voraussetzungen waren vermutlich die Symbolfähigkeit sowie die Emphronesis („theory of mind", also Vorstellungen darüber, was andere wissen und nicht wissen können; siehe Kapitel 5) und eine hohe Kooperationsbereitschaft, wie sie bei anderen Primaten nicht gegeben ist. Ontogenetisch basiert das Sprechen auf einer angeborenen Lernbereitschaft, die es in dieser Form im Tierreich nicht gibt. Die Evolution der Lernbereitschaft und der Sprachzentren des Gehirns (BROCA und WERNICKE; DUUS 1976) sind Folge der kulturhistorischen Selektion. Eine weitere Voraussetzung war die Fähigkeit, die Stimmbänder willkürmotorisch[47] bewegen zu können (PLOOG 2004): Unter den Primaten ist es nur der Mensch, der zu dieser Stimmmodulation fähig ist. Vor diesem Hintergrund ist bei der Diskussion der Frage, ob der Neandertaler sprechen konnte, dessen Kehlkopfanatomie weniger wichtig. Wesen ohne Emphronesis (ToM), aber mit der Fähigkeit zur Stimmnachahmung, sind sogenannte „sprechende" und „spottende" Vögel. Die menschliche Kommunikation unterscheidet sich von der anderer Primaten auch durch die Gestik (z.B. nach TOMASELLO 2009 durch den regelmäßigen Einsatz des Zeigefingers beim Deuten auf Personen oder Objekte oder bei Richtungsangaben) und den kommunikativen Einsatz des Blicks in eine bestimmte Richtung. In unserer nächsten Primatenverwandtschaft sind weiße Skleren (Bindehaut) nicht so durchgängig ausgebildet wie bei Homo sapiens. Dadurch ist beim Menschen die Blickrichtung klarer einschätzbar. Zeigen und Blicken kommen

---

47. Homo sapiens ist wahrscheinlich der einzige „stubenreine" Primat, weil er auch die entsprechenden Schließmuskel willkürmotorisch kontrollieren kann.

in der Kommunikation von Schimpansen nur ausnahmsweise zum Einsatz. Die weiße Bindehaut bietet für den Sender beim Kooperieren klare Vorteile, im kompetitiven Kontext (HRDY 2008) kann sie sich auch als nachteilig erweisen. Manche höhere Säugetiere und Vögel können begriffliche Inhalte mit optischen oder akustischen Symbolen assoziieren. Aber nur Menschen setzen Begriffe und Satzteile zueinander in eine hierarchische Beziehung (Grammatik/Baumdiagramm und Hypotaxe) und steigern und präzisieren dadurch den Informationsgehalt der aneinander gereihten verbalen Symbole.

Kasten 13: **Bipedalität**
        Fortbewegung auf zwei Beinen: Im Tierreich gibt es mehrere analoge
        Entwicklungen dazu.

Die fakultative ***Bipedalität bei Primaten*** war eine phylogenetische Vorbedingung der durchgängigen Bipedalität des Menschen: Der gute Gleichgewichtssinn der ursprünglich baumlebenden Primaten war eine vorteilhafte evolutionäre Voraussetzung der Entwicklung der Zweibeinigkeit.

    Beispiele für gute bedarfsorientierte bipedale Fortbewegungsfähigkeit bei Primaten: • Tragen von „Beute" (Pavian), • Versuch, sich in der Grassavanne Überblick zu verschaffen (viele Halbaffen), • Durchwaten von Gewässern (Gorilla), • Tragen kranker Jungtiere, die sich nicht mehr selbst im Fell festhalten können (Menschenaffen), • meist männliche Imponierveranstaltungen (Gorilla, Schimpanse), • bleibende bipedale Fortbewegung bei Lähmung eines Armes (Schimpanse nach Polioerkrankung), • Einsatz von Wurfgeschossen und Schlagstöcken (Schimpanse).

Hypothesen zur durchgängigen ***Bipedalität im Rahmen der Hominisation***, etwa ab Homo erectus
    • Mit der zunehmenden Fähigkeit, künftige Ereignisse unabhängig von unmittelbar erlebten Antrieben und Tätigkeiten mittel- bis langfristig planen zu können, kann das Tragen von Lasten (Vorräte, Werkzeuge) nützlich und notwendig sein (möglicherweise bereits vor ca. 4 bis 5 Millionen Jahren bei unseren Australopithecus-Vorfahren). Spätestens auf dieser Stufe erweist sich die Fähigkeit als vorteilhaft, Besitz auch bei Abwesenheit des Besitzers respektieren zu können.
    • Bipedalität als thermoregulatorische Anpassung (WHEELER z.B. 1984, 1991): Durch den aufrechten Gang wird vor allem zwischen den Wendekreisen um die Mittagszeit weniger Sonnenhitze vom Körper absorbiert. Möglicherweise ist in diesem Zusammenhang auch die Körperbehaarung (unter Umständen vor ca. 2 bis 3 Millionen Jahren) fast verschwunden, um dadurch ein besser kühlendes Ganzkörperschwitzen zu ermöglichen. – Am Kopf sind Haare als Sonnenschutz bestehen geblieben. (Wenn wir genug zu trinken haben, sind wir wahrscheinlich die thermoregulatorisch best-angepassten Säugetiere.)

• Mit der zunehmenden Haarlosigkeit und zunehmenden physiologischen Frühgeburtlichkeit (PORTMANN 1956) ist aus dem ursprünglich motorisch relativ „reifen"
aktiven Tragling (das Primatenjunge hält sich mit Händen und Füßen am Fell der
Mutter – oder anderen tragenden Individuen – fest) ein verhältnismäßig unreifer pas-
siver Tragling (HASSENSTEIN 1973) geworden, der ohne permanentes aktives Tragen
der Eltern „verloren" gehen würde.

• Wahrscheinlich ist Bipedalität schon relativ früh im Tier-Mensch-Übergangsfeld
als sozial eindrucksvoll wahrgenommen worden (vgl. Imponieren).

Nachteile der Bipedalität:

1. nicht nur nicht-menschliche Primaten, auch Elefant, Giraffe, Nashorn und Nil-
   pferd sind auf allen Vieren schneller als Homo sapiens;
2. Verlust der dritten und vierten „Greifhand";
3. durch „neue" mechanische Anforderungen an „Bewegungsapparat": Risiko von
   Wirbelsäulen- und Bandscheibenbeschwerden;
4. wegen erhöhter Belastung des muskulösen Beckenbodens ist eine möglichst kleine Ausdehnung desselben vorteilhaft. Damit wird der knöcherne Beckenring zum
   Geburtshindernis und zwar für den im Vergleich zu anderen Primaten großen Kopf
   des Menschenkindes. Die im Vergleich mit anderen Primaten gegebene physiologische Frühgeburtlichkeit ist eine Anpassung an den relativ großen Kopf des
   Kindes und den verhältnismäßig engen knöchernen Beckenring der Mutter (SCHIE-
   FENHÖVEL *et al.* 1999).
5. Schwindel beim zu raschen Aufstehen (sog. Orthostase);
6. zum Teil Risiko der Varizenbildung („Krampfadern") an Beinen usw.

4.   Von der tierlichen Brutpflege zum Sozialverhalten des Menschen

„Das Gefühl des Vergnügens an Gesellschaft ist wahrscheinlich eine Erweiterung der elterlichen oder kindlichen Zuneigungen, da der sociale Instinct dadurch im Jungen entwickelt worden zu sein scheint, daß es lange bei seinen Eltern blieb; und diese Erweiterung dürfte zum Theil der Gewohnheit, hauptsächlich aber der natürlichen Zuchtwahl zuzuschreiben sein." (DARWIN 1871, deutsche Ausgabe von 1910: 115–116)

„The feeling of pleasure from society is probably an extension of the parental or filial affections, since the social instinct seems to be developed by the young remaining for a long time with their parents; and this extension may be attributed in part to habit, but chiefly to natural selection." (DARWIN 1871, Ausgabe von 1901: 161)

Die Entstehung der Brutpflege war eine „Sternstunde der Evolution" (EIBL-EIBESFELDT 1976, 1995), weil durch sie über die Entfaltung und den Bedeutungszuwachs der Bindung zwischen dem Muttertier und seinen Jungen evolutionäre Grundlagen für eine Fülle von innerartlichen Bereitschaften und Verhaltensweisen in die Welt gekommen sind – von freundlich gestimmten Verhaltensweisen bis hin zur Liebe. Unter anderem haben sich aus dem Brutpflegeverhalten Verhaltensweisen wie der reziproke Altruismus (gegenseitige Hilfsbereitschaft), Betteln, Mitleid, Trösten, Krankenpflege, Grüßen sowie Phänomene der Trauer entwickelt. Auch einzelne Aspekte der Geschlechterdifferenz (z. B. Männer- und Frauenschema) und des Sexualverhaltens (z. B. erogene Zonen) leiten sich evolutionär vom Brutpflegeverhalten her.[48]

Brutpflege ist ein einseitig altruistisches Verhalten.[49] Bei höheren Säugetieren und vielen Vögeln ist die Bereitschaft zur Brutpflege mit einer individuellen Bindung zwischen den Jungtieren und einem Elternteil oder beiden Eltern verbunden, auf der subjektiven Ebene wahrscheinlich auch mit evolutionären Vorstufen von Liebe. Der Bindebereitschaft der Mutter- oder Elterntiere entspricht die Anschluss- oder Bindungsbedürftigkeit der Jungen.

---

48. Schwarm- und Herdenbildungen sind nicht Vorbedingung menschlichen Sozialverhaltens. Dasselbe gilt für Ansammlungen von Artgenossen bei begrenzten Ressourcen wie z. B. bei Kolonienbrütern sowie Schlafgemeinschaften bei Mangel an geschützten Ruheplätzen, Ansammlungen an Futterplätzen oder Wasserstellen (z. B. Dungfliege).

Ein ganz entscheidender Unterschied zwischen Schwarm, Herde, Kolonie auf der einen Seite und sozialen Arten auf der anderen, ist der, dass bei sozialen Arten (genauso wie bei Familien) die Individuen nicht beliebig austauschbar sind. Die Individuen sozialer Arten erkennen sich als zur Gruppe gehörend oder erkennen sich individuell wie bei sozialen Primaten (Staaten bildende Insekten haben z. B. eine „Geruchsuniform" als Gruppenmerkmal, Nicht-Geruchs-Konforme sind ausgeschlossen). Bei weiter gefassten Definitionen wird jegliche innerartliche Interaktion als Sozialverhalten bezeichnet.

49. Hinsichtlich des Altruismus brutpflegender Eltern bezieht sich das Wort „einseitig" auf den materiellen und energetischen Aufwand der Eltern und nicht auf emotional seelische Aspekte, die für beide Seiten subjektiv meistens als positiv und belohnend erlebt werden. Für die Tatsache, dass der elterliche Altruismus als belohnend erlebt werden kann, gibt es ultimate Gründe: Der elterliche Altruismus hat einen Anpassungswert. Elterliche Brutpflege kommt den Jungtieren und Kindern zugute und verbessert deren Lebenserwartung bzw. den Fortpflanzungserfolg der Eltern.

Solche Verhaltensleistungen waren nach DARWIN (1871) und EIBL-EIBESFELDT (1976) eine stammesgeschichtliche Voraussetzung und Vorbedingung für die Evolution von Zusammenschlüssen mit sozialen Bindungen (soziale Gruppen, Paarbindung). Für diese Annahme sprechen nicht nur ganz bestimmte Verhaltensähnlichkeiten zwischen Brutpflege, Sexual- und Sozialverhalten, sondern auch der Umstand, dass soziale Zusammenschlüsse mit freundlichen Verhaltensweisen und Bindungen zwischen den Individuen nur bei Arten mit Brutpflege vorkommen. Dies gilt sogar für Brutparasiten wie etwa den Kuckuck und die Sklavenhalterameisen: Auch sie hatten brutpflegende Vorfahren.

Im Tierreich ist Brutpflege ein weit verbreitetes Verhalten. Im Vordergrund stehen die Versorgung der Jungtiere mit Nahrung, Wasser und Wärme, ihre Verteidigung und das Säubern. Die Pflegehandlungen werden meist durch bestimmte Merkmale der Jungtiere ausgelöst, z.B. durch solche des Aussehens, des Verhaltens oder/und ihres Geruchs (Kindchenschema, LORENZ 1978a). Bei Gefahr sind die Eltern für die Jungtiere vieler brutpflegender Arten Fluchtziel und Quelle der Beruhigung.

4.1   Von der Brutpflege zur Kooperativität und ihren Grenzen

Brutpflegeelemente im Sozialverhalten: Durch das reiche Verhaltensrepertoire der Brutpflege sind evolutionäre Optionen für das innerartliche Verhalten zwischen Adulten eröffnet worden (Mund-zu-Mund-Füttern/Kuss; manuelle Fellpflege/soziale Haar- und Hautpflege; Altruismus und andere freundliche Verhaltensweisen). Elemente des Brutpflegeverhaltens, die den Familienzusammenhalt begünstigt haben, werden mit der Entstehung von sozialen Gruppen für den Gruppenzusammenhalt genutzt. Der Zweck von sozialen Zusammenschlüssen liegt auf der Hand (DUNBAR 1988): z.B. Schutz vor Raubtieren, gegenseitige Unterstützung bei Rang- und Territorialkämpfen, kollektive Jagd sowie bei höheren Primaten Traditions- und Lernmöglichkeiten für die Jungtiere.

Mit der Entstehung sozialer Gruppen wurden Elemente des Brutpflegeverhaltens als bindungsstiftende und -erhaltende Verhaltensweisen in das Sozialverhalten übernommen: Aus der manuellen mütterlichen Fellpflege früher Primatenvorfahren ist die soziale Fellpflege zwischen Adulten geworden; beim Menschen spricht man von sozialer Haar- und Hautpflege (ein umgangssprachlicher Ausdruck für entsprechende Handlungen nicht-menschlicher und menschlicher Primaten ist „Lausen"). Das Schnäbeln als freundliche Geste vieler Vögel ist höchstwahrscheinlich aus dem Mund-zu-Mund-Füttern des Jungen durch sein Muttertier hervorgegangen, ebenso wie der Kuss bei adulten Menschenaffen und Menschen (EIBL-EIBESFELDT 1976, 1995). Auch die orale Körperpflege der Jungen durch ihre Mutter könnte eine Wurzel für das Küssen zwischen Adulten gewesen sein. Kuss und Zungenkuss könnten so als eine Verhaltenssynchronisation gesehen werden, die durch positive Wahrnehmungen auf beiden Seiten getriggert wurde und wird. Vielleicht haben bei der Evolution des Kusses sowohl die Fütter-, als auch die Körperpflege-Hypothese ihre Berechtigung.

Biomathematische Aspekte: Die Evolution von Brutpflege und der von EIBL-EIBESFELDT erforschte Zusammenhang mit der Evolution sozialer Zusammenschlüsse wird durch die soziale Grundregel biomathematisch fundiert, die William Hamilton aufgestellt hat (HAMILTON 1964):

Sie besagt, dass sich der genetische „Nutzen" – die Ausbreitungswahrscheinlichkeit der Gene – einer altruistischen Handlung aus Kosten mal Verwandtschaftsgrad errechnet. Demnach macht sich Brutpflege nur dann „bezahlt", wenn sie (wie im ersten Kapitel erwähnt) den eigenen Jungen oder nah Verwandten zugute kommt. Soziale Zusammenschlüsse unterscheiden sich in einem entscheidenden Punkt von Familien: Zwischen adulten Mitgliedern einer Gruppe ist Altruismus im Allgemeinen nicht einseitig wie bei der Brutpflege, sondern beruht auf Gegenseitigkeit. Auch bei einem geringen Verwandtschaftsgrad rechnen sich kleine Kosten des Altruisten, wenn der Nutzen für den, dem geholfen wird, groß ist. Die Gültigkeit der von HAMILTON beschriebenen Regel ist tendenziell weiterhin nachweisbar, auch wenn sich die „Dialektik von Geben und Nehmen" auch zwischen Nicht-Verwandten „bezahlt" macht: Altruismus und Kooperation gibt es vorzugsweise zwischen nah verwandten Individuen und nur innerhalb der zur sozialen Gruppe erweiterten Familie, deren Gruppenmitglieder großteils miteinander verwandt sind, aber nur beim Menschen auch zwischen fremden Gruppen und Ethnien, z. B. als Gastrecht.

Die altruistischen Individuen müssen sich persönlich kennen und helfen sich gegenseitig vermutlich auf der Grundlage ihres Vertrautheitsgrades (BISCHOF 2008). Der Grad der Vertrautheit kann, wie bekannt ist, im Rahmen von altruistischen Reziprozitäten zunehmen oder bei Vernachlässigung der gegenseitigen Hilfe abnehmen. Aus dem genetisch „eigennützigen" Altruismus der Eltern wurde der ähnlich „eigennützige" reziproke Altruismus innerhalb sozialer Gruppen.

Soziale Attraktivität und Kooperativität: Reziprok altruistische Individuen unterscheiden sich von Individuen, die nur im Kontext der Brutpflege Altruismus praktizieren, dadurch, dass sie in Abhängigkeit von den Vorerfahrungen entscheiden. Es handelt sich also um „wählerische Altruisten": Kooperative Artgenossen werden bevorzugt. Damit reziproker Altruismus in einer Gruppe in Gang kommen kann, müssen die Individuen bereit sein, gewisse Vorleistungen zu erbringen. Individuen sozialer Arten erzielen in der Gruppe mit wählerischen Altruisten häufig dann Vorteile, wenn sie sich nicht zu offensichtlich eigennützig verhalten. Zu viel kurzsichtiger Eigennutz wird von den Artgenossen als unattraktiv wahrgenommen. Individuen, die das soziale Zusammenleben begünstigen, werden also von den Gruppenmitgliedern als anziehend wahrgenommen (FRANK 1992, RIDLEY 1997, DE WAAL 1997, 2009; HRDY 2008). Dadurch ergeben sich Selektionsbedingungen, durch die Individuen mit sozial attraktiven Verhaltensweisen mehr Nachkommen haben. Mitglieder evolutionär höherer sozialer Arten haben deshalb in der Stammesgeschichte entsprechende Verhaltensweisen entwickelt. Sozial freundliche Handlungen zwischen Erwachsenen, die zum Teil ihre Wurzeln im Brutpflegeverhalten unserer Vorfahren haben, wirken auf Sender und Empfänger angenehm und anziehend; sie stiften Vertrauen, erhalten soziale Bindungen und wirken sich auch aggressionshemmend aus.

Diese Einschätzung kann durch viele ethologische Beobachtungen belegt werden. Ein eindrucksvolles und vielsagendes Beispiel für ein Verhalten, durch das man sich unter nicht-menschlichen Primaten – anthropomorph gesprochen – beliebt machen kann, ist die erwähnte soziale Fellpflege. Der ratiomorph bzw. der emotional gesteuerte Vertrautheitsgrad ermöglicht sogar die „Verrechnung" unterschiedlicher Münzen bei Sender und Empfänger. Auf der Basis der z. B. durch soziale Hautpflege zustande gekommenen

Vertrautheit und Bindung werden sich die „befreundeten" Gruppenmitglieder auch in schwierigen sozialen Situationen – etwa bei Rangkämpfen – bevorzugt beistehen. Als ein Beispiel für Altruismus kann beim Menschen auch die Krankenbetreuung gesehen werden, die in allen Kulturen primär durch Familienmitglieder und nah Verwandte geleistet wird.

Verhaltensweisen, die an die Zuwendung der Pflegenden appellieren, wurzeln in der Brutpflege unserer Vorfahren. Auch das Ausstrecken der nach oben geöffneten Hand als Bettelgeste Adulter dürfte in der gleichartigen Geste von jungen Primaten seine evolutionäre Wurzel haben. Bei bettlägrigen Patienten konnte DOROTHEA STRECKE (1991) zeigen, dass sich Einreibungen am Rücken messbar günstig auf das Vegetativum auswirken. Der Bereich der sozialen Hautpflege wird heute in Europa professionellen Spezialisten übertragen, den Friseuren, Masseuren, Fußpflegern (Mani- und Pediküre), Kosmetikern usw.; damit entgehen uns, wie SCHIEFENHÖVEL (1997b) betont, Möglichkeiten der Kontaktaufnahme und Bindung.

Die „gruppenwürdigen" und attraktiven Verhaltensweisen ermöglichen es rangniedrigen Mitgliedern, in der Gruppe bleiben zu können, ranghohen sichern sie den Rückhalt in der Gruppe.

Sozialer Vorbehalt und soziale Neugier von Erwachsenen gegenüber Fremden haben ihre evolutionären Wurzeln möglicherweise im ambivalenten Verhalten des fremdelnden Kleinkindes, das zwischen Appetenz nach Sicherheit und sozialer Neugier einerseits und Vorbehalt gegenüber Fremden andererseits schwankt; wenn der Vorbehalt überwiegt, wird die Angstschwelle gesenkt. Auch die soziobiologische Annahme, dass das kindliche Fremdeln eine Anpassung an infantizidale Männer unserer polygynen Australopithecus-Vorfahren gewesen sein könnte, wird diskutiert. Demnach haben insbesondere bei harembildenden Arten jene Männchen, die Jungtiere ihrer Vorgänger töten, einen Vorteil, weil dann ihre Weibchen nicht erst nach dem altersgerechten Abstillen, sondern früher wieder in den Östrus kommen. Die Sicht vom stiefväterlichen Infantizid wird durch den Umstand relativiert, dass er in der freien Wildbahn nicht bei allen polygynen Arten mit der Regelmäßigkeit beobachtet wird, wie dies soziobiologische Denkansätze nahe legen würden (wie die Primatologin SONIA KLEINDORFER bereits 1991 in einem Vortrag in Innsbruck ausgeführt hat).[50]

---

50. Gründe, warum Infantizid durch Männchen seltener vorkommt, als rechnerisch von manchen Soziobiologen postuliert, könnten sein: Das Kindchenschema spielt bei der innerartlichen Selektion eine wichtige Rolle. Interesse an Jungtieren kann als sozial attraktiv empfunden werden. Das Interesse kann eine soziale „Eintrittskarte" bei der Kontaktanbahnung sein. Wenn zwischen Kontrahenten große Spannungen bestehen, kann es vorkommen, dass beide zuerst ein Jungtier lausen, um sich dann gegenseitig zwecks Spannungsabbau und Versöhnung zu lausen. Darüber hinaus gibt es Hypothesen, dass sich die Koalitionen zwischen Bonobo-Frauen gebildet haben, um männlichen Infantizid zu verhindern.

Vielleicht spielen auch evolutionäre Konsequenzen für die Töchter von Infantizidmännchen eine Rolle: Diese hätten dann wiederum bei einem Machtwechsel unter Infantizid an den eigenen Nachkommen zu leiden.

Wie lange im Verlauf der Stammesgeschichte (polygyne) Begattungssysteme durchschnittlich bestehen bleiben, ist unbekannt. Es würde auf jeden Fall einige Zeit dauern, bis Männchen instinktive Steuerprogramme entwickeln, (fremde) Jungtiere ihrer Art zu töten. Es würde u. U.

4.2   Trauer, Gruß und Abschied

Wenn ein von der Brutpflege abhängiges Jungtier seine Mutter verliert, gerät es dadurch meistens in eine lebensbedrohliche Situation. Der Kontakt muss insbesondere bei Nest-flüchtern und Traglingen so rasch wie möglich wiederhergestellt werden (BOWLBY 1969, 1980). Auf der Verhaltensebene zeigt das Jungtier deshalb zunächst eine Antriebsstei-gerung, die mit intensivem Suchen und Rufen verbunden ist („Trauer-Protest-Phase"). Führt das Verhalten nicht rasch zum gewünschten Erfolg, muss einerseits aus energeti-schen Gründen und andererseits zur Vermeidung der Anlockung von Beutegreifern der Antrieb vermindert werden: Das Jungtier „resigniert" und zeigt das für Primaten typi-sche Trauerkauern, das gelegentlich von kleinlauten Protesten unterbrochen sein kann. Trauer bei Verlusterlebnissen ist eine Stimmung und Verhaltensweise, die zum emoti-onal positiv getönten Bindungsverhalten geradezu – im Sinne von DARWIN (1872) – in Antithese steht.

Beim Tod von Mitmenschen, mit denen man eng verbunden war, treten auch bei Erwachsenen Trauerreaktionen auf, die vermutlich homolog – und meist ähnlich ichbe-zogen wie die von verlassenen Jungtieren – sind: Zunächst die *Trauer-Protest-Phase*, die sich in starken Antriebsschwankungen manifestieren kann und zwar mit einer An-triebssteigerung während des Nicht-wahrhaben-Könnens sowie einer Antriebsvermin-derung im Zustand der Resignation und Regression. Der Protestaspekt wird in einzelnen Kulturen ausgelebt; so werden beispielsweise auf den Trobriand-Inseln die Hütte und das Yams-Vorratshaus („liku") Verstorbener in heulender Wut zerstört. Möglicherweise hat sich auch bei den Kelten in einzelnen Gegenden des heutigen Österreichs Ähnliches zugetragen: Weil bei vielen der zerbrochenen Gefäße, die von Archäologen aus den Grä-bern geborgen werden konnten, häufig keine Splitter fehlen, liegt der Schluss nahe, dass sie im Rahmen der Begräbnisrituale zerstört worden sind. Möglicherweise wurde so die biopsychische Disposition des Trauer-Protestes kulturell ausgelebt (SCHIEFENHÖVEL z. B. 1985, 2002, 2007b).

Nach der Protestphase folgt auch bei Erwachsenen die *Resignationsphase*. Die Trau-ernden haben einen verminderten Antrieb ohne Antriebsschwankungen, auch haben sie wenig Appetenz nach Geselligkeit und Lebensgenüssen und neigen mitunter dazu, die typische Trauerhaltung einzunehmen („Trauerkauern").[51] Einzelne Verhaltensdispositi-onen dieser Trauerphase werden wahrscheinlich in allen Kulturen durch Tabus, z. B. hinsichtlich vieler Genüsse und Lustbarkeiten, verstärkt. Nach einer entsprechenden Trauerphase, die je nach Kultur etwa ein halbes bis ganzes Jahr dauert, setzt dann die

---

wiederum lange dauern, bis genetische Varianten bei den Männchen entstehen, aufgrund derer sie Monate nach der Machtübernahme mit der Tötung Neugeborener aufhören, nämlich sobald die Serie eigener Junger zur Welt kommt. Man müsste ferner untersuchen, wie viele Machtüber-nahmen ein fruchtbares Weibchen erlebt und bei wie vielen davon es nicht in Bälde wegen eines noch vom Säugen abhängigen Jungen in den Östrus kommen kann.

51. Depressive leiden zusätzlich unter einem Verlust des Selbstwertes und mitunter einer fatigue-ähnlichen Schwäche. Deshalb sind viele von ihnen hinsichtlich ihrer Alltagsbewältigung beein-trächtigt.

Kasten 14
Trauer und Depression, Gemeinsamkeiten
Traurigkeit
Antriebsverminderung
Genussfähigkeit reduziert
Interessenverlust
Rückzugstendenzen
Appetitverminderung
verminderte psychische Belastbarkeit
Konzentrations- und Gedächtnisstörung
höheres Unfall- und Infektionsrisiko
Magen-Darmstörungen
Regressives Verhalten

Unterschiede zwischen		
Trauer	**und**	**Depression**
gesunde Reaktion auf Verlust		Affektstörung, viele Ursachen
widersprüchliche intensive Gefühle		innere Leere, „-losigkeiten"
Prozess wechselnder Stimmungen, Gedanken, Bedürfnisse		gleichbleibende negative Stimmung, zum Teil zirkadiane Schwankungen
Schuldgefühle realitätsnahe bis neurotisch		Schuldgefühle z. T. psychotisch/paranoid
Fluktuationen zwischen Protest und Resignation		anhaltende fatigue-ähnliche Schwäche oder Agitation
Selbstwert unverändert		Selbstwert vermindert
Alltag nicht vital beeinträchtigt		Grundbedürfnisse vernachlässigt
„Trauerarbeit"; Zweck: Verlust zu verarbeiten		dysfunktional (Zweck: vielleicht Schutzmechanismus vor Überforderung)
manchmal leichte Schlafstörung		anhaltende Schlafstörung
Trauernde im Zentrum der Aufmerksamkeit, gemeinsames Trauern		Umfeld meistens überfordert, soziale Isolation
Weinen und Trost entlastend		Weinen unmöglich, Trost nutzlos
kulturelle Hilfe: Trauerrituale mit Trauergemeinde		Hilfe: Überforderungen meiden

manchmal rituell initiierte *Erholungsphase* ein, in der Lustbarkeiten kulturell wieder erlaubt sind und subjektiv wieder als anstrebenswert erlebt werden.

Die drei beschriebenen Phasen verlaufen beim Erwachsenen nicht starr von Phase zu Phase, weil des Öfteren „Rückfälle" beobachtet werden können. Durchlaufene Trauer wird als psychische Voraussetzung für das Eingehen neuer Bindungen und deren Wertschätzung angesehen. Schon zu Beginn der Trauerphasen wird das gemeinsame Trauern als verbindend erlebt (SCHIEFENHÖVEL 1985, 2007b; SCHLEIDT 1988, 1991).

Bei Verlust eines Mitmenschen trauern in traditionalen Kulturen normalerweise nicht nur die nächsten Angehörigen. Auch infolge einer sehr starken Stimmungsübertragung, der man sich kaum entziehen kann, wird das gesamte dörfliche Umfeld von der Trauer erfasst. Die als tröstend empfundenen Verhaltensweisen sind für alle eine Unterstützung in der Trauer und intensivieren die Bindung zwischen den Trauernden. Dabei hat das Trösten verzweifelter Mitmenschen vermutlich im Trösten eines Kleinkindes seine evolutionäre Wurzel. Beide Formen des Tröstens sind einander ähnlich und werden in traditionalen Kulturen unter anderem mit Körperkontakt zum Ausdruck gebracht.

Wenn ein verzagtes Jungtier das verlorene Muttertier wiedergefunden hat, werden Trauer und Verzweiflung durch eine Begrüßung beendet; auch beim Menschen begrüßen sich Freunde und Bekannte vermutlich in Homologie dazu.

Das Verabschieden hingegen ist ein spezifisch menschliches Verhalten: Nur der Mensch kann, wie wir wissen, Zukunftsvorstellungen und ein Konzept von Bindung und ihren Fortbestand für die weitere Zukunft entwickeln, eine Vorstellung, die über die momentane und im Verlauf von Tagen und Wochen wechselnde Motivations- und Antriebslage hinausgeht und im Abschied mit verbalen Bekräftigungen („auf Wiedersehen", „bis bald", „wir sehen uns") ihren Ausdruck findet.

4.3   Von der Brutpflege zum Sexualverhalten

Wenn beide Eltern Brutpflege betreiben, wie das z. B. bei vielen Vögeln und einigen Säugetieren der Fall ist, leben sie meist monogam. Umgekehrt gilt nicht, dass alle monogam lebenden Eltern auch Brutpflege treiben. Bei vielen Arten werden individuelle Bindungen eingegangen, teils für eine Brutsaison, teils sogar lebenslang.

In unserer Ahnenreihe war höchstwahrscheinlich die Mutter-Kind-Bindung eine Vorbedingung für die Evolution der Bereitschaft zur Paarbindung. Das bei der Geburt unter anderem durch die Dehnung des Muttermundes und beim Stillen ausgeschüttete Bindungshormon Oxytocin begünstigt wie bei anderen Säugetieren die Bindung der Mutter an ihr Kind (NEWTON 1955, 1978; ODENT 2005). Die durch das Saugen ausgelöste Oxytocinabgabe bewirkt bei der Mutter positive Gefühle zum Kind und führt darüber hinaus zu – mitunter als lustvoll erlebten – Uteruskontraktionen; die Gebärmutter bildet sich deshalb bei stillenden Müttern rascher zurück. Die Prolactin- und Oxytocin-Ausschüttung, die die Bindung der Mutter an das Kind unterstützt, hat im Verlauf der weiteren Evolution auch Verwendung bei der Paarbindung gefunden: Bei der erotischen Stimulation der Brust wird Prolactin und Oxytocin sowie beim Orgasmus Oxytocin ausgeschüttet. Diese Hormone fördern die Liebe und Bindung zwischen den Partnern (NEWTON 1955, 1978).

Kussfüttern und die orale Fell- und Hautpflege waren höchstwahrscheinlich Vorbedingungen für die Disposition zu weiterreichenden oralen erotischen Zuwendungen zwischen Adulten. Aber auch die Empfindungen von Juvenilen während ihrer Körperpflege waren vermutlich evolutionäre Vorbedingungen für die Ausbildung erogener Zonen von Adulten: Aus pflegeintensiven Zonen des Kleinkindes, Mund, äußerer Gehörgang, Genitale und Anus[52] sind erogene Zonen der Erwachsenen geworden (MEDICUS *et al.* 1995). SIGMUND FREUD hat die Parallelen zwischen Brutpflege und Sexualverhalten erkannt, dabei aber Ursache und Wirkung vertauscht. Er hat postuliert, dass das Eingehen auf die Zuwendungs- und Pflegebedürftigkeit der Kleinkinder durch die Eltern der Befriedigung frühkindlicher Sexualität dient. FREUD hat mit Begriffen wie kindliche Analerotik, „polymorph perverser" Säugling und mit seinen Vorstellungen zum Ödipuskomplex nicht wirklich zum Verständnis der Phänomene beigetragen (vgl. Stellungnahme seiner Enkeltochter SOPHIE FREUD 2002).

Im Gegensatz dazu hat EIBL-EIBESFELDT erkannt, dass die Parallelen zwischen dem Verhalten Juveniler und Adulter primär durch ihre evolutionären Wurzeln im Brutpflegeverhalten erklärt werden können und dass Adulte Elemente des Brutpflegeverhaltens ihrer Vorfahren im Rahmen ihrer rezenten (gegenwärtigen) Sexualität verwenden und eben nicht umgekehrt.

4.3.1   Inzestvermeidende Mechanismen

Mit der Evolution der Bindungsfähigkeit zwischen Familienmitgliedern und der „Erweiterung der Familien" zu sozialen Gruppen steigt das Risiko von sexuellen Interaktionen zwischen nah Verwandten. Im Rahmen von inzestuösen Verbindungen (vgl. Kapitel 10) können die Vorteile der sexuellen Fortpflanzung nicht zum Tragen kommen. Das ist ein wichtiger Grund für die Evolution inzestvermeidender Mechanismen: Die prägungsähnliche Bindung des Jungtieres vieler sozialer Arten verkehrt sich spätestens ab der Geschlechtsreife in eine erotische Aversion den Geschwistern und Eltern gegenüber. Als eine weitere inzestvermeidende Anpassung ist anzusehen, dass je nach Spezies die adulten Männchen oder Weibchen ihre Herkunftsgruppe verlassen. Beim Menschen gibt es diesbezüglich je nach Kultur unterschiedliche Exogamieregeln, von denen es abhängt, ob eher Männer oder Frauen zur Familiengründung die Gruppe verlassen.

4.3.2   Geschlechterdifferenz

Zwischen dem Juvenilenschema bei Tieren und dem Kindchenschema beim Menschen einerseits und den geschlechtstypischen Merkmalen der Erwachsenen andererseits gibt es einige noch nicht vollständig verstandene Ähnlichkeiten.

Einzelne Merkmale von Männern und Frauen kann man als kindlich ansehen: Beim Mann könnte die unterentwickelte Brust, bei der Frau die weicheren Gesichtszüge, die geringer ausgeprägte Körperbehaarung, die höhere Stimme und der kleinere Wuchs in

---

52. Die Verbalinjurie „leck mich am A…" bleibt rätselhaft, wenn man sie mit dem erotischen Anilingus in Verbindung bringt. Sie ist primär dem Verhaltensbereich des analen Drohens zuzuordnen, einem der heftigsten nonverbalen Ausdrucksmittel in Extremsituationen. (Die Fußnote war Antwort auf Leserreaktionen zum Beitrag in der Naturwissenschaftlichen Rundschau.)

Entsprechung zum Kindchenschema gesehen werden. Warum bei einzelnen Primatenarten die Männchen, bei anderen die Weibchen mit mehr oder weniger Merkmalen den
eigenen Juvenilen ähneln, ist derzeit noch unklar (GUSTL ANZENBERGER, persönliche Mitteilung).

Kindchenschema, Frauen- und Männerschema: Merkmale der sexuellen Reife von
Männern und Frauen sind bekannt. Das gilt weniger für die in Bezug auf das Kindchenschema vergleichsweise prominenten Backenknochen bei Männern und Frauen (GRAM-
MER 1999). Ein Reifezeichen, das seine evolutionäre Wurzel in der leichten Prominenz
der laktierenden Brust unserer Menschenaffenvorfahren hat, ist die postpubertäre Prominenz der weiblichen Brust, die schon vorhanden ist, wenn (noch) nicht gestillt wird. Sie
ist das Produkt sexueller (männlicher) Selektion. Wegen der Reifezeichen sollte beim
Vergleich von weiblichen und männlichen erwachsenen Individuen vom Frauen- und
Männerschema gesprochen werden (GRAMMER 1999). Beim Vergleich von Einzelmerk-
malen kann der Begriff Kindchenschema auch für Adulte geeignet sein (vgl. SKRZIPEK
1978–1982).

5. Der Apfel vom Baum der Erkenntnis und die Vertreibung aus dem Paradies, über die Evolution von Moral

„Der folgende Satz scheint mir in hohem Grade wahrscheinlich zu sein, nämlich daß jedes Thier, welches es auch sein mag, wenn es nur mit scharf ausgesprochenen socialen Instincten (die elterliche und kindliche Zuneigung hier mit eingeschlossen) versehen ist, unvermeidlich ein moralisches Gefühl oder Gewissen erlangen würde, wenn sich seine intellektuellen Kräfte so weit oder nahezu so weit wie beim Menschen entwickelt hätten." (DARWIN 1871, deutsche Ausgabe von 1910: 107–108)

„The following proposition seems to me in a high degree probable – namely, that any animal whatever, endowed with well-marked social instincts, the parental and filial affections being here included, would inevitably acquire a moral sense or conscience, as soon as its intellectual powers had become as well, or nearly as well developed, as in man." (DARWIN 1871, Ausgabe von 1901: 149–150)[53]

Ethik ist mit den Herausforderungen, die sich durch die neuen Möglichkeiten und Fragen der Natur- und der Anwendungswissenschaften ergeben, für die es keine traditionellen Antworten gibt, zu einem dominanten Thema geworden. Trotz aller notwendigen und nützlichen Diskussionsbeiträge, die aus den Naturwissenschaften kommen, wird Ethik eine Domäne der Philosophie bleiben (z. B. THURNHERR 2000).

Herausforderung der Humanwissenschaften im Allgemeinen und der Ethik im Besonderen wird es sein, zu prüfen und zu diskutieren, wie der Mensch seine Freiheit und die Gestaltungsmöglichkeiten, die ihm zur Verfügung stehen, in den Dienst des Weiterbestandes der Erde und der weiteren Entwicklung zivilisatorischer Errungenschaften und der Kulturen stellt. Dabei gilt es, bisher scheinbar unvereinbare wissenschaftliche Denkstile zusammenzuführen. So verbindet der Begriff „Evolutionäre Ethik" ein naturwissenschaftlich fundiertes Adjektiv mit einem Substantiv, das traditionellerweise eine Domäne der Philosophie bezeichnet. Unser „Können" und „Wollen" unterliegen aber sowohl stammes- als auch lebensgeschichtlichen Einflüssen. Eine praktikable Ethik muss deshalb möglichst differenziert viele unterschiedliche Perspektiven zu Hilfe nehmen und unter Berücksichtigung der Ergebnisse verschiedener Wissenschaften ausverhandelt werden. Im Sinne einer pluralistischen Ethik wird sie dabei individuelle und kulturelle Spielräume zugestehen.

Im ersten Teil dieses Kapitels werden aus der Sicht der Humanethologie einige grundsätzliche und häufig geäußerte Fragen und Hypothesen zur Natur des Menschen erläutert: Wie gut oder böse ist der Mensch? Wie frei ist er? Darf Wissen über unsere Natur – etwa über das „Es" SIGMUND FREUDS – für die Ethikdiskussion verwendet werden? Die Frage, was den Menschen von den Tieren unterscheidet, leitet – unter Rückgriff auf Inhalte des vorigen Kapitels – zum zweiten Teil der Arbeit mit evolutionsbiologischen „Wurzeln der Humanität" über. Dabei stehen stammesgeschichtliche Voraussetzungen der Moralfähigkeit und der Humanität im Vordergrund: Kognitive Vorbedingungen von „Gut" und „Böse" sind erstmals mit der Empathiefähigkeit der Hominoiden (Menschenaffen und Menschen) in die Welt gekommen. Vermutlich mit der Evolution der Emphronesis – als intellektuelle Voraussetzung für die Entwicklung von Schamgefühl – ist unseren Ho-

---

53. Die Suche nach DARWIN-Zitaten ist durch ENGELS (2007) angeregt worden.

minidenvorfahren nach Norbert Bischof (bzw. im „Tier-Mensch-Übergangsfeld") das „Paradies" verloren gegangen.

5.1   Fragen zur Natur des Menschen

5.1.1   Moralische/ethische Fragen zum Verhältnis zwischen Natur und Kultur

Sind „gute" Anteile des Menschen wie Freundlichkeit soziokulturell bedingt und „böse" Anteile wie destruktive Formen der Aggression und der Sexualität instinktiv? Oder noch einfacher gefragt: Ist kognitiv gut und instinktiv/emotional böse?

Als Grundlage für die Entfaltung der Menschlichkeit wird in vielen Hochkulturen die Bildung des Geistes betrachtet, um „instinktive, tierliche" Leidenschaften besser zu beherrschen. Animalische Leidenschaften werden in vielen Religionen als sündig betrachtet und ihre kulturelle Hemmung wird als eine Voraussetzung gesehen, um Humanität zu entfalten. Moralische „Mängel", die sich aus der „Natur des Menschen" ergeben, sind Gegenstand unterschiedlichster kultureller Regulative, Vorstellungen und Konzepte: „Erbsünde", „Sieben Hauptsünden", „Es" und „Das sogenannte Böse". Letzteres ist der Titel eines Buches von Konrad Lorenz (1963). Das, was in vielen Religionen als Erb- und Hauptsünden zusammengefasst wird, kann aus verhaltensbiologischer Sicht Aggression, Sexualtrieb und Egoismus zugeordnet werden. Teilaspekte von ihnen werden transkulturell als „böse" bewertet, bekämpft und verdrängt, indem manchmal ihre biologischen Wurzeln geleugnet werden. Mit der Verleugnung werden auch die „guten" Anteile des „Es" bzw. die evolutionären und damit biologischen Wurzeln der Humanitas und ihre Verschränkungen mit der Kultur übersehen.

5.1.2   Fragen zum Verhältnis zwischen natürlich und gut

Innerhalb ökologischer Grenzen „zählt" die Anzahl der fortpflanzungsfähigen Nachkommen. Der Fortpflanzungserfolg als bestimmender Faktor von evolutionären Entwicklungen kann durch moralisch bewertbare Kriterien beeinflusst werden. In allen Kulturen gibt es sowohl Beispiele dafür, dass Tugenden und Haltungen (Ehrlichkeit, Treue, Hilfsbereitschaft) Einfluss auf Partnerwahl und Fortpflanzungserfolg haben als auch Beispiele dafür, dass Praktiken, die moralisch fragwürdig oder verwerflich sind (Lüge, Diebstahl, Untreue), sich im Sinne von Fortpflanzungsvorteilen eigener Gene auswirken können (ähnliches gilt auch für Stammesfehden, Kriege, Blutrache).

Die allgemeine Frage danach, ob instinktive Verhaltenselemente gut oder böse seien, ist angesichts gegensätzlicher (antagonistischer) angeborener Verhaltensbereitschaften falsch gestellt. Dass es gegensätzliche Bereitschaften gibt, wusste bereits Darwin (1871), der die Bedeutung von „the struggle between opposed instincts" sogar mit einer eigenen Überschrift hervorgehoben hat. Die Darwin-Zitate in diesem Kapitel zeugen davon, dass es Darwin ein Anliegen war darauf hinzuweisen, dass das Prinzip „surviving of the fittest[54]" für Homo sapiens nicht uneingeschränkt gilt, weil in vielen Religionen

---

54.   „Fit" (englisch) bedeutet passend. Ein davon abgeleiteter und in der Biologie häufig verwendeter Begriff ist „Fitness".

und Kulturen z. B. dazu aufgerufen wird, Schwache und Kranke zu unterstützen. Daher befremdet es, dass „a-soziale" Perspektiven als sogenannte „sozialdarwinistische" Hypothesen mit seinem Namen in Verbindung gebracht werden. DARWIN war der erste „evolutionäre Ethiker".

5.1.3   Fragen zum Freiraum des Menschen im interdisziplinären Vergleich

Ist alles gelernt oder gibt es angeborene Grundlagen des Lernens, Fühlens, Denkens und Verhaltens? Gibt es einen freien Willen?

Bereits IMMANUEL KANT konstatierte, dass bei der Geburt vorgegebenes Wissen Voraussetzung des individuell erworbenen Wissens ist. KONRAD LORENZ (1973; vgl. auch Kapitel 3) hat Schritt für Schritt die Evolution freiheitserweiternder Verhaltensleistungen rekonstruiert, die in der Evolution der Wirbeltiere bis herauf zum Menschen entstanden sind. Im Rahmen der inzwischen um einige Begriffe erweiterten Theorie von LORENZ werden etwa verschiedene Formen des Lernens, der Neugier und des Spiels, soziale Funktionen des Intellekts, Formen der Tradition, Selbstexploration und Reflexion erwähnt. Diese Rekonstruktion ist hilfreich, um Freiheitsbegriffe zu definieren (siehe Kapitel 3).

In diesem Zusammenhang ist es auch interessant, welche Freiheitsgrade die verschiedenen Wissenschaften dem Menschen zugestehen. Philosophen sehen im Allgemeinen mehr Freiheiten als Naturwissenschaftler und Einzelne sprechen z. B. sogar von „Freitod", auch dort wo es keine Freiheit gibt, weil ein Selbstmord aus psychiatrischer Sicht immer entweder Ausdruck größter Not oder Symptom einer schweren Nervenerkrankung ist.[55] Aber auch innerhalb der Naturwissenschaften gibt es Einschätzungsunterschiede hinsichtlich der Freiheitsgrade des Menschen: So existieren verschiedene Vorstellungen von Freiheit in Abhängigkeit von der fokussierten Systemebene (z. B. Molekül, Zelle, Organ, Individuum, Gruppe): Vertreter der Psychologie gestehen dem Menschen im Allgemeinen mehr Freiheiten zu als Neurobiologen. Auch die fokussierten Teilaspekte der Grundfragen (Stammesgeschichte, Anpassungswert, Lebensgeschichte, Verursachungen) können zu Einschätzungsunterschieden führen: Vertreter der klassischen Ethologie räumen oft größere Freiräume ein als jene Soziobiologen, die die Berechenbarkeit von angeborenen sozialen Verhaltensdispositionen offenbar überbewertet haben.

Jede Systemebene hat als „Novum" Gesetzmäßigkeiten (HARTMANN 1940) und Freiheitsgrade, die nicht in den unteren Ebenen enthalten sind. Hier besteht eine Parallele mit der Rekonstruktion der Evolution kognitiver Leistungen nach LORENZ (1973): Im Rahmen der Höherentwicklung entstehen Leistungen, die qualitativ neue Freiheiten eröffnen.

Bei Diskussionen zum Thema dieses Kapitels ist zunächst festzustellen, dass trotz anders lautender Meinungen einzelner Neurobiologen und trotz aller genetisch „programmierten" Verhaltensprogramme, „gut" und „böse" nicht Schicksal ist. Die meisten Menschen, auch kriminelle (von seltenen psychiatrischen Erkrankungen abgesehen) sind

---

55.   … und meistens große Erschütterung in der Umgebung hinterlässt. Deshalb hat Selbstmord auch ein moralisches Gewicht.

rational sehr wohl in der Lage, zwischen „gut" und „böse" zu unterscheiden. Infolgedessen sind bei Diskussionen zur Freiheit auch die Verschränkungen zwischen Können, Wollen und Sollen zu beleuchten.

Folgende Missverständnisse sind daher auszuräumen:

(a) Die Vorstellung, dass es keine angeborenen Programme geben könne, weil wir frei seien, etwa elementaren Lebensbedürfnissen zuwiderzuhandeln, ist falsch. Der Schluss vom moralischen Sollen auf das biopsychische Ist wird als moralistischer Trugschluss bezeichnet (vgl. Kapitel 2). Eine Theorie wird durch unethische oder missbräuchliche Anwendungen nicht falsifiziert.

(b) Aus dem Nachweis angeborener Programme darf umgekehrt nicht gefolgert werden, dass wir damit unfrei und letztlich auch schuldunfähig seien, zumal es, wie DARWIN (1871) gewusst hat, „opposed instincts" gibt.

Trotz dieser unterschiedlichen Positionen wird zunehmend akzeptiert, dass moralische Forderungen nicht nur bestimmten Idealen und individuellen und gesellschaftlichen Zielen, sondern auch der Natur des Menschen gerecht werden müssen.

Können, Wollen und Sollen unterliegen, wie bereits erwähnt, phylogenetischen und genetischen Einflüssen, die in Abhängigkeit von Alter und Geschlecht unterschiedlich ausgesteuert sein können; diese Aspekte sind auch mit lebensgeschichtlichen Aspekten verschränkt. Nur 5 % der Insassen einer Strafanstalt hatten als Kleinkind eine feste und dauerhafte Bezugsperson, 50 % bis zum 14. Lebensjahr nacheinander mehr als fünf Bezugspersonen (vgl. GAREIS 1978, KAISER 1978). Die Auswirkungen von Bindungstraumen sind aber für Mädchen und Buben infolge biopsychischer Faktoren verschieden: Über 90 % der Häftlinge sind männlich. Die Gerichtspraxis, Männer strenger als Frauen zu bestrafen, dürfte hier keine nennenswerte Rolle spielen. Selbst diese Praxis dürfte nicht nur die Folge kultureller, sondern auch evolutionsbiologischer Einflüsse sein, ebenso wie die Tatsache, dass umgekehrt in einzelnen Rechtssystemen weibliche Ehebrecher strenger bestraft werden als männliche.

Ethische Aspekte werden in der Rechtspflege mitunter mangels Problembewusstsein vernachlässigt.

5.1.4   Bezüge zwischen Menschenbild und Ethik

Welche kulturellen Errungenschaften sind psychohygienische, familiäre oder soziale Anpassungshilfen? Welche stammesgeschichtlichen Erwerbungen fließen in die Kultur ein, z. B. als „Instinkt-Kultur-Verschränkungen"?

Ein Beispiel dafür sind transkulturell unterschiedliche Eheregeln. In vielen Stammeskulturen sind serielle Monogamien üblich. Diese Art der Monogamie ist für Mutter und Kind wahrscheinlich nicht mit großen Nachteilen verbunden, auch wenn viele Beziehungen nur wenige Jahre andauern. Das gilt vor allem dann, wenn die Kinder schon etwa vier bis fünf Jahre alt sind. Weil in Stadtkulturen die Sippen meist fehlen, die alleinstehenden Müttern Unterstützung bieten könnten, haben sich in Hochkulturen verschiedene Formen der Eheschließung in Verbindung mit Geboten als nützlich erwiesen, die das lebenslange Zusammensein fördern.

Der Umstand, dass Männer für die gleiche Arbeit oft mehr Wertschätzung und mehr Lohn bekommen, ist ebenfalls ein Beispiel für eine Instinkt-Zivilisations-Verschränkung.

Beispiele für die kulturelle Unterstützung unserer biopsychischen Mitgift sind Normen zur Trauer sowie die intuitive Mutterschaft und, wegen genetischer und psychischer Risiken, die Inzesthemmung.

5.2 Evolutionäre Wurzeln der Humanität

Im folgenden Abschnitt geht es um die Evolution von emotionalen und kognitiven Leistungen, die uns zu moralischem Handeln befähigen. Dabei stellt sich die Frage, was Menschenaffen von den Tieraffen und menschliche Primaten von den nicht-menschlichen unterscheidet. Wahrscheinlich gibt es keinen Verhaltensbereich, in dem nicht Beispiele für die Sonderstellungen des Menschen gefunden werden können. Menschliche Sonderstellungen sind z.B. Scham, Schuld, Moralfähigkeit und Reflexion – Fähigkeiten, die es im Tierreich nicht gibt. Viele Verhaltensleistungen, die Humanität ermöglichen, haben, wie bereits gezeigt, im weitesten Sinn ihren Ursprung im Brutpflege- sowie im Sozialverhalten (vgl. MEDICUS 1999–2004, Stichwort „Humanität").

Übersicht 7

Reflexion; Wortsprache, verantwortliche Moral, Unterscheidungsvermögen von individuellem und Gemeinwohl; Kultur	Mensch 5
Emphronesis („theory of mind"), rationale Perspektivenübernahme: Vorstellung vom Wissen anderer über eigenes Denken; Zeithorizont Scham und Schuld; Entschuldigen, Verzeihen	Homo erectus? vierjähriges Kind 4
Selbstexploration und Verständnis für emotionale Lage des Anderen *(Empathie)* eröffnen „gute" und „böse" Verhaltensmöglichkeiten (auf dieser Stufe ohne Moral- und Schuldfähigkeit) Trösten infolge Mitleid	Menschenaffen, ca. zweijähriges Kind 3
Sozialverhalten: Gruppenbindung, Vertrautheit und in Abhängigkeit davon „reziproker Altruismus", sowie attraktives Verhalten (z.B. *Versöhnen*); sie haben großteils Wurzeln im Brutpflegeverhalten – *Stimmungsübertragung*	Tieraffen 2
Brutpflege: Säugen, Wärmen, Fellpflege, Füttern, Schutz bieten waren instinktiv-motivationale Vorbedingungen von subjektiver Vertrautheit, Liebe, Bindungsappetenzen, Verbundenheit, freundlicher Gestimmtheit – *Stimmungsübertragung*	Säugetiere 1

Übersicht 7: *Stammesgeschichtliche Wurzeln der Humanität* (betreffend Liebe, Bindung, Freundlichkeit, Hilfsbereitschaft; Wirkmechanismen/Fähigkeiten *kursiv*). Weitere Erläuterungen zu Stufen 1 und 2 in Kapitel 4 und zu Stufen 3 bis 5 im folgen-

den. Die Leistungen in Stufen 1 und 2 können als ratiomorph bezeichnet werden[56], Stufe 3 als protointellektuell und die Stufen 4 und 5 als intellektuell. – Die biogenetische Regel gilt nicht für die psychomotorische Entwicklung des Kindes (wie in Kapitel 6 ausgeführt wird), auch wenn bei dem Versuch, die stammesgeschichtlichen Wurzeln der Humanität zu rekonstruieren, nach BISCHOF (2008) auf das vierjährige Kind als „missing link" zwischen Menschenaffen und Menschen zurückgegriffen wird. Die Zuordnung der Emphronesis als Zwischenschritt zwischen Selbstexploration/Empathie und Reflexion erfolgt hier also aufgrund logischer systemimmanenter Bedingungen.

5.2.1   Soziale Attraktivität

Im vorherigen Kapitel ist ausgeführt worden, dass kooperative Artgenossen als attraktiver wahrgenommen und damit bevorzugt werden. Das Sozialverhalten wird also nicht nur durch „kurzfristigen Eigennutz" im Sinne HAMILTONS (1964) geleitet, das Verhaltensrepertoire zeigt auch Verhaltensweisen, die die Folge einer Selektion in Richtung sozialer Attraktivität sind (FRANK 1992, HRDY 2000, RIDLEY 1997, DE WAAL 1997), etwa hinsichtlich der „wohltuenden" – Vertrauen stiftenden – Elemente der Brutpflege im sozialen Kontext zwischen Adulten (z. B. soziale Haar- und Hautpflege, Hilfsbereitschaft).

> „[…] die socialen Instincte [führen] ein Thier dazu, Vergnügen an der Gesellschaft seiner Genossen zu haben, einen gewissen Grad von Sympathie[57] mit ihnen zu fühlen und verschiedene Dienste für sie zu verrichten. Diese Dienste können von einer ganz bestimmten und offenbar instinctiven Natur sein; sie können aber auch, wie es bei den meisten der höheren socialen Thiere der Fall ist, ein bloßer Wunsch oder eine Bereitwilligkeit sein, ihren Genossen in gewisser allgemeiner Weise zu helfen. Diese Gefühle und Dienste erstrecken sich aber durchaus nicht auf alle Individuen derselben Species, sondern nur auf die derselben Gemeinschaft." (DARWIN 1871, deutsche Ausgabe von 1910: 108)

> „[…] the social instincts lead an animal to take pleasure in the society of its fellows, to feel a certain amount of sympathy with them, and to perform various services for them. The services may be of a definite and evidently instinctive nature; or they may be only a wish and readyness, as with most of the higher social animals, to aid their fellows in certain general ways. But these feelings and services are by no means extended to all the individuals of the same species, only to those of the same association." (DARWIN 1871, Ausgabe von 1901: 150)

Ein anderes Beispiel für ein Verhaltensmerkmal, durch das soziales Zusammenleben erleichtert wird, ist Transparenz (FRANK 1992). Transparenz bezeichnet das unmittelbare und ehrliche Zeigen eigener innerer Stimmungen und die Unmittelbarkeit und Ehrlichkeit verbaler Mitteilungen. Transparenz und Wahrhaftigkeit sind sozial attraktiv und werden als Tugenden wahrgenommen. Sie haben eine große, das soziale Zusammenleben regulierende Bedeutung: Transparenz hilft, Vertrauen zu stiften und Bindungen zu

---

56. Auf den ersten beiden Stufen gibt es Stimmungsübertragungen (z. B. zwecks Synchronisation von Schwärmen und Gruppen), aber noch keine Empathie. Die Wirkmechanismen und Fähigkeiten der Stufen 3 bis 5 sind beim Menschen in entspannten Situationen eher möglich als in Notsituationen, in denen es zu einer Regression auf emotionale Notreaktionen kommen kann.

57. Zu DARWINS Zeiten hat es den *Empathie*-Begriff noch nicht gegeben.

festigen. Es ist also zweckmäßig, dass wir mimisch so schlecht lügen bzw. mit unserer Mimik nur in engen Grenzen eigennützig manipulieren können.[58] Aus dieser Perspektive lässt sich auch erklären, warum im Allgemeinen rangniedere Menschen transparenter sind als ranghohe. Letztere haben es aufgrund ihrcr höheren Attraktivität weniger nötig, sich durch Transparenz beliebt zu machen. Die Attraktivität Ranghoher ist möglicherweise auch ein Grund dafür, dass wir Menschen im Nadelstreifenanzug weniger kriminelle Potenz zutrauen und mildere Urteile über sie fällen als über sozial Schwächere (sog. „Primitive").

Wir alle reagieren in unserem sozialen Umfeld auf mimische und verbale Unehrlichkeit sehr empfindlich. Hier ist die biopsychische Bewertungsbereitschaft mit dem 8. biblischen Gebot, dem Gebot, die Wahrheit zu sagen, konform. Individuen, die durch emotionelle Transparenz vertrauenswürdig wirken, Kooperations- und Hilfsbereitschaft zeigen und eine hohe Bereitschaft haben, sich nach einem Streit rasch zu versöhnen, erleichtern das Gruppenleben. Versöhnungen erfolgen zum Teil sogar durch die Vermittlung Dritter, offenbar damit die Gruppenstruktur nicht durch zu viel „kurzsichtigen" Eigennutz destabilisiert wird. Das Kennenlernen einer Gruppenstruktur und ihrer Individuen durch langfristige und vielfältige Erfahrungen „kostet" Zeit. Die Einschätzbarkeit der Gruppenmitglieder ist ein hoher Wert, der diese „Kosten" aufwiegt (WICKLER & SEIBT 1991).

Ein Teil der erwähnten sozialen Attraktivität wird während der Ontogenese bei einigen höheren Säugetieren (Übersicht 5, S. 64, Spalten 4 bis 6) mit Hilfe einer besonderen Lernbereitschaft erreicht, die dazu führt, dass gruppenkonformes erwünschtes Verhalten von Juvenilen erlernt und praktiziert wird. Diese Lerndisposition führt nach SIGMUND FREUD beim Menschen zur sogenannten Internalisation von Wertvorstellungen. Bekannt ist darüber hinaus, dass das Erleben von Geborgenheit, Vertrautheit und Verbindlichkeit in der frühen Kindheit eine wichtige Voraussetzung dafür ist, diese Bereitschaften auch im Erwachsenenalter leben zu können.

> „Es ist aber eine Bemerkung werth, dass ein beständig während der frühen Lebensjahre eingeprägter Glaube und zwar so lange das Gehirn Eindrücken leicht zugänglich ist, fast die Natur eines Instincts anzunehmen scheint: und das eigentliche Wesen eines Instincts liegt ja darin, dass man ihm unabhängig vom Nachdenken folgt." (DARWIN 1871, deutsche Ausgabe von 1910: 134)

> „[…] but it is worthy of remark that a belief constantly inculcated during the early years of life, whilst the brain is impressible, appears to acquire almost the nature of an instinct; and the very essence of an instinct is that it is followed independently of reason." (DARWIN 1871, Ausgabe von 1901: 187)

Wie bei allen Lerndispositionen werden auch hier Normen in Abhängigkeit von Verhaltensbereich, Alter und Geschlecht unterschiedlich leicht gelernt. In der Öffentlichkeit in der Nase zu bohren, kann durch Erziehung verhältnismäßig rasch und leicht abgewöhnt werden. Das Risiko einer Neurotisierung ist hier weniger hoch als etwa im sexuellen Kontext. Trotz der oft erstaunlich hohen Internalisationsbereitschaft von Regeln bezüglich Liebe und Sexualität sind bekanntlich hier die Diskrepanzen zwischen

---

58. Ohne Mimik, etwa am Telefon, ist Lügen etwas leichter möglich und per SMS oder E-Mail „kein Problem".

Können, Wollen und Sollen immer wieder groß. Dem Willen, mit den eigenen Gefühlen und denen des Partners in der Sexualität verantwortungsbewusst umzugehen, dem Wissen um die Notwendigkeit der Vermeidung von Krankheiten sowie von ungewollten Schwangerschaften, steht eine schwer beherrschbare Triebstärke als evolutionsbiologische Mitgift gegenüber.

5.2.2   Selbstexploration und Empathie

Eine Voraussetzung von Empathie ist die in Kapitel 3 behandelte Selbstexploration. Empathie ist eine neue kognitive Leistung, die über einfache Stimmungsübertragungen hinausreicht. Vermutlich hat sie ihre primäre Wurzel im Brutpflegeverhalten von Muttertieren höherer Primaten.

Mit der Selbstexploration und Empathie sind nach Doris Bischof-Köhler (1989) evolutionäre Voraussetzungen entstanden, „gute" oder/und „böse" Handlungen setzen zu können. Empathie kann sowohl zum Guten (kognitiv altruistisch), als auch zum Schlechten (verletzend destruktiv und aggressiv) eingesetzt werden. Beide Tendenzen konnten von Jane Goodall (1986; de Waal 2009) bei Menschenaffen dokumentiert werden. Schimpansen sind aufgrund ihrer Empathie in der Lage, Mitleid zu empfinden und Trost zu spenden. Goodall beobachtete, wie einer schwer verletzten Schimpansen-Frau von ihrer erwachsenen Tochter Futter gebracht wurde; zwischen Adulten ist das Empathie. Hätte die Mutter ihre juvenile Tochter gefüttert, dann wäre das kaum von instinktivem Verhalten zu unterscheiden gewesen. Zwischen adulten Schimpansen kommt Empathie auch in Konkurrenzsituationen zum Tragen (Hrdy 2009). Jane Goodall konnte beobachten, wie unliebsame Gruppenfremde aufs Übelste gequält und zugerichtet worden sind, so dass sie an den Verletzungsfolgen starben. So schwere Verletzungen zwischen rivalisierenden Artgenossen gab es vor der Evolution der Hominoiden (Menschenaffen und Menschen) unter natürlichen Bedingungen kaum jemals.

Schimpansen können infolge der Empathiefähigkeit die Intentionen anderer Individuen verstehen und deshalb einander z. B. beim Werkzeuggebrauch helfen: Im Zoo von Arnhem ist es einem Schimpansen gelungen, einen Elektrozaun zu überwinden, weil ihm ein empathischer Artgenosse einen Kletterbaum hielt. Von dieser Einzelbeobachtung abgesehen scheinen Schimpansen zur „geteilten Intention" (Tomasello 2009) bzw. dazu, „gemeinsam an einem Strang zu ziehen" wahrscheinlich noch nicht fähig zu sein. Menschenaffen wissen von einzelnen einfachen Konkurrenzsituationen abgesehen noch nicht, was Gruppenmitglieder wissen und nicht wissen können. Zur reproduzierbaren Emphronesis und konkurrenzfreien Zusammenarbeit über längere Zeiträume ist erst Homo sapiens fähig.

5.2.3 Zeithorizont und Emphronesis als Voraussetzungen für die Fähigkeit, Scham empfinden zu können

„Ein moralisches Wesen ist ein solches, welches im Stande ist, seine vergangenen und zukünftigen Handlungen oder Beweggründe mit einander zu vergleichen und sie zu billigen oder zu mißbilligen." (Darwin 1871, deutsche Ausgabe von 1910: 122)

„A moral being is one who is capable of comparing his past and future actions or motives, and of approving or disapproving of them." (Darwin 1871, Ausgabe von 1901: 170)

Die Fähigkeit, das vernunftmäßige/rationale Innenleben von Artgenossen zu verstehen, ist dem Menschen vorbehalten, und zwar ab dem vierten Lebensjahr. Vierjährige sind in der Lage, Hypothesen darüber zu bilden, was andere wissen oder/und nicht wissen können (Emphronesis, „theory of mind"). Wahrscheinlich war diese Fähigkeit eine evolutionäre kognitive Voraussetzung für eine bewusste Wissensvermittlung (Lehren) und für die Entfaltung der menschlichen Sprache. Sie erklärt auch, warum Schimpansen, denen eine Zeichensprache andressiert worden ist, nicht in der Lage sind, sie im Ernstfall zu nutzen. Darüber hinaus reicht der Zeithorizont Vierjähriger (im Gegensatz zu Schimpansen) über die momentane Antriebslage hinaus, sie können also auch künftige eigene Bedürfnisse antizipieren. Damit eröffnet sich evolutionär gesehen die Möglichkeit, Werkzeuge für immer wiederkehrende Aufgaben mit sich zu tragen, und es wird nützlich und notwendig, Besitz auch bei Abwesenheit des Besitzers zu respektieren, wie es etwa im 7. und 10. biblischen Gebot gefordert ist.

Bereits zweijährige Kinder können erste Anzeichen von *Schuld* zeigen: Schuld ist eine Gefühlsreaktion, der das Erkennen vom Leid Anderer sowie das Wissen, dass man es verursacht hat, zugrunde liegt. Bei drei- bis vierjährigen Kindern kann Schuld auch aufkommen, wenn sie Leid nicht verhindert haben und wenn ihnen bewusst ist, gegen Normen, Gebote, Gesetze und Verpflichtungen verstoßen zu haben. Eine evolutionäre Vorbedingung der Schuld könnte das Gefühl der Verpflichtung[59] gewesen sein, das dann auftreten kann, wenn man in die Gunst einer altruistischen Handlung gekommen ist. Ein solcher Zusammenhang zeigt sich mitunter bei Pflegebedürftigen, die mangels Möglichkeit zur Reziprozität bzw. weil sie sich nicht für die Zuwendungen erkenntlich zeigen können, oft unter erheblichen Schuldgefühlen leiden.

Beide Aspekte, das Wissen darüber, dass andere sich ein Bild davon machen, was man selbst fühlt und denkt, sowie das Wissen, dass das über die momentane Bedürfnislage hinaus Bestand hat, sind kognitive Voraussetzungen dafür, *Scham* erleben zu können, eine Leistung, die Kinder ab dem vierten Lebensjahr zeigen. Ab diesem Alter können sie im Rahmen ihres erweiterten Zeithorizontes die Wahlmöglichkeiten, die sie haben oder gehabt hätten, reflektieren: Die Einsicht, dass sie anders gehandelt haben könnten und dass andere das auch wissen können, sind Voraussetzungen für das Auftreten von Scham und Schuld. Wenn in den Kulturwissenschaften vom verlorenen Paradies gesprochen wird, dann ist meistens diese Form der Scham gemeint (Bischof 2008). Schimpansen, die ihre Opfer mitunter auf das Übelste zurichten, sind noch nicht schuldfähig und zeigen keine Scham. Kognitiv gesehen ist wahrscheinlich die Fähigkeit zur Emphronesis

---

59. Zum Gefühl der Verpflichtung sind Menschenaffen vermutlich noch nicht fähig.

einer der Hauptgründe dafür, dass Homo sapiens der sozialste und kooperationsfähigste Primat geworden ist. Emotionell gesehen könnte nach Hrdy (2009) auch die Bereitschaft zur kooperativen Kinderbetreuung dazu beigetragen haben.

Der erweiterte Zeithorizont ist auch die kognitive Grundlage für Selbstmord in subjektiv ausweglosen Notsituationen und für die Entscheidungsfreiheit der Mütter, das Neugeborene bei der Geburt anzunehmen oder abzulehnen, weil nur Menschenmütter die Tragweite der Verantwortung und des Betreuungsaufwandes einschätzen können.

Die Fähigkeit, moralische Normen entwickeln und internalisieren zu können, schützt davor, in Situationen zu kommen, die Scham- und Schuldgefühle zur Folge haben können (Bischof 2008). Die Kehrseite der Medaille: Moral kann vor allem dann mit Scham und Schuld zu einem selbstverstärkenden System werden, wenn Scham- und Schuldgefühle missbraucht werden, um etwa Gläubige enger an religiöse Gemeinschaften zu binden. Dadurch können ekklesiale Neurosen induziert werden.

Kasten 15: Die ontogenetische Entwicklung von Moral zeigt Parallelen mit der Phylogenese; nach Doris Bischof-Köhler (2011: S. 441ff)

- *12–18 Mo.:* Verhalten wird an emotionalen Reaktionen ausgerichtet [emotionale Grundlagen *des Kindes*: *Stimmungsübertragung*, stark ausgeprägte Bindungs- und Sicherheitsappetenz; *der Eltern*: Gunst, Missfallen]
- *18 Mo.: Empathie*, Mitleid, erste Schuldgefühle; Unterscheiden von "I" und "Me" ⇒ Trotzphase: Konflikte zwischen Bindungs- und Sicherheitsappetenz und Willen (z. T. mit Wiederannäherungskrise)
- *ab 24 Mo.:* nach Aufforderung Aufschub von Appetenzverhalten auch bei Abwesenheit der Eltern kurz möglich
- *3 J.:* erste Äußerungen von Scham bei Regelverstößen
- *4 J.: Emphronesis ("theory of mind")*; Denken in mehreren Bezugssystemen; Zeit- und Motivmanagement; Unterscheidung von: Effekt und Absicht (bzw. Zufall und Absicht) sowie moralischen (gut und böse) und konventionellen Regeln.

Moralisches Verhalten wird durch Gefühle gesteuert [S. 436]:
sich gut fühlen, z. B. Stolz, oder *sich schlecht fühlen*, z. B. Verlegenheit, Scham, Schuld, Reue, Bedauern, Bekümmertheit.

Weil es sich um Entwicklungsschritte vom Einfachen zum Komplexen handelt, können die Entwicklungsschritte als Anhaltspunkte für evolutionsbiologische Rekonstruktionen dienen.

5.2.4   Reflexion und verantwortliche Moral beim erwachsenen Menschen

Die sozialen Funktionen des Intellekts, Selbstexploration, Empathie und Emphronesis waren Vorbedingungen spezifisch menschlicher Leistungen, etwa von komplexen Formen der Reflexion und verantwortlicher Moral (Lorenz 1973).

Kasten 16

Goldene Regeln in verschiedenen Kulturen:

Moses (3.18): Liebe deinen Nächsten wie dich selbst.
Leviticus (19): (34) Wie ein Einheimischer aus eurer Mitte gelte euch der Fremdling, der sich bei euch aufhält. Denn auch ihr waret Fremdlinge im Land Ägypten.
Sokrates (469–399 v. Chr.) Behandle Deine Eltern so, wie Du von Deinen Kindern behandelt werden willst.
Rabbi *Hillel* (ca.75 v.–ca.10 n. Chr; möglicherweise ein Lehrer des jungen Jesus): Was dir selbst unlieb ist, das füg keinem andern zu.
Matthäus (7.12): Alles nun, was ihr wollt, dass es euch die Menschen tun, das sollt auch ihr ihnen tun; denn darin besteht das Gesetz und die Propheten.
Matthäus (25/40): Was immer ihr einem meiner geringsten Brüder getan habt, das habt ihr mir getan.
Lukas (6.27 + 6.35): Denen Gutes zu tun, die euch hassen; (6.31): Was ihr von anderen erwartet, das tut ebenso auch ihnen.
Mahabharata (XIII,114.8; Hinduismus): Man sollte sich gegenüber anderen nicht in einer Weise benehmen, die für einen selbst unangenehm ist; das ist das Wesen der Moral.
Buddha (die Gebote des Erhabenen): Meine Gedanken sind in alle Richtungen der Welt gewandert; aber nirgends habe ich etwas gefunden, das dem Menschen teurer ist als sein eigenes Ich. Da nun den anderen auch ihr Ich lieb ist, darf, wer sein eigenes Wohl wünscht, keinem anderen ein Leid zufügen.
Konfuzius [bei Lunyu 15.24]: Was man selbst nicht wünscht, das tue man anderen nicht an.
Wang Anshi (Song-Kanzler 1021–1086) folgert aus Konfuzius' Maxime (s. o.): [...] wer sein eigenes Land bewahren wolle, müsse dies auch den Bürgern anderer Länder zugestehen und dürfe es demnach nicht mit ungerechten Mitteln auf deren Kosten tun [...].
Mohammed (40 Hadithe; von an-Nawawī 13): Keiner von Euch ist ein Gläubiger, solange er nicht seinem Bruder wünscht, was er sich selber wünscht.

Goldene Regeln in den Wissenschaften:

Kant (1788): Handle so, dass die Maxime deines Willens jederzeit zugleich als Prinzip einer allgemeinen Gesetzgebung gelten könnte.
Darwin (1871, deutsche Ausgabe von 1910: 139–140): Das moralische Gefühl bietet vielleicht die beste und höchste Unterscheidung zwischen dem Menschen und den niederen Thieren; [...] die socialen Instincte [sind] die wichtigste Grundlage der moralischen Constitution des Menschen. [Sie führen] mit der Unterstützung der sich äußernden intellectuellen Kräfte und der Wirkungen der Gewohnheit naturgemäß zu der goldenen Regel [...]
Darwin 1871 (1901: 194): The moral sense perhaps affords the best and highest distinction between man and the lower animals; ... the social instincts [are] the prime principle of man's moral constitution. [They lead] with the aid of active intellectual powers and the effects of habit, naturally to the golden rule.

Viele kulturelle Normen sind das Ergebnis von Reflexionen über Reziprozität und Gerechtigkeit, aber auch von Einsicht in die Bedürfnisse der erweiterten Gruppe. Mit Hilfe der Wortsprache können auf der Grundlage der Perspektivenübernahme Regeln für gut und böse formuliert und tradiert werden und damit „gute" sozial attraktive und altruistische Einstellungen und Verhaltensweisen kulturell gefördert und internalisiert werden. Beispiele dafür sind, die goldenen Regeln[60], die wahrscheinlich mehrmals unabhängig in der Kulturgeschichte erdacht worden sind. Vermutlich gibt es aus allen Schriftkulturen Beispiele dazu (siehe Kasten 16, S. 107).

Diese Regeln können mit Vorbehalt als kulturelles Pendant des reziproken Altruismus der Soziobiologie gesehen werden. Wahrscheinlich sind diese Regeln so alt wie die menschliche Sprache und wahrscheinlich gibt es entsprechende Inhalte, seitdem Aspekte der Empathie und Emphronesis („theory of mind") verbalisiert werden konnten, etwa indem man einem Kleinkind sagt, wie angenehm oder unangenehm bestimmte Verhaltensweisen sind, die das Kind gerade selbst ausgeführt hat. Der Mensch kann mit Hilfe seiner Reflexionsfähigkeit auch die Problembereiche seiner natürlichen Neigungen erkennen und durch persönliche Entscheidungen sowie mit Hilfe der Kultur und durch pädagogische und politische Maßnahmen gegensteuern. Das sind Prozesse, die auf der Bildung des Geistes beruhen, wie mit den Beispielen von den goldenen Regeln angedeutet wurde.

5.2.5   Zusammenfassung: Freiräume und Grenzen kultureller Möglichkeiten

Die Einsicht in die Unzulässigkeit des naturalistischen Trugschlusses (Schluss von natürlich auf gut; siehe Kapitel 2) darf nicht im Sinne der theoretischen Vernunft überstrapaziert werden, auch dürfen Ergebnisse der biopsychologischen Forschung aus der Ethikdiskussion nicht ausgeklammert bleiben. Das Wissen über die Natur des Menschen ist die Grundlage für den dem Menschen gegebenen Gestaltungsspielraum.[61] Theoretisch vorstellbare kulturelle Möglichkeiten werden manchmal durch unsere biopsychische Ausstattung limitiert. Im Rahmen der praktischen ethischen Vernunft müssen von Fall zu Fall die sozialen Dringlichkeiten sowie die biopsychischen Möglichkeiten und Grenzen gegeneinander abgewogen werden. Es geht nicht nur um das Wissen um das „Sollen" bzw. um „Gut" und „Böse" sondern auch um das „Können" und „Wollen" – beide unterliegen lebens- und stammesgeschichtlichen Einflüssen.

Die Geschichte unseres Jahrhunderts bietet einige Beispiele für soziopolitische Bestrebungen, die sich wegen unserer Ausstattung in der Praxis nicht als zielführend oder sogar als undurchführbar erwiesen haben: So hat sich gezeigt, dass das Bedürfnis, Besitz zu erwirtschaften, legistisch nicht abgeschafft werden kann (wie z. B. in Staaten des ehemaligen Ostblocks); trotzdem oder eben deswegen bedarf es der Steuerung dieses Bedürfnisses durch kulturelle Reglements. Wenn der Regelaufwand durch Machtausübung

---

60. Beispielsweise auch das Prinzip „primum non nocere", also primär nicht zu schaden.

61. Die katholische Kirche verbietet nicht Homosexualität an sich, aber jegliche homosexuelle Aktivität. Angesichts der Stärke des Sexualtriebes überspannt sie damit den gegebenen Freiraum Homosexueller.

zu groß wird und legistische Ziele nur mehr mit gewaltsamen Mitteln erreicht werden können, ist natürlich keine kulturelle Freiheit mehr gegeben.[62] Biologische Grundlagen bedingen auch die Schwierigkeiten, die vor allem bei Männern mit dem kirchlich erzwungenen Zölibat[63] verbunden sind.

Es besteht eine unterschiedliche biologische Perseveranz (Durchsetzungskraft) von Verhaltensdispositionen, der in den verschiedenen Kulturen unterschiedlich strenge kulturelle Reglements gegenüberstehen.

Ein kultureller Freiraum betrifft das Erleben von Freude und Glück und die Bewältigung von Entbehrungen. Dieser Freiraum bedarf dort kultureller Hilfen, wo die Genussfähigkeit suchtartig außer Kontrolle geraten kann. Ein Beispiel ist das unersättliche Bedürfnis nach positiven sozialen Rückmeldungen, das nicht nur bei Gottkönigen pervertiert ist. Erstaunlich und bemerkenswert ist der Umstand, dass auch Askese als lustvoll erlebt werden kann. Dieser Umstand könnte Ausdruck von verhaltensbiologischen Vorteilen sein, die mit rangniederen Positionen verbunden sein können.[64]

5.2.6   Abschließende Bemerkungen

Wie die biologische Mitgift unserer Nerven-, Muskel- und Knochenstrukturen die Freiheiten unseres motorischen Geschicks grundlegt und begrenzt, so ermöglicht auch die biologische Mitgift unseres Sozialverhaltens einen weiten Spielraum, der Grundlage für die menschliche Kultur ist. Innerhalb dieses Spielraumes kann der Mensch seine Vernunft als Werkzeug einsetzen.

Menschen wissen im Allgemeinen sehr genau, was gut und böse ist, sie leiden eher an der Diskrepanz zwischen Können und Sollen. Diese Diskrepanz ist unterschiedlich in verschiedenen Verhaltensbereichen. Sie ergibt sich einerseits daraus, dass Lernen und Wollen von (phylo-)genetisch vorprogrammierten Verhaltensdispositionen sehr verschieden kanalisiert werden, andererseits unterliegt sie auch erzieherischen und kulturellen Einflüssen. Der Mensch ist von Natur aus ein höchst komplexes Kulturwesen: Emotionale und „instinktive" Anteile sind mit eingeübten unbewussten Entscheidungspräferenzen (zum Teil Abwehrmechanismen) und der bewussten Reflexion auf das engste verschränkt. Biologisch und soziokulturell können also unterschiedliche Freiheitsgrade gegeben sein. Weder die fatalistische Sicht eines biologistischen Determinismus, wie sie

---

62. In der Politik und der Religion entwickeln, vor allem unter monistischen Bedingungen, übereifrige Konformisten immer wieder besonders strenge und unzweckmäßige Normen, die sie selbst für gut und richtig halten. Sie bedingen damit zum Teil sich selbst verstärkende kulturelle Prozesse. Es sind dann sozial kompetente Personen gefragt, die im positiven Sinn in Abhängigkeit von der Situation gegen engere kulturelle Grenzen verstoßen und Erstarrungen auflockern.

63. Das Zölibat steht sogar zur Bibel im Widerspruch: Im *ersten Brief an Timotheus* (3, 1–6) steht in der Jerusalemer Übersetzung sinngemäß geschrieben, dass ein Bischof eines Weibes Mann sein *muss*.

64. In Psychiatrie und Psychotherapie ist man immer wieder mit Patienten konfrontiert, die sich infolge zu hoher Leistungsansprüche keinen Genuss und keine Erholungszeiten zugestehen können. Dadurch kann die persönliche, familiäre und berufliche Selbstverwirklichung erheblich beeinträchtigt sein.

Ethologen von ihren Gegnern immer wieder unterstellt wird, noch die Vorstellung einer grenzenlosen Freiheit wird dem Menschen gerecht.

Ein möglichst unvoreingenommener Blick auf kulturelle Prozesse ist gerade in einer Zeit notwendig, in der vor allem durch die Naturwissenschaften und eine globale Industrialisierung große Umwälzungen ausgelöst werden, die mit einem Verlust regionaler kultureller Errungenschaften verbunden ist. Die Auswirkungen dieses Verlustes auf unsere Natur sind hinsichtlich ihrer positiven und negativen Aspekte wahrscheinlich noch nicht einschätzbar. Darüber hinaus gaukeln Konsumleitbilder soziale Attraktivität vor, verleiten zu (die Umwelt belastender) Protzerei und versprechen Lebenssinn. Der Mensch wird es sich wahrscheinlich nicht leisten können, die Kultur zu unterschätzen als jene entscheidende Hilfe, die zur Verfügung steht, um mit unserer biologischen Ausstattung in der Umwelt, die wir uns ständig selbst verändern, leben zu können.

Ein Indiz für die Bedeutung kultureller Errungenschaften von Hochkulturen ist zweifellos die Beobachtung, dass Kulturen, die bis zu Beginn des letzten Jahrhunderts steinzeitlich waren, unter den Folgen der globalisierenden Industriegesellschaft viel mehr leiden als historisch gewachsene Hochkulturen. Verschlimmert wird ihre Situation noch dadurch, dass diese Länder nach wie vor bezüglich Bildung und Infrastruktur weniger gefördert als ökonomisch ausgenützt werden.

Homo sapiens ist mit der Neigung ausgestattet, den ökonomisch leistungsfähigsten Kulturraum nachzuahmen. Die Leitbilder der potentesten Industriestaaten führen dadurch zum schleichenden Verlust der weltweiten kulturellen Vielfalt. Langfristig könnte es passieren, dass eine globale Einheitskultur zurückbleibt, die den Bedürfnissen des Menschen und den Bedingungen der Umwelt kaum gerecht wird.

VWB – Verlag für Wissenschaft und Bildung

6. Zur Ethologie des Umganges mit Ressourcen und Besitz

Besitz und das Streben danach gehören zu den menschlichen Universalien. Wir leben mit großer Selbstverständlichkeit damit und bedenken kaum, welche Neigungen und Normen jenes Verhalten beeinflussen, das mit Eigentum und Besitzstreben in Zusammenhang steht. Ein Teil dieser Normen entstammt unserem biopsychologischen Programm; sie bilden sich daraus in einer Verschränkung mit individuell Gelerntem. Die biologischen Grundlagen reichen zum Teil weit in die Stammesgeschichte zurück. Dies soll hier deutlich gemacht werden.

Eine Grundlage für das Verständnis der Vorschriften zu Besitz sind die stammesgeschichtlichen Um- und Neubildungen von entsprechenden Verhaltensnormen bei Tier und Mensch, über die die Zoologen PETER HAMMERSTEIN aus Berlin und HANS KUMMER aus Zürich gearbeitet haben. Die folgende Grafik beruht auf ihren Texten. Im Verlauf der Evolution wurden alte Stufen durch neue überbaut, oft bestehen sie aber in letzteren weiter.

Übersicht 8

Besitzverhalten	Zuordnung	Bezüge	
Besitzanspruch wird auch bei Abwesenheit des Besitzers respektiert	Menschen	Nahrung, Territorien, viele Ressourcen	5
Besitz wird z. T. zurückgegeben, abgegeben; Betteln	Menschenaffen	Nahrung	4
Ressourcenbesitz des zuerst Gekommenen wird respektiert	Affen	Nahrung, z. T. Territorien, z. T. weibliche Sexualpartner	3
Ressource fällt an Ranghöheren	viele Säugetiere	Nahrung	2
Ressource fällt an den Stärkeren	Vermutlich bis zu niederen Säugetieren	Nahrung	1

Übersicht 8: Bei Tier und Mensch gibt es verschiedene, z. T. stammesgeschichtlich gewachsene Formen des Umgangs mit Besitz (nach H. KUMMER 1991 und P. HAMMERSTEIN 1981). Die stammesgeschichtliche Reihung wurde hypothetisch – vor allem in Bezug auf Nahrung – für die menschliche Ahnenreihe vorgenommen. In anderen Entwicklungslinien sind auch andere Reihungen wahrscheinlich (z. T. gibt es sogar Gliedertiere, bei denen als einziges Besitzverhalten der „Ressourcenbesitz des zuerst Gekommenen" (Stufe 3) beobachtet werden kann). Die Übersicht zeigt hypothetisch, welche stammesgeschichtlichen Entwicklungsstufen notwendig waren, bevor die komplexen Besitznormen des Menschen entstehen konnten. Die neuen Stufen repräsentieren jeweils neue Entwicklungsschritte, enthalten aber meistens auch Verhaltenselemente aus den früheren Stufen. Mit der stammesgeschichtlichen Höherentwicklung sind die dem Besitzverhalten zugrunde gelegten biologischen Programme zunehmend mit individuell Gelerntem und intellektuellen Leistungen verschränkt (Übersicht nach MEDICUS 1999–2004).

6.1   Die Ressource fällt an den Stärkeren

Beobachtungen zur ersten Stufe der Übersicht 8 kennt jeder Aquarianer aus der Beobachtung von Fischen und Schwanzlurchen. Gelingt es etwa einem Kammmolch nicht, einen großen Wurm rasch zu verschlucken, dann kann es vorkommen, dass derselbe Wurm mit seinem freien Ende auch Beute eines anderen Molchs wird. Wenn der Wurm nicht abreißt, gewinnt nach mitunter langem Ringen der Stärkere.

6.2   Die Ressource fällt an den Ranghöheren oder/und an den zuerst Gekommenen

Beispiele zur zweiten Stufe kann man auf dem Hühnerhof beobachten, unter bestimmten Bedingungen auch bei Affen: Der Ranghöhere oder Dominante nimmt dem Rangniederen die von ihm entdeckte Nahrung weg. Ein eindrucksvolles Foto, das FRANS DE WAAL in seinem Buch „Wilde Diplomaten" veröffentlicht hat, zeigt, wie ein ranghoher Rhesusaffe sogar die Backentasche eines rangniederen inspiziert. Erwachsene Affen respektieren meist nur dann das „Besitzrecht des zuerst Gekommenen" (Stufe 3), wenn der Besitzer des Gegenstandes ihnen im Rang ähnlich ist. Wenn der Abstand in der sozialen Hierarchie groß ist, wie in dem von FRANS DE WAAL berichteten Beispiel, versucht der ranghöhere Affe dagegen, dem Erstbesitzer das begehrte Gut wegzunehmen. Das menschliche „Besitzrecht des zuerst Gekommenen" ist wahrscheinlich stammesgeschichtlich verwandt, also homolog, mit der Verhaltenstendenz von Affen, bereits eingetretenen Besitz zu respektieren. Das Entstehen dieser Verhaltensnorm ist sehr wahrscheinlich eng mit der Evolution des Sozialverhaltens verbunden. Auch Kleinkinder zeigen bereits diese Regel der Priorität, d. h., wer sich zuerst mit einem bestimmten Gegenstand beschäftigt, erwirbt damit einen vorübergehenden Besitzanspruch.

Wenn zwei Geschwister sich um Besitz streiten, werden möglicherweise wegen der Streitrisiken die Fortpflanzungschancen von beiden behindert. Eine Eingrenzung der Streitkosten, in unserem vereinfachten Beispiel durch Anlagen, die zur Respektierung des Besitzrechts des zuerst Gekommenen führen, hätte also für die potentiellen Streithähne und damit für die Ausbreitung dieses Gens klare Vorteile. Es würde sich in der Gruppe durchsetzen. Die Verhaltensnorm erleichtert, einmal entstanden, ferner die Interaktionen selbst zwischen nicht verwandten Individuen sozialer und intelligenter Tierarten, die miteinander vertraut sind, ein gutes Gedächtnis haben und darauf hoffen können, dass ein Interaktionspartner ebenfalls die Besitznorm des zuerst Gekommenen einhält beziehungsweise nicht das Vertrauen verletzt. Man bezeichnet das auch als das Prinzip der Reziprozität. Es dürfte nach BISCHOF (2008) bei Affen durch den Vertrautheitsgrad gesteuert werden.

Eine Parallele zur dritten Stufe gibt es interessanterweise schon viel früher im Tierreich. Bei manchen Fischarten, zum Beispiel beim Stichling, besetzen Individuen Reviere. Meist gelingt es dem Revierbesitzer, einen eindringenden Artgenossen zu vertreiben, selbst wenn dieser stärker ist. Die Ursache liegt darin, dass ein Revierbesitzer in dieser Situation mit mehr Einsatz kämpft, weil für ihn der Streitwert größer ist. Er hat in das Territorium bereits „investiert", indem er es erkundet und kennengelernt hat. Der Umstand, dass der engagiert kämpfende Revierbesitzer den oft stärkeren Gegner vertreiben kann, ähnelt dem „Besitzrecht des zuerst Gekommenen". Eine solche Art des „Besitzrechts" bei z. B. Fischen steht also, soweit man heute weiß, außerhalb der Entwicklungen unserer direkten Ahnenreihe; sie findet deshalb in der Grafik keine Berücksichtigung, weil dort die Wurzeln unseres Besitzverhaltens in der hypothetischen Abfolge unserer Stammesgeschichte angeführt sind.

Bei nicht-menschlichen Primaten bezieht sich der Besitzanspruch meistens auf Nahrung, bisweilen auf Territorien und auf Artgenossen. Bei manchen Arten bewachen, wie KUMMER (1971) und DUNBAR (1988) gezeigt haben, die Männchen die Weibchen und versuchen, sie sexuell zu monopolisieren. Bei Menschenaffen kann sich der Besitzanspruch für die Dauer des Gebrauchs auch auf Werkzeuge beziehen, wie wir durch JANE GOODALL (1986), CHRISTOPHE & HEDWIGE BOESCH (1983) und WILLIAM MCGREW (1992) wissen, dies wohl im Sinne eines „Besitzrechts des zuerst Gekommenen".

6.3   Geben und Nehmen

Im Tierreich kommt es normalerweise nicht vor, dass Nahrung freiwillig an erwachsene Individuen abgegeben wird (Übersicht 8, Stufe 4). Eine Ausnahme bilden jedoch Schimpansen, vielleicht auch die anderen Menschenaffen. Bei Schimpansen geben die Männchen an andere intensiv bettelnde Erwachsene mehr ab als die Weibchen, die Nahrung vorwiegend mit ihren Jungen teilen. FRANS DE WAAL (1982) beobachtete, dass Männchen der Bonobos jene Weibchen beim Verteilen der Nahrung bevorzugen, bei denen die periodisch auftretende Brunftschwellung gerade besonders ausgeprägt ist. Die Bonobo-Männchen werden diesbezüglich also durch ihr sexuelles Interesse beeinflusst.

Zum Geben und Nehmen von anderen Dingen als Nahrung gibt es bei Menschenaffen nur wenige Beobachtungen. Eine aufschlussreiche Beobachtung zu Nehmen und Zurückgeben stammt aus „The lost film of Dian Fossey" der National Geographic Society (vgl. FOSSEY 1983). Ein riesiger Gorilla nimmt DIAN FOSSEY behutsam Kugelschreiber und Notizblock aus der Hand, untersucht beide Dinge neugierig, reicht sie dann aber wieder an die Besitzerin zurück! – Vielleicht war das Ausdruck seiner Empathiefähigkeit. Primaten, die im Stammbaum unterhalb der Menschenaffen stehen, würden in einer vergleichbaren Situation den Gegenstand einfach fallen lassen, sobald er für sie nicht mehr von Interesse ist.

Individuellen territorialen Besitz gibt es unter den Menschenaffen wahrscheinlich nur beim Orangutan; dort kontrollieren das Weibchen und das Männchen jeweils recht große Abschnitte des Regenwaldes, die sich partiell überlappen. Schimpansen besetzen dagegen ein gemeinsames Territorium. Es wird von der ganzen Gruppe genützt und von den Männchen verteidigt.

Bei Menschenaffen und Menschen sind Geben und Nehmen Bestandteile sozialer Strategien, sie helfen unter anderem, Bindungen zu stiften und zu erhalten. – Besitzverhalten wird ontogenetisch beim Menschen ab ca. 10 bis 12 Monaten bei der freundlichen Kontaktaufnahme eingesetzt. Vorschulkinder verwenden das Geben, Zeigen, Vorführen, Teilen und Zuwerfen von Objekten im Rahmen ihrer sozialen Strategien mit Altersgenossen und Erwachsenen. Auch Konflikte entzünden sich häufig über den Besitz eines begehrten Gegenstands. Das Anbieten eines Besitzgegenstands wird von Kindern jedoch auch zur Beschwichtigung von Aggression eingesetzt. In manchen Kulturen kann Geben und Nehmen auch die Funktion einer Sozialversicherung haben (SCHIEFENHÖVEL *et al.* 1986).

6.4   Besitzanspruch wird auch bei Abwesenheit des Besitzers respektiert

Nur beim Menschen wird Besitz auch bei Abwesenheit des Besitzers respektiert (Übersicht 8, Stufe 5). Voraussetzung dafür ist eine Zeitvorstellung, die über den augenblicklichen Antrieb hinausreicht. Die Fähigkeit, Werkzeuge unabhängig vom momentanen Gebrauch, also dauerhaft, als Besitzgut zu beanspruchen bzw. mit sich zu tragen, wurde sicherlich durch die Fähigkeit zur permanenten Bipedalität begünstigt.

Der Umgang mit Besitz ist beim Menschen natürlich viel komplexer als bei seinen nächsten Verwandten im Tierreich. Menschliches Besitzstreben ist eng mit einer Reihe weiterer Motive verwoben. Vor allem das Streben nach sozialer Akzeptanz und das Erreichen eines möglichst hohen Ranges spielt beim Menschen eine Rolle, für den vor allem soziale Kompetenz, Großzügigkeit und Anerkennung durch die anderen vonnöten sind. Das Abgeben von Besitz und das Tauschen sind beim Menschen kulturell überbaut und haben wichtige soziale Funktionen. Dieses Verhalten, der damit verbundene Anspruch an Verlässlichkeit und das weiter bestehende Vertrauen in den Partner, selbst wenn es Enttäuschungen gibt, hilft Bindungen zu stiften und zu bekräftigen, fördert die Akzeptanz in der Gruppe und ist zentraler Teil von Ritualen.

Beim Menschen bezieht sich der Besitzanspruch auf eine große Anzahl von Gegenständen wie Werkzeuge, Haustiere, Schmuck und Kultgegenstände sowie auf funktionelle Äquivalente materiellen Besitzes und auf ideelle Werte. Beispiele für letztere sind etwa vererbbare Rechte, bestimmte Rollen bei Festen und Kulthandlungen sowie geistiges Eigentum, etwa die Urheberschaft an einem Lied, einem Märchen oder einer materiellen Erfindung. Ein Äquivalent des Abgebens von Dingen sind „verbale Geschenke" wie Komplimente und gute Wünsche. Mit diesen Geschenken sind wir vor allem dann besonders großzügig, wenn es gilt, beim Abschied vor einer längeren Trennung die Bindung zu bekräftigen.

Menschen respektieren die territoriale Besitznorm vor allem dann, wenn es sich bei dem Besitzer um ein Mitglied der eigenen Gruppe handelt. Gruppenfremde Territorien werden weniger durchgängig respektiert und es kommt dementsprechend öfter zu Übergriffen. Gleichzeitig wird meist ein zu weites Eindringen in fremdes Territorium vermieden, wohl aus Angst vor einer Gegenwehr der Besitzer und ihrer langfristigen Rache. Wenn die Kräfteverhältnisse deutlich ungleich sind, kommen Übergriffe eher vor. Diesbezüglich sind menschliche Eroberungen denen von Schimpansen nicht unähnlich. In einem durch JANE GOODALL (1986) bekannt gewordenen Fall kam es zur Ausrottung einer Nachbargruppe und zur Übernahme eines Teils ihres Territoriums. Ein Unterschied zum Schimpansen besteht allerdings darin, dass beim Menschen kulturelle Konventionen geschaffen werden, die Grenzen festlegen. Im Großen und Ganzen funktioniert das ausreichend gut. Zynischerweise macht das Völkerrecht es aber möglich, Gebietsgewinne des stärkeren Staates im Nachhinein derart zu verankern, dass der Anschein von Rechtmäßigkeit entsteht. Es gibt somit, wie dieses Prinzip des Gebietsgewinns zeigt, auch beim Menschen Beispiele für die ältesten Entwicklungsstufen der Besitznorm, nämlich den Besitzanspruch des Stärkeren (Stufe 1) und selbst im modernen Rechtsstaat ist das

Dominanzrecht (Stufe 2) noch in Kraft, das die Besitzansprüche Ranghoher begünstigt, etwa gut dotierte Ämterkumulation verbunden mit mehreren Pensionsansprüchen und anderen geldwerten Vorteilen. Den meisten von uns ist bewusst, wie lange wir für den Besitz bestimmter Güter gearbeitet und gespart haben. Dass aber auch viele Stunden unseres Arbeitslebens für nichts anderes verwendet werden als für materielle Güter, die fast nur der „Status-mimikry" dienen, also der Nachahmung der Reichen, zum Beispiel Ende des letzten Jahrhunderts mit Hilfe teurer Auto- und Mobiltelefone, ist uns vermutlich weniger klar. In vielen Kulturen ist das Phänomen zu beobachten, dass der Status der Frau durch den Rang und Besitz ihres Mannes definiert wird.

Eine Vielzahl von biopsychischen Programmen und Motiven zur Besitznorm zieht sich bis heute durch unsere Kulturgeschichte. EIBL-EIBESFELDT hat dokumentiert, dass bei vielen menschlichen Kulturen manchmal Verhaltensweisen aller fünf Stufen mit allen in der Übersicht 8 erwähnten Bezügen auftreten können. Diese Programme sind selbst durch ausgeklügelte Propaganda nicht beliebig veränderbar, wie der Zusammenbruch der kommunistischen Staaten gezeigt hat. Kommunistische Ideologien neigen dazu, die Durchschlagskraft des individuellen Strebens nach Besitz zu verkennen. Wenn gesellschaftspolitischen Entscheidungen falsche und wirklichkeitsfremde Annahmen zugrunde liegen, wird sich das früher oder später im historischen Verlauf zeigen.

Auch in unserer Kultur werden Normen, die mit Besitz in Zusammenhang stehen, von manchen Wissenschaftlern noch immer ausschließlich als Ergebnis soziokulturellen Lernens angesehen, obwohl die humanethologische Forschung belegt, dass die menschliche Besitznorm eine Verschränkung aus biologischem Erbe und kulturell Erlerntem ist. Es wird vermutlich unter keinem System der Erziehung und politischen Beeinflussung gelingen, Kinder so aufwachsen zu lassen, dass sie kein Besitzstreben zeigen.

6.5 Anhang: Rangordnung und Hierarchie

Ethologische Aspekte von Rangordnungen
In sozialen Gruppen bei Tier und Mensch stehen die einzelnen Individuen in einer Rangordnung zueinander. Es werden unterschiedliche Hierarchieformen in verschiedenen Ausprägungsgraden beobachtet. Variablen der verschiedenen Hierarchieformen und -phänomene sind Alter, Geschlecht, Ökologie, Jahreszeit, Verhaltenskontext, der hierarchische Abstand zwischen den Kontrahenten und im Artenvergleich die Stammesgeschichte der einzelnen Verhaltensleistungen und die evolutionäre Entwicklungshöhe (siehe Übersichten 5, S. 64; 7, S. 101; 8, S. 111).

Formen von Rangordnung
Hierarchie der Stärke: THORLEIF SCHJELDERUP-EBBE (1922) hat mit der Beschreibung der „Hackordnung" bei Hühnern eine erste Arbeit zu Hierarchien bei Tieren verfasst. Rangkämpfe sind Teil agonistischer Formen von Aggression (siehe Kapitel 11). Ranghöhere haben im Tierreich im Allgemeinen Fortpflanzungsvorteile. Eine einmal festgelegte Rangordnung hat den Vorteil, dass der Zugang zu Ressourcen nicht jedes Mal durch kraftraubende Kämpfe ausgefochten werden muss. Der Rangniedere gelangt erst dann an Futter, wenn der Ranghöhere gesättigt oder von ihm unbeobachtet ist oder er die „Beute" schneller verschlingt, als der Ranghöhere ihn vertreiben kann. Hierarchien müs-

sen nicht linear sein im Sinne α stärker als β, β stärker als γ, γ stärker als δ, δ stärker als ε: In der Praxis werden „Inkonsistenzen" im Sinne von z. B. ε stärker als γ beobachtet. Manchmal unterstützt α γ im Kampf gegen β. Damit kann α den Abstand zu β sichern und vergrößern.

Hierarchisch strukturierte Familienverbände (z. B. beim Wolf und bei Pinselohräffchen[65]), in denen sich nur das stärkste Paar fortpflanzt, werden als *Aristogamien* (BISCHOF 1985) bezeichnet. Bei Tier und Mensch können hierarchische Verhältnisse, z. B. in Bezug auf Territorien, auch in Abhängigkeit von der Tageszeit variieren (Zeit-Raum-Nischen; z. B. Stundenplan bezüglich Nutzung eines Lehrsaales).

Fürsorgliche Hierarchie: Jungtieren von brutpflegenden Arten fehlen bei der Geburt oder beim Schlüpfen überlebensnotwendige Fähigkeiten, wie z. B. der ausreichende Nahrungserwerb oder hinreichende Schutzoptionen vor Beutegreifern. Diese Aufgabe übernehmen ein oder beide Elterntiere bis die nötige Körpergröße erreicht ist oder/und bis die nötigen Kompetenzen erlernt worden sind (z. B. Beuteschlagen). Bei vielen Arten werden auch selbstgefährdende Autonomieversuche der Jungtiere behindert. Weil bei brutpflegenden Arten die Jungtiere sehr bestimmend sind, obwohl sie die Omegaposition innehaben, spricht man manchmal auch von einer Omegahierarchie.

Erbhierarchien: Der Rang wird vererbt. Junge ranghoher Rhesusaffenmütter haben klare hierarchische Vorteile. Beim Menschen können diese Vorteile mit Ethnien, Kasten und Adel verbunden sein.

Kompetenzhierarchie: Im Tierreich sind bei sozialen Arten manchmal nicht die Stärksten, sondern die Erfahrensten die Leittiere, denen die Gruppe etwa bei Wanderungen zwecks Nahrungssuche folgt (z. B. Elefanten). Viele Stammeskulturen waren Meritokratien, weil ihre Anführer die Position durch Kompetenz, soziale Attraktivität und Geschick errungen haben und von der sozialen Kontrolle bzw. vom Rückhalt in der Gruppe abhängig waren. In Meritokratien korrelieren oft Rang und Risiko direkt proportional miteinander.[66]

Bei Frauen in Frauengruppen spielt diese Hierarchieform (im Rahmen der jeweils gefragten Einzelkompetenz) eine größere Rolle als bei Männern in Männergruppen.

Relative Hierarchien sind kontextabhängig oder abhängig von territorialen Gegebenheiten, absolute nicht. Auch wenn die Rangverhältnisse beim Militär oder in Betrieben im Sinne einer absoluten Hierarchie klar geregelt sind, ist diese meist unreflektiert außer Kraft gesetzt, etwa wenn ein Offizier bei einem Unteroffizier zu Hause eingeladen ist. Absolutistische Autoritäten ignorieren diese Differenzierung in relative und absolute Hierarchie (z. B. ius primae noctis).

Bedingungen bei der Entstehung und Sicherung der Hierarchien
bei nicht-menschlichen Primaten: Angehörige von evolutionär höher entwickelten sozialen Arten versöhnen sich nach einem Streit dann, wenn der Unterlegene den Rang des Stärkeren durch Mimik, Haltung und Gestik, also formal anerkennt. Sich nicht zu ver-

---

65. Bei Pinselohräffchen beteiligen sich die „sterilen" älteren Geschwister als Brutpflegehelfer. Ihre Fruchtbarkeit setzt ein, sobald sie eine eigene Gruppe gründen können.

66. Mediengerechte Auftritte von Politikern in unserer Gesellschaft bei Katastrophen sind im Gegensatz dazu meist risikoarm, z. T. behindern sie die wirklichen Helfer.

söhnen gefährdet den Gruppenzusammenhalt. Darüber hinaus ermöglicht Versöhnung den Kontrahenten als Koalitionspartner zu gewinnen (DE WAAL 1982). Ranghohe erhalten mehr Aufmerksamkeit, sie sind „*angesehene*" Individuen.

Moderne Gesellschaften sind aufgrund ihrer hohen Komplexität im Sinne der Arbeitsteilung auch auf Personen angewiesen, die Entscheidungen treffen und verantworten. Dazu müssen einzelne Individuen, die sich hinsichtlich ihrer Fähigkeiten dafür eignen, ermächtigt werden – im Dienste des arbeitsteiligen Teams, das als Ganzes besser ist als jeder Einzelne. Machtakkumulation kann bei einzelnen Personen bei mangelnder Transparenz und mangelnden Feedbacks zu einer Veränderung der Selbstwahrnehmung führen und Selbstüberschätzung begünstigen. Auch die Rückmeldungen von devoten Untergebenen tragen dazu bei (MCGUIRE *et al.* 1987). Infolgedessen nehmen viele Ranghohe die Abhängigkeit ihrer Erfolge von anderen Menschen nicht mehr wahr und behandeln ihren Machtbereich so, als wäre er ihr persönliches Eigentum und Verdienst. Und bei Macht und Anerkennung gibt es, im Unterschied zum Essen oder der Sexualität, keine Sättigung. Diese psychodynamischen Mechanismen lassen sich durch den evolutionsbiologischen Entstehungszusammenhang erklären: Rang steigert ursprünglich den eigenen Fortpflanzungserfolg sowie den der engeren Verwandten (inclusive fitness). Auch in unserer Gesellschaft wird Rang noch mit psychischer Gewalt demonstriert.

Die Arbeitsteiligkeit kann in Großgesellschaften in Bezug auf Berufsstände problematische Eigendynamiken entwickeln: Berufsgruppen können das „Wirgefühl", besser zu sein, entwickeln, sich (wie ein steinzeitlicher Stamm) abschotten und zugleich ihren eigentlichen gesellschaftlichen Zweck aus den Augen verlieren. Nicht einmal in pluralistischen Demokratien sind sich alle höheren Verwaltungsbeamte, Mitarbeiter von Geheimdiensten und Politiker dessen bewusst, dass sie Angestellte oder „Diener des Volkes" (Joseph II, 1741–1790) sind und nicht umgekehrt; Privilegien legitimieren sich nur durch die Funktion. Wie sehr wir unseren biopsychischen Bereitschaften ausgeliefert sind, kann man daran ermessen, wie schwer es in einer arbeitsteiligen Hierarchie sein kann, plötzlich die Arbeit oder die Position Rangniederer übernehmen zu müssen oder wenn ein ehemaliger Lehrling zum Chef wird.

Generell sind mit Umweltänderungen, auch wenn sie von uns selbst gemacht sind, Risiken verbunden. Die Erweiterung der Stammesgesellschaften müssen von kulturellen Anpassungen und Regelungen begleitet werden. Hierarchien in Großgesellschaften waren wesentliche Umweltänderungen und können deshalb ohne Reglements (wie z. B. Pluralismus, sozialstaatliche Kompensationen, Transparenz und Machtkontrollen) für den Zweck, den sie erfüllen sollen, dysfunktional werden.

7.   Der natürliche Unterschied, zur Biopsychologie der Geschlechterdifferenz[67]

Es werden Ergebnisse der vergleichenden Verhaltensforschung zum menschlichen Sexualverhalten präsentiert. Im ersten Teil werden biologische Grundbegriffe und grundsätzliche Überlegungen zur Stammesgeschichte von Geschlechtsunterschieden vorgestellt. Die große Vielfalt des Fortpflanzungsverhaltens im Tierreich kann nicht näher dargestellt werden, wo aber ein Bezug zur Anthropologie besteht, sind Beispiele von Wirbeltieren angeführt. Darauf baut der zweite Teil auf, in dem Aspekte des psychosexuellen Dimorphismus bei Primaten, Menschen eingeschlossen, im Vordergrund stehen. Schließlich wird im dritten Teil gezeigt, dass die Ethologie auch für die klinisch-psychiatrische und die psychotherapeutische Diskussion einen Beitrag leisten kann.

7.1   Allgemeines, biologische Grundlagen

Immer wieder ergibt sich zur Frage der Geschlechterdifferenz das Problem, was an den Unterschieden angeboren und was anerzogen sei. Zu diesem Thema gibt es viele Meinungen, zum Teil werden dazu auch extreme Positionen vertreten, zum Beispiel: Alle Unterschiede seien in der Ontogenese gelernt. Das gegensätzliche Extrem wird den Ethologen immer wieder von ihren Gegnern unterstellt, nämlich, dass die menschlichen Geschlechtsrollen durch stammesgeschichtliche Programmierungen zur Gänze vorgegeben und durch Lernen und Wollen kaum korrigierbar seien. Diese letztere Position wird aber von niemandem wirklich vertreten. Es lässt sich vielmehr zeigen, dass es natürlich in enger Verschränkung sowohl angeborene Vorprogrammierungen, als auch Lernen und Wollen gibt. Diese differenziertere und damit auch kompliziertere Sicht soll auf der Grundlage von Daten aus dem (Tier-)Arten- und dem Kulturenvergleich dargestellt werden. Von folgenden Autoren wird diese verhaltensbiologische Sicht umfassend dargestellt: BISCHOF (1985), BISCHOF-KÖHLER (2002), EIBL-EIBESFELDT (1995) GOODALL (1986, 1991), SYMONS (1979) sowie WICKLER & SEIBT (1983).

[...]

Beim Menschen (und vielen anderen Wirbeltieren; PLOOG, HOPF & WINTER 1967; HOPF 1981) haben beide Geschlechter qualitativ das gleiche Verhaltensrepertoire. Verhaltensunterschiede ergeben sich durch unterschiedliche Häufigkeit, unterschiedliche Intensität des Verhaltens und unterschiedliche Reihenfolge von Teilen des Verhaltens. Solche Unterschiede ergeben sich vor allem dann, wenn Verhaltensmerkmale mit einem Selektionsvorteil verbunden sind oder in der Stammesgeschichte verbunden waren. Dabei können manchmal die Entstehungsursachen eines Verhaltensmerkmals andere sein als die, die für das Weiterbestehen relevant sind (z. B. der Größendimorphismus beim Menschen, siehe unten).

---

67. Das Kapitel habe ich ursprünglich mit SIGRID HOPF (1990, 1995) gemeinsam geschrieben. Dankenswerterweise hat sie dem gekürzten Wiederabdruck im vorliegenden Buch zugestimmt. Auslassungen sind durch drei Punkte, ergänzende Fußnoten und Überschriften durch eckige Klammern gekennzeichnet.

Die im Folgenden geschilderten Unterschiede basieren auf Durchschnittswerten. Dabei werden keine „quantitativen" Aussagen zum Ausmaß der Geschlechtsunterschiede gemacht und besondere individuelle Merkmalsausprägungen nicht berücksichtigt. Natürlich können beim Menschen stammesgeschichtlich vorgegebene Dispositionen durch Lernen abgeschwächt oder verstärkt werden. Darüber hinaus können angeborene Dispositionen durch Einsicht und Wollen kontrolliert und gesteuert werden. In Bezug auf den psychosexuellen Dimorphismus findet man auch häufig kulturelle Unterschiede (SCHIEFENHÖVEL 1992) z. B. in Abhängigkeit vom Wohnort (Stadt oder Land) und der sozialen Schicht. Viele menschliche Verhaltensweisen lassen sich zweifellos auch nur kulturell erklären. Das mangelnde Wissen um psychische Besonderheiten des anderen Geschlechtes kann für Männer und Frauen zu typisch falschen Einschätzungen und Vorurteilen führen (TRAMITZ 1993). Viele der Geschlechtsunterschiede sind ein Grund dafür, dass Partnerschaft und Sexualität konfliktanfällig sind.

7.1.1 Vorteile geschlechtlicher Fortpflanzung

Im Vergleich zur Parthenogenese ist die sexuelle Fortpflanzung mit einer Reihe von Nachteilen oder „Kosten" verbunden. So ist der Aufwand beträchtlich, damit ein Partner der eigenen Art und des anderen Geschlechts im fruchtbaren Alter beziehungsweise im Östrus gefunden wird, es müssen in äonenlanger Evolution Geschlechtsunterschiede entstehen und diese müssen richtig interpretiert werden usw. Welche Vorteile hat die sexuelle Fortpflanzung, die sich im Tier- und Pflanzenreich bewährt hat und deshalb weit verbreitet ist?

Durch die geschlechtliche Fortpflanzung werden zwei scheinbar gegensätzliche Bedingungen in vorteilhafter Weise verbunden (RIEDL 1975): Vielfalt und Suchfeldeinengung („Suchfeld" im Sinne von einer Korrespondenz mit der Realität bzw. einer „Erwartung" oder Arbeitshypothese über die Realität, zugleich muss jedes Suchfeld in zweckmäßiger Weise durch eine spezifische Gestaltung „eingeengt" sein). Die Chromosomen sind in Körperzellen paarweise (d. h. diploid) angelegt, in Keimzellen nur einfach (d. h. haploid). In einer diploiden Zelle stammt je eine Hälfte der Chromosomen von der Mutter, die andere vom Vater. Welche Hälfte eines Chromosomenpaares einer diploiden Zelle bei der sogenannten Reduktionsteilung in die einzelnen haploiden Keimzellen gelangt, bleibt dem Zufall überlassen. Dadurch entstehen genetisch zum Teil sehr unterschiedliche Keimzellen. Trotz dieser Vielfalt ist das Suchfeld der genetisch unterschiedlichen Keimzellen durch die zum Teil bereits durch mehrere Generationen erfolgte „Vortestung" der elterlichen Genausstattung eingeengt. Das heißt, dass sich die neu kombinierten Gene bereits in anderer Kombination bei den Eltern bewährt haben. Eine ähnlich große Vielfalt ohne sexuelle Fortpflanzung ließe sich nur durch eine höhere Mutationsrate erreichen. Die meisten Mutanten sind aber nicht von Vorteil für ihren Träger, sondern von Nachteil. So gesehen überwiegen bei einer hohen Mutationsrate die Nachteile, und weniger Nachkommen werden die Folge sein. Durch wiederholte Rekombination und Selektion können sich ferner innerhalb einer Population im Verlauf mehrerer Generationen bestimmte vorteihafte Kombinationen von Chromosomen rascher ausbreiten. Dadurch und durch die rekombinationsbedingte Vielfalt sind raschere Anpassungsvorgänge möglich als durch Parthenogenese. Damit kann die sexuelle Fortpflanzung als ein Produkt der Selektion auf Evolutionsgeschwindigkeit gesehen werden.

Übersicht 9

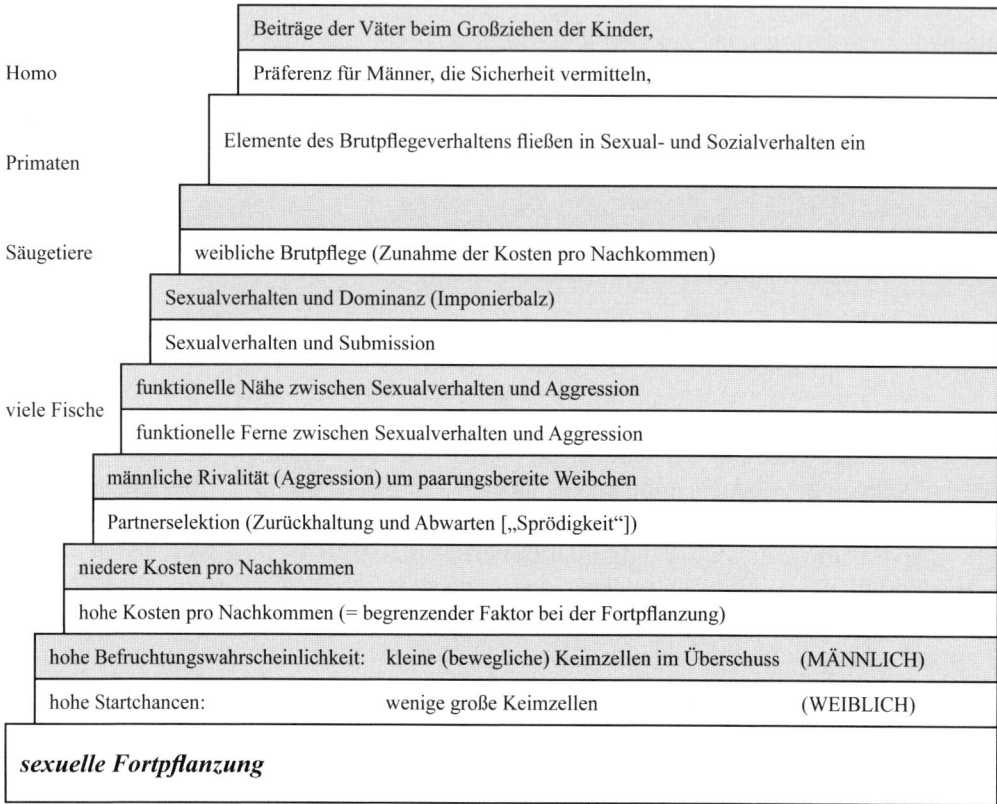

Übersicht 9: Idealisiertes und vereinfachtes Schema von der Evolution von Bedingungen und Merkmalen des menschlichen biopsychischen Geschlechtsdimorphismus (vgl. ME-DICUS & HOPF 1990): Von der linken Seite beginnend werden phylogenetische Schritte der Aspekte Sexualität und Dominanz gezeigt; männliche Merkmale sind grau gekennzeichnet. Beim Sexualdimorphismus sind große Unterschiede zwischen nah verwandten Arten möglich. Die Entwicklung bis zum Menschen erfolgte deshalb nicht in der klaren und unidirektionalen Weise, wie es in dieser idealisierten Darstellung gezeigt wird. Auch die Einteilung in neun Stufen stellt natürlich eine Vereinfachung dar; darüber hinaus bestehen zwischen den Stufen große kategoriale Unterschiede. Durch die Art der graphischen Darstellung soll angedeutet werden, dass im Verlauf der Stammesgeschichte viele alte Merkmale im Rahmen von Neuentwicklungen bestehen bleiben. […] Nähere Erklärungen finden sich im Text.

7.1.2   Grundprinzipien und Entstehungsgründe des Sexualdimorphismus

[…]

In der Folge wird der Versuch gemacht, in vereinfachter Weise Schritte der Stammesgeschichte des menschlichen Sexualverhaltens zu rekonstruieren (bezüglich weiterführender Literatur siehe EIBL-EIBESFELDT 1995; SYMONS 1979; WICKLER & SEIBT 1983; siehe auch MEDICUS & HOPF 1990). Ein Teil der geschlechtsspezifischen Unterschiede ist so alt wie die sexuelle Vermehrung bei tierischen Vielzellern selbst. Folgende zwei Bedingungen müssen bei der Vereinigung von zwei Keimzellen erfüllt sein: Erstens muss die Wahrscheinlichkeit hoch sein, dass zwei Keimzellen aufeinandertreffen und zweitens muss nach der Vereinigung eine bestimmte Mindestgröße der Zelle erreicht sein, damit entsprechende Startchancen ins Leben gegeben sind. Diese Bedingungen sind am besten erfüllt, wenn ein Geschlecht große Keimzellen und wenn das andere Geschlecht kleine Keimzellen in großer Zahl produziert (Anisogamie). Die großen nährstoffreichen Keimzellen oder Eizellen, so definiert als die weiblichen Eizellen, sichern den Start ins Leben. Die kleinen, zahlreichen und zur Lokomotion fähigen Spermien erhöhen die Trefferwahrscheinlichkeit.

Trotz der Produktion eines Überschusses an Spermien ist der Aufwand an Zeit, Energie, Baustoffen und Risiken für das Männchen gewöhnlich um Größenordnungen kleiner als für das Weibchen (TRIVERS 1985). Dies trifft schon beim Vergleich der Investitionen der Geschlechter bei laichenden Fischen zu und noch viel mehr bei Säugetieren. Männchen können sich (meistens) innerhalb eines bestimmten Zeitraumes häufiger erfolgreich paaren als Weibchen. Der weibliche Fortpflanzungserfolg ist durch die Ressourcen Zeit und Nahrung limitiert, der männliche durch den Zugang zu fruchtbaren und paarungsbereiten Weibchen. Auf jedes paarungswillige Weibchen kommen mehrere paarungswillige Männchen. Dem Weibchen fällt deshalb bei vielen Arten eher die Rolle der Partnerselektion zu; es reagiert zunächst in der Entscheidungsphase zurückhaltend und abwartend („spröde").

Mutanten werden über die Anzahl der Nachkommen durch die Selektion gefördert oder behindert. Es ergibt sich demnach für diejenigen Männchen ein Selektionsvorteil, die erstens nach Weibchen suchen, die zweitens intensiv werben und sich sehr um eine Begattung bemühen und die drittens versuchen, Rivalen zu vertreiben. Die Wahrscheinlichkeit, sexuelle Aktionen zu initiieren, auch wenn der Partner nicht motiviert ist, ist bei Männchen vieler Wirbeltiere höher als bei Weibchen. Es erweist sich ferner als vorteilhaft für Männchen vieler Arten, wenn sie rasch zwischen Rivalenkampf und Balz wechseln können. Beim männlichen Geschlecht gehören deshalb vielfach die Motivationen Balz und Rivalenkampf zum Verhaltensbereich der Fortpflanzung. Es handelt sich dabei um sogenannte „funktionell nahe" Verhaltensweisen (siehe unten).

Dem männlichen Drängen steht weibliche Zurückhaltung gegenüber, die Intensität des Verhaltens eines Geschlechts ist zum Teil von der des anderen abhängig. Dieser Wechselbezug wird unter anderem durch ein Experiment mit Rhesusaffen verdeutlicht (KEVERNE 1982): Wenn männliche Rhesusaffen die Nase mit Paraffin verklebt bekommen, werden die Weibchen deutlich initiativer, da die Männchen ihren attraktiven Östrusgeruch nicht wahrnehmen.

Wenn bei einer Art die Kosten bei der Fortpflanzung für die Männchen größer sind als für die Weibchen (z. B. beim Strauß, bei Großfußhühnern, beim Nashornvogel), dann sind es die Weibchen, die intensiver um das Männchen balzen, weil ja dann auf ein paarungswilliges Männchen mehrere paarungswillige Weibchen kommen (WICKLER & SEIBT 1983).

Es gibt in Abhängigkeit von bestimmten Verhaltensbereichen unterschiedliche Grade funktioneller Nähe zu anderen Verhaltensweisen und Stimmungen. Funktionell nahe Verhaltensweisen sind dadurch definiert, dass sie innerhalb relativ kurzer Zeiträume auftreten und damit auch rasch abwechseln können; manchmal gibt es auch Mischungen zwischen beliebigen Intensitäten funktionell nahestehender Verhaltensweisen (siehe LORENZ 1978a, Abb. 26). Entsprechend können introspektiv an uns selbst manche Stimmungen und Gefühle als mischbar erlebt werden (z. B. eher bei Männern Sexualität und Dominanz, z. T. Sexualität und Aggression), andere jedoch nicht (z. B. lebensbedrohliche Atemnot und Sexualität).

Die funktionelle Nähe zwischen den Verhaltensweisen Rivalität und Sexualität im männlichen Geschlecht zeigt sich, abhängig von der Spezies, in sehr verschiedenen Variationen. Eine historisch wichtige Grundlage für die folgenden Überlegungen bietet eine alte und viel zu wenig beachtete Arbeit von BEATRICE OEHLERT über Buntbarsche (*Cichlasoma biocellatum, Geophagus brasiliensis*; Arten, bei denen es keine äußeren Geschlechtsunterschiede gibt). Sie schreibt (1958: 169):

> „Sehr viele Paarbildungen beginnen mit Feindseligkeiten. Unterliegt das Männchen, so verliert es sofort seine Balzstimmung und flieht. Dagegen kann ein unterlegenes Weibchen trotz aller Fluchtbereitschaft sexuelle Handlungen ausführen, während es nie balzt, wenn es überlegen ist. Treffen also zwei Männchen zusammen, so bildet sich kein Paar, weil das Schwächere sofort flieht; zwei Weibchen hingegen balzen nicht miteinander, weil dasjenige, welches die Angriffsstimmung des anderen unterdrückt, nunmehr selbst allzu stark vom Kampftrieb beherrscht wird. Damit ist das Zustandekommen heterosexueller Paare gesichert."

Zweifellos sind bei vielen Arten bei der Vermeidung von homosexuellen Paarungen andere Mechanismen entscheidend. Ob sich ferner ein Weibchen beim Balzverhalten einem Männchen gegenüber submissiv verhält oder nicht, ist nicht nur eine Frage der relativen Stärke. Auch wenn es unterlegen ist, kann es Partnerselektion betreiben, indem es entweder wegschwimmen oder Unterlegenheit signalisieren kann (BISCHOF 1985). Diese Beobachtung von BEATRICE OEHLERT ist aber nicht nur interessant, weil sie wahrscheinlich die erste Motivationsanalyse dieser Art in der ethologischen Literatur ist. Sie ist auch aufschlussreich, weil sich solche Geschlechtsunterschiede in unterschiedlichen Formen bei vielen Wirbeltieren und auch beim Menschen finden.

7.2 Sexuelle Fortpflanzung bei nicht menschlichen und menschlichen Primaten

Bei der Evolution der Primaten sind nicht nur eine Vielzahl von neuen Leistungen entstanden, sondern es waren damit auch Selektionsbedingungen gegeben, die zu Veränderungen an älteren Merkmalen geführt haben. Ein Teil dieser Neuerwerbungen und Veränderungen soll im Folgenden zur Sprache kommen.

7.2.1 Exkurs: Kommunikation bei Primaten

Bei Primaten einschließlich dem Menschen leiten sich einige Formen der Kommunikation (a) vom Sexual- und (b) vom Brutpflegeverhalten her.

(a) Die Formen der Kommunikation, die sich bei Primaten stammesgeschichtlich aus dem Sexualverhalten herleiten lassen, sind einerseits Gesten von Dominanz und andererseits von Unterordnung (WICKLER 1966; siehe auch EIBL-EIBESFELDT 1995). Sowohl das genitale Imponieren (Totenkopfaffen; PLOOG 1972) als auch das Wutaufreiten (Pavian) sind von männlichem Sexualverhalten herleitbar. Es sind Gesten der Dominanz geworden, die unabhängig von einer sexuellen Motivation und bei beiden Geschlechtern auftreten können.

Bei Mantelpavianen können Individuen soziale Bedrohungen beenden, indem sie die Geste der weiblichen Kopulationsaufforderung an den Bedroher richten, als ein „Signal des Einlenkens". Dies geschieht ebenso außerhalb des Fortpflanzungskontextes und unabhängig vom Geschlecht der Beteiligten. Dieses Befriedungsverhalten verringert die Gefahr von Kampf und Verletzung. Es ist Teil einer sozialen Kompetenz, die erforderlich ist, um in sozialen Gruppen von Säugetieren zu leben, die hierarchisch strukturiert sind.

(b) In Zusammenhang mit der Entwicklung von Brutpflege (zunächst durch Weibchen) entstanden zwei Merkmale, die für Entwicklungsschritte zum menschlichen Sexualverhalten wichtig sind: Es sind dies (1) das Mutter-Kind-Band und (2) besondere juvenile Merkmale (beim Menschen: Kindchenschema; LORENZ 1978a: Abb. 17). Der Anblick eines Kindes kann als belohnend empfunden werden, kann bei Erwachsenen und älteren Kindern freundliche Zuwendung auslösen und mildert Aggressionen von Adulten gegenüber Juvenilen.

[…; vgl. Kapitel 4.3, S. 94f]

7.2.2 Soziologie der Paarungssysteme bei Primaten

Bei den mit uns am nächsten verwandten Primaten findet man zum Teil als Artmerkmal, zum Teil aber auch in Abhängigkeit von ökologischen Bedingungen verschiedene soziale Strukturen und Paarungssysteme: Polygynie, Monogamie, Polyandrie und Polygynandrie (DUNBAR 1988; HARCOURT, HARVEY, LARSON & SHORT 1981; VOGEL & SOMMER 1994).

Polygynie findet man z. B. beim Gorilla, Pavian und Menschen: Ein Männchen monopolisiert mehrere Weibchen sexuell. Dabei gibt es bei nicht menschlichen polygynen Primaten keinen direkten männlichen Beitrag zur Brutpflege in Form von Beisteuern von Ressourcen u. a.. Diese männliche Bereitschaft, einen Beitrag zur Versorgung der eigenen Kinder zu leisten, entsteht in unserer Abstammungsreihe erst im Tier-Mensch-Übergangsfeld. Bezogen auf die jüngste Stammesgeschichte ist deshalb die menschliche Polygynie eher eine kulturelle Errungenschaft: Männern ist es wahrscheinlich erst seit der Erfindung von Ackerbau und Viehzucht möglich, so viele Ressourcen anzuhäufen, dass ihr Beitrag ausreicht, mehrere Frauen samt Kindern mitzuversorgen – zusätzlich zum Beitrag der Frau. Das ist eine Bedingung, die *vice versa* nicht gegeben ist. Auch wenn über 80 % der menschlichen Gesellschaften Polygynie erlauben, kann sich in diesen Gesellschaften nur ein Teil der Männer mehr als eine Frau samt Kindern aus ökonomischen Gründen leisten.

Von vielen polygynen Affenarten zeigen die Weibchen optisch (Pavian) oder/und geruchlich (Rhesus) den Östrus für Männchen deutlich erkennbar an. Die Weibchen sind dann während des Östrus für Männchen sexuell besonders attraktiv. Weibchen von polygynen Hominoiden (Gorilla, Orangutan und z. T. der Mensch) bilden bezüglich der optisch auffallenden Östrusschwellung eine Ausnahme: Sie zeigen den Östrus nicht an.

Polyandrie gibt es beim Menschen in weniger als 1 % der Kulturen. Die Männer sind immer Brüder.

Polygynandrie findet man bei Schimpansen. Hochrangige Schimpansenmänner teilen sich ihre sexuellen Privilegien teilweise mit viel sozialem Geschick (DE WAAL 1982; GOODALL 1986); rangniedere Männchen haben dabei bestenfalls heimlich Zugang zu Weibchen im Östrus.

Promiske Formen des Zusammenlebens wurden auch beim Menschen in „experimentierfreudigen" Kommunen und von Hippies versucht. Dieses kulturelle Experiment war aber nicht von Dauer, da sich in diesen Gruppen regelmäßig paarweise Bevorzugungen herausbildeten. Vielfach hat man sich dabei, obwohl zum Teil lerntheoretisch orientiert, auf besondere („biopsychische") Merkmale der Urgesellschaft berufen und fälschlicher Weise behauptet, dass die Urgesellschaft promisk gewesen sei und keine Eifersucht und sexuelle Scham und keine romantische Liebe gekannt habe (siehe auch SCHIEFENHÖVEL 1994).

Monogamie findet man nur bei ca. 12 % der 190 Primatenarten (VOGEL & SOMMER 1994). Monogame Bindungen kommen bei Säugetieren nur dann vor, wenn sich beide Elternteile an der Brutpflege beteiligen, z.B. bei Pinselohräffchen und Gibbons. Vorbedingungen der männlichen Brutpflege bei Säugern waren weibliche Brutpflege und ein längerfristiges, über die Tragzeit hinausreichendes sexuelles Monopolisieren des Weibchens. Aus soziobiologischer Sicht zahlt es sich nur dann für das Männchen aus, Brutpflege zu betreiben, wenn die Jungen die eigenen sind. Sobald die Männchen in der Stammesgeschichte Brutpflege betreiben, erweist es sich als ein Vorteil für die Weibchen, die Männchen diesbezüglich ebenfalls zu monopolisieren. Das subjektive Korrelat des Monopolisierens ist die sexuelle Eifersucht.

Beim Menschen ist eine strikte Zuordnung zu einem dieser Begattungssysteme nur mit Vorbehalt möglich: Wir sind offensichtlich nur milde monogam: Einerseits kommen trotz kultureller Normen Seitensprünge vor und andererseits leben viele Personen in Kulturen ohne Zwang zu lebenslanger Monogamie seriell monogam. Darüber hinaus gibt es, wie bereits erwähnt, polygyne Tendenzen. SCHIEFENHÖVEL (persönliche Mitteilung) konnte aufgrund seiner Daten von den Trobriandern feststellen, dass immerhin mehr als die Hälfte[68] der Ehepaare auch ohne kulturellen Druck lebenslang beisammen bleiben. Die kulturelle Bestärkung dauerhafter Bindungen ist wahrscheinlich eine Anpassungshilfe an Bedingungen einer Hochkultur: In Städten überwiegen die Kernfamilien die Großfamilien; damit sind die Möglichkeiten für eine gegenseitige ökonomische und soziale Absicherung begrenzt. Mit dieser Entwicklung sind Kinder im Falle einer Trennung der Eltern häufig psychosozial und ökonomisch benachteiligt, deshalb ist die

---

68. bzw. fast zwei Drittel

kulturelle Forderung nach einer dauerhaften Bindung vor allem für die Kinder von entscheidendem Vorteil. Darüber hinaus haben weniger Seitensprünge weniger Eifersuchtsdelikte und eine geringere Wahrscheinlichkeit sexueller Krankheitsübertragung zur Folge. SCHIEFENHÖVEL berichtet (persönliche Mitteilung), dass bei einem Papuastamm von 17 dokumentierten Verletzungsdelikten 12 wegen Eifersucht begangen wurden. Die soziale Kontrolle ist sogar in „freizügigeren" traditionalen Kulturen (d. h. bei sogenannten „Naturvölkern") so groß, dass sich wahrscheinlich seltener Gelegenheiten für Seitensprünge ergeben als in Europa.

Seitensprünge können beim Menschen mit persönlichen und sozialen Vorteilen verbunden sein. Auch dafür gibt es ultimate Gründe. Eine Folge sind vermutlich wenige Prozent „Kuckuckskinder", also Kinder, die nicht von ihren vermeintlichen Vätern gezeugt wurden.

Bezüglich des Phänomens der Kuckuckskinder wird von manchen Autoren der Mechanismus „sperm competition" überschätzt: Kuckuckskinder können auch gezeugt worden sein, ohne dass es zu sperm competition gekommen sein muss. Einen Anhaltspunkt für die Bedeutung von sperm competition beim Menschen wären zweieiige Zwillinge, die verschiedene Väter haben. Ihr Prozentsatz dürfte vernachlässigbar klein sein.

7.2.3   Das „Prinzip der Antithese" bei Geschlechtsunterschieden

Auf der Grundlage der Anisogamie und der unterschiedlichen Fortpflanzungskosten sind während der Evolution bei den Geschlechtern zum Teil gegensätzliche Verhaltensweisen entstanden. […] Als eine Folge der Rivalität zwischen Männchen um Weibchen entwickelten sich im Laufe der Stammesgeschichte bei vielen Arten große und starke Männchen. Dieser Trend kann durch weibliche Zuchtwahl noch verstärkt werden: Weibchen, die sich mit starken und dominierenden Männchen gepaart haben, können einen Selektionsvorteil haben. Bei diesen Weibchen ist dann die Chance hoch, über starke Söhne mehr Nachkommen auf mehrere Generationen hin zu bekommen, weil die Söhne anderen männlichen Rivalen eher wieder überlegen sein werden. Demgemäß wurde Imponierverhalten bei vielen Arten zu einem Bestandteil männlichen Balzverhaltens, auch wenn es sich stammesgeschichtlich vom Drohverhalten (gegen Rivalen) herleitet. Dieses Imponierbalzen ist vor der Evolution von Paarbindungen bei Vögeln und Säugetieren, anthropomorph interpretiert, vielfach „bedrohlich" gegen die Partnerin gerichtet (siehe unten). In freier Wildbahn wurden bisher aber im Rahmen des männlichen Balz- und Sexualverhaltens bei Weibchen keine gravierenden Verletzungen oder Tötungen beobachtet. Wenn es in Gefangenschaft dazu kommt, dann handelt es sich nosologisch um andersartige Phänomene als bei deviantem menschlichem Sexualverhalten.

Merkmale, die bei der innerartlichen Kommunikation für den Sender und den Empfänger Vorteile mit sich bringen, werden in Richtung Signaldeutlichkeit selektiert (vgl. das „Prinzip der Antithese" von DARWIN 1872: Kapitel 2). Dementsprechend gibt es bei vielen Arten beim weiblichen Geschlecht, im Vergleich zum männlichen, Entwicklungen in die andere Richtung: Frauen haben eine hohe Stimmlage, einen kleineren Wuchs, weichere Gesichtszüge, sie sind im Auftreten weniger imponierend und die Körperbehaarung ist weniger stark ausgeprägt als bei Männern. Neben Merkmalen sexueller Reife bei erwachsenen Frauen („Frauenschema") können Männer diese „jugendlichen"

Merkmale attraktiv finden (bezüglich Reifezeichen des Gesichts siehe GRAMMER 1993). Der Umstand, dass größere Weibchen zumindest bei Säugern meist mehr Junge erfolgreich aufziehen als kleine, konnte offensichtlich dem Trend nach größeren Männchen bei vielen Arten nicht entsprechend entgegenwirken (es gibt allerdings einige Primatenarten, bei denen die Weibchen größer sind; z. B. manche Halbaffenarten).

Der sexuelle Dimorphismus in Bezug auf Körperbau und Verhalten ist bei polygynen Arten am stärksten ausgeprägt. Bei diesen Arten ist die Rivalität zwischen den Männchen um Weibchen besonders groß, weil nur wenige Männchen überhaupt zur Fortpflanzung kommen und das oft nur für eine kurze Lebensspanne. Ein besonders gutes Beispiel für polygyne Arten sind die See-Elefanten, deren Männchen bis zu viermal so schwer sind wie die Weibchen (4% der See-Elefantbullen erkämpfen 88% der Kopulationen einer Saison). Bei Primaten sind die Mantelpaviane und Gorillas Beispiele für Männchen, die bis zu zweimal so schwer wie Weibchen sind (WICKLER & SEIBT 1983). Aber auch beim Menschen und vielen anderen Säugetieren gibt es zwischen den einzelnen Individuen männlichen Geschlechts in Abhängigkeit vom Rang größere Unterschiede beim Fortpflanzungserfolg als zwischen weiblichen. Vielleicht ist diese Tatsache einer der ultimaten Gründe dafür, dass viele Männer in ihren hierarchischen Bestrebungen Misserfolge ausblenden und besonders kompetitiv und ausdauernd sein können.

Generell sind monogame Säugetierarten weniger dimorph. Bei allen monogamen Säugetieren teilen sich Weibchen und Männchen die Brutpflege. Möglicherweise ist der menschliche Größenunterschied zwischen Männern und Frauen ein Rest aus polygynen Zeiten: Hominidenfunde legen nahe, dass der Größendimorphismus vom Australopithecus (ca. 50%) bis zum Menschen (ca. 13%) abgenommen hat. Andere Gründe könnten für das Weiterbestehen dieses Dimorphismus verantwortlich sein: Für stammesgeschichtlich jüngere männliche Domänen, wie das Vermitteln von Schutz, Stammesfehden, Jagd, Hausbau können Stärke und ein größerer Wuchs vorteilhaft sein.

7.2.4 Menschliches Sexualverhalten

Innerhalb der Hominidenevolution (d. h. im Tier-Mensch-Übergangsfeld) bis hin zum Menschen hat im Allgemeinen der Beitrag der Väter beim Großziehen und Versorgen der Kinder zugenommen, zugleich ist die Fähigkeit zur Paarbindung entstanden. Die Verringerung der Unterschiede bei den Kosten bei der Fortpflanzung mag eine der Ursachen dafür gewesen sein, dass psychische Merkmale des menschlichen Dimorphismus nicht immer in der Deutlichkeit ausgeprägt sein müssen wie bei diesen Vorfahren. Zugleich gibt es aber auch Gründe für das zusätzliche Weiterbestehen „ursprünglicherer" Verhaltensstrategien:

Auch bei der menschlichen Fortpflanzung ist der minimal mögliche Aufwand bei der Fortpflanzung für Väter (ein Ejakulat) um Größenordnungen kleiner als für Mütter (Schwangerschaft und Stillen). Je nach Geschlecht können deshalb beim Fortpflanzungsverhalten unterschiedliche Merkmalsausprägungen einen Selektionsvorteil haben. Männer, die durch visuelle weibliche Reize rasch stimulierbar sind und die eine Vorliebe für sexuelle Abwechslung selbst neben einer bestehenden Bindung entwickelt haben, nehmen Chancen zur Fortpflanzung eher wahr. Damit haben sie einen Selektionsvorteil. Eine Frau kann ihren Fortpflanzungserfolg im Allgemeinen nicht durch häufig wechselnde Partner steigern. Dementsprechend gehen viel mehr Männer für 10–15 Minuten zu „anonymen" Prostituierten, als Frauen auf Callboys zurückgreifen. Wahrscheinlich ist beim Mann der mit einem Beischlaf verbundene Testosteronanstieg ein Faktor für sein größeres Wohlbefinden, für das viele Männer viel Geld auszugeben bereit sind. Bei Masturbation bleibt dieser Testosteronanstieg bei manchen Männern aus (Fox *et al.* 1972). Analoge psychoendokrine Befunde bei Frauen sind dazu noch ausständig.

[Visuelle Stimulierbarkeit:] Eine nackte Frau oder gar nur ein anonymes Foto vom weiblichen Genitale sind für einen Mann eher sexuell stimulierend als entsprechende Fotos von Männern für Frauen (Feierman 1990; Symons 1979). Frauen, die erotische Fotos sehen, sind nicht bereit, dafür viel Geld auszugeben. Sie können durch die Identifikation mit einer attraktiven verführerischen Frau eher erregt werden als vom Bild von einem Mann. Heterosexuelle Männer werden nicht durch den Anblick des Mannes erregt, sondern durch den von der Frau. Dies hat Konsequenzen für die Gestaltung von Herren- und Damenzeitschriften. Dabei sind äußere kosmetische Qualitäten der Frauen für Männer wichtiger als vice versa.

Die Art der visuellen Stimulierbarkeit wurde durch die Untersuchung von Pseudohermaphroditen mit dem Vorhandensein von Testosteron während der Embryogenese in einen Zusammenhang gebracht (Ellis 1986; Gray 1971; Money & Ehrhardt 1972). Dabei gibt es bezüglich der Abstraktionsleistung der Wahrnehmung Hinweise auf die Beteiligung von angeborenen Auslösemechanismen (AAM und EAAM), da mit der Pubertät Pornographie für Jungen sexuell erregend wirkt, auch wenn sie selbst noch keine eigenen Erfahrungen mit Mädchen gemacht haben.

[Geschlechtsunterschiede bei Homosexuellen:] Die Theorie von biologisch begründeten Geschlechtsunterschieden lässt sich durch den Vergleich zwischen männlichen und weiblichen Homosexuellen stützen (Symons 1979). Dieser Vergleich darf jedoch nur mit Vorbehalt diskutiert werden, weil es nicht sicher ist, ob männliche und weibliche Homosexualität die gleiche Ursache haben. Während eines ganzen Lebens haben weibliche Homosexuelle ähnlich viele Partner wie Heterosexuelle. Der passive Part bei homosexuellen Männern kann unter Umständen in einer Nacht so viele Partner haben wie nur selten polygyne Männer im ganzen Leben. Frauen, die bezüglich der Anzahl an verschiedenen Partnern homosexuellen Männern in ihrem Sexualverhalten ähneln, tun dies nur berufsmäßig und gegen Bezahlung. Allerdings neigen im Allgemeinen Männer weniger dazu, sexuelle Abenteuer zu verheimlichen als Frauen. Auch Masturbation wird von Jungen und Männern häufiger selbst entdeckt und ausgeführt als von Mädchen und Frauen.

[„Verstecken" von Östrus und Sexualverhalten:] Männliche Beiträge beim Großziehen und Versorgen der Kinder hatten wahrscheinlich weitreichende Folgen bei der Hominidenevolution (Kasten 17, S. 130). Es gibt viele Spekulationen, warum es den sichtbaren Östrus bei Frauen nicht mehr gibt. Vielleicht ist die Bedeutung der dauerhaften Bindung an den Partner, der sich an der Versorgung der Kinder beteiligt, ein Grund dafür. Eine hohe, zeitlich begrenzte weibliche Attraktivität nur während des Östrus könnte bei der Partnersuche und vor allem bei einer längerdauernden Bindung für Frauen und Mütter von Nachteil sein, weil er sozial gesehen zur unpassenden Zeit auftreten und verschwinden kann. Stattdessen entwickelten sich bei Frauen permanente Merkmale der Attraktivität (Szalay & Costello 1991; Schröder 1993).

Über die Entstehungsgründe von sexueller Scham kann man vorerst nur spekulieren. Dafür gibt es im Tierreich keine konvergenten Entwicklungen. Im Allgemeinen ist emotionelle Transparenz, also das unmittelbare und ehrliche Zeigen von Stimmungen und Gefühlen für die Gruppenmitglieder attraktiv (FRANK 1988). Durch Transparenz sind die Gruppenmitglieder in ihren Entscheidungen besser einschätzbar und die Gruppenaktivität ist besser synchronisierbar. Das trifft bei Scham, also dem Verstecken von sexuellen Handlungen vor Artgenossen, nicht zu. Möglicherweise ist durch das Verstecken bei sexuellen Handlungen die Partnerwahl erleichtert: Einerseits dürfte dadurch die Wahrscheinlichkeit für eifersüchtige Interventionen sinken, andererseits gilt es vielleicht auch, sich selbst vor der visuellen Stimulierbarkeit anderer Männer zu verstecken. Stammesgeschichtlich betrachtet könnte sexuelle Scham auch zu einem Ausdruck der Exklusivität der Paarbindung geworden sein.

Nach EIBL-EIBESFELDT ist das Zeigen des Genitales erst mit der Evolution von Scham zu einer Spottgebärde geworden. Möglicherweise spielt dabei auch eine Portion Ambivalenz, die durch verschiedene Bedeutungen der Schamgegend bedingt ist, eine Rolle: 1. besteht noch ein semantisches Primatenerbe bezüglich des phallischen Imponierens; 2. dürfte diese Region wegen der anatomisch benachbarten Ausscheidungsfunktionen im Rahmen der menschlichen Symbolfähigkeit zusätzliche Besetzungen erfahren; 3. ist die Schamgegend auch Quelle der Lust.

[Wenn und Aber in Partnerschaft und Sexualität:] Bei Vätern finden sich, wie bereits erwähnt, größere Unterschiede bei der Beteiligung am Großziehen der Kinder, als bei Müttern (betrifft Ressourcen, Schutz, soziales Lernen und Lehren; DAHLBERG, 1981; SCHMIDT-DENTER 1984; TEHERANI-KRÖNNER 1994). Auch daher kommt der Partnerselektion durch die Frau mehr Bedeutung zu als der Partnerselektion durch den Mann. Vom ersten Kennenlernen an kontrollieren deshalb insbesondere die Frauen die Entwicklung der Bekanntschaft durch vielfältiges, anziehendes und zurückweisendes Verhalten. Die weibliche Sexualität ist beim Menschen mit viel mehr einschränkenden Bedingungen verbunden als die männliche. Männer können die Fähigkeit und den Wunsch zu einer Bindung haben, sie können aber daneben relativ leicht, ohne jegliche sozial-freundschaftliche Erwartungen und Bedingungen, sexuell aktiv werden. Man kann verallgemeinernd sagen, dass Frauen eher sexuelle Beziehungen in Kauf nehmen, um ihre sozialen Bedürfnisse zu befriedigen und Männer eher soziale Beziehungen, um an ihre sexuellen Ziele zu kommen (SYMONS 1979).

Vielen Frauen sind vor allem soziale Qualitäten, soziale Sicherheit, Vermittlung von Schutz, Vertrauenswürdigkeit, Ressourcen und Status bei ihren Partnern wichtig. Wenn der Freund sozusagen in seine Partnerin sozial „investiert" und sich gebunden fühlt, kann sie erwarten, dass er sich auch bei der Versorgung der Kinder beteiligen wird. In Entsprechung dazu bindet und paart sich das Weibchen bei manchen Vogelarten nur dann, wenn das Männchen durch einen aufwendigen Nestbau in die Bindung investiert hat. Das Männchen kann es sich dann nicht mehr „leisten", von der Brutpflege zu desertieren, da es sonst weniger oder keine Nachkommen hätte. Außerdem ist es ein Vorteil, den Partner zu kennen, weil der Partner in seinem Verhalten einschätzbarer wird. Immerhin hat dieses Kennenlernen unter anderem auch Zeit „gekostet" (WICKLER & SEIBT 1983).

Beim Menschen initiieren Frauen das Kennenlernen anders als Männer, z.B. durch kurze und unauffällige Blickkontakte mit dem Mann, für den sie ein Interesse entwickeln

(BUSS 1985). Eine Frau ohne jeden vorangegangenen Blickkontakt anzureden, ist keine gute Voraussetzung für einen Mann, wenn er sie näher kennenlernen will. Zurückhaltung als Antwort auf das Umwerben durch den Mann verzögert soziale und sexuelle Konsequenzen der Bekanntschaft, bis eine Entscheidung reift. Bei der Paarbindung bei einem psychosozial und kulturell so komplexen Wesen, wie es der Mensch ist, ist die Länge der Zeitspanne bei der Entscheidungsfindung besonders wichtig. Die Paarbindung als „Produktionsgemeinschaft" wird bei allen Völkern kulturell formalisiert (z. B. Hochzeit; SCHIEFENHÖVEL 1994). Auch Verlieben findet in allen Kulturen seinen Ausdruck in romantischen Liebesgedichten und Liebesliedern (SCHIEFENHÖVEL 1994).

Das eingangs erwähnte *Prinzip der Antithese* hat Konsequenzen bis hin zum Menschen: Die meisten Frauen sind in ihrer Erscheinung eher beschwichtigend bzw. weniger imponierend als Männer, ganz besonders beim Flirtverhalten. Vielfach geben sich Frauen, die flirtenden Männern gefallen wollen, schutzbedürftiger, als sie wirklich sind. Im Allgemeinen werden aber bei der Partnerwahl Kompromisse zwischen zum Teil konträren attraktiven Merkmalen eingegangen: Einerseits gefallen Männern neben den weiblichen Reifezeichen Merkmale, die dem Kindchenschema ähneln (siehe oben), andererseits schätzen sie kompetente und leistungsfähige Frauen, vor allem, wenn sie gewillt sind, eine Bindung einzugehen. Spezifisch weibliche und jugendliche Merkmale können schließlich durch Mode (z. B. rasierte Beine) und gelerntes Verhalten betont werden. Das kann bis hin zur Übertreibung von Unsicherheit und Hilflosigkeit gehen. Den meisten Männern vergeht die Lust zu Flirt und Sexualität, wenn Frauen sich stark und gleichrangig verhalten, erst recht, wenn sie sich stärker geben als sie sind. Nach GRAMMER (1993) werden Männer umso weniger bei Verführversuchen zurückgewiesen, je unsicherer sich eine Frau beim Flirt gibt, auch wenn sie nicht wirklich so unsicher ist.

Wenn Frauen um attraktive Männer rivalisieren, dann tun sie das eher ohne offenen Streit. Wenn sie Männer verführen, dann meist unauffälliger und scheinbar passiv. Nur Männer vergewaltigen.

Dominierendes *männliches Werbeverhalten* kann gleichzeitig zwei geradezu konträre Funktionen erfüllen: Rivalen auf Distanz zu halten und Frauen (als potentielle Beschützer) anzuziehen. Wie bei vielen anderen paarbindenden Arten ist bei Männern Dominanz (eher) nicht auf die Partnerin hinorientiert, sondern hat eine Umorientierung im Rahmen seiner (imponierenden) Beschützerrolle erfahren. Diesbezüglich gibt es konvergente Entwicklungen: Ein balzender Ganter imponiert seiner Gans durch ein von ihr wegorientiertes Drohen.

Männer versuchen eher, Frauen durch ihre Stärke und Macht zu imponieren als umgekehrt. Hilfsmittel ist Ressourcen-Mimikry – heute PS-Protz mit teuren Autos. Frauen richten sich meist mit einem kleineren Wagen ein, auch wenn gerade für sie ein größerer für Einkäufe und den Transport von Kindern zweckmäßiger wäre. Und in der Tat finden viele Frauen männliche Stärke anziehend und bevorzugen auch hochrangige Männer, sicherlich zum Teil wegen der Ressourcen, zum Teil weil die Frauen eher den Rang des Mannes übernehmen und damit bei hochrangigen Vätern die Kinder bessere Startchancen bekommen. […]

[Geschlechtsunterschiede im Berufsleben:] Wo es Rivalität zwischen den Geschlechtern gibt (z. B. im Berufsleben), wird oft das aggressionsärmere, kooperativere Verhalten der Frau als ein Signal der Schwäche und der mangelnden Kompetenz fehlinterpretiert.

Dies mag eine stammesgeschichtliche Grundlage für den mangelnden Respekt Frauen gegenüber sein. Männer werden im Vergleich zu gleichrangigen Frauen von Frauen und Männern ranghöher behandelt, z. B. durch Art und Ausmaß der Bewertung und der Aufmerksamkeit, die ihnen entgegengebracht werden. Das lässt sich auch beim Vergleich der Wirkung von Ärztinnen und Ärzten auf Patientinnen und Patienten und *vice versa* beobachten. Diese biologischen Programme zeigen sich zum Teil neben gegenläufigen bisherigen kulturellen Einflüssen. Aus humanethologischer Sicht – von Königinnen (aus dynastischen Gründen) abgesehen – gibt es kein echtes Matriarchat, wohl aber matrilineare Sozialstrukturen mit vielfach geringeren hierarchischen Unterschieden zwischen den Geschlechtern, aber einer zum Teil ausgeprägten Rangbetonung durch die Häuptlinge (SCHIEFENHÖVEL, persönliche Mitteilung; vgl. LENZ & LUIG 1990).

Kasten 17: Menschliche psychosexuelle Merkmale, die im Tier-Mensch-Übergangsfeld entstanden sind

1 Beiträge von Vätern beim Großziehen der Kinder
2 Paarbindung (subjektiv: Verlieben) mit
   gegenseitigem Monopolisieren (subjektiv: Eifersucht)
3 kein offensichtliches Zeigen des Östrus (zyklusunabhängige, permanente weibliche Attraktivität)
4 „Dominanz" des Mannes stärker „nach außen" gerichtet als gegen Partnerin (z. B. als Beschützen; z. T. gegen Rivalen; Dominanzsexualität des Mannes normalerweise abgeschwächt)
5 weitgehender Bedeutungsverlust von
   • phallischem Imponieren als Dominanzgeste und
   • weiblichem Schampräsentieren als Unterwerfungsgeste
6 Verstecken der Sexualität vor Artgenossen (subjektiv: Scham)
7 Schamweisen als Geste des Spotts

Kulturgeschichtliche Errungenschaften des Menschen
8 romantische Liebesgedichte und Liebeslieder
9 kulturelles Formalisieren einer Mann/Frau-Bindung (Heirat)
10 genitalbezogene Spottgesänge und Sprüche
11 menschliche Polygynie
12 menschliche Polyandrie

Besonders hervorzuheben sind die Paarbindung und die Bereitschaft der Väter, einen Beitrag beim Großziehen der Kinder zu leisten. Diese Entwicklungen haben Konsequenzen: Die Punkte 3 bis 10 sind höchstwahrscheinlich ihre stammesgeschichtlichen Folgen, Punkte 1 bis 10 sind menschliche Universalien. Weil es diese Leistungen noch nicht bei unseren Primatenvorfahren gegeben hat, gibt es keine entsprechenden Abstammungsähnlichkeiten (Homologien) zu ihnen. Damit lässt sich die (sexuelle) Sonderstellung des Menschen verdeutlichen. Diese Sonderstellung erfährt aber Einschränkungen, sobald man konvergente Entwicklungen (Analogien) mit berücksichtigt: Zu den Punkten 1 bis 5 gibt es nämlich vielfältige analoge Entwicklungen im Tierreich. Nähere Erklärungen finden sich im Text.

7.3 Varianten des Sexualverhaltens

Im Zusammenhang mit biologischen Grundlagen des menschlichen Sexualverhaltens sind auch Varianten des Sexualverhaltens zu diskutieren.[69] Interessanterweise gibt es diese bei sog. Naturvölkern nicht (SCHIEFENHÖVEL, persönliche Mitteilung): es gibt dort keine Pädophilie, keinen Fetischismus, keine Sodomie, keinen Sado-Masochismus und von äußerst seltenen ritualisierten Formen abgesehen, weder öffentlich gezeigten Geschlechtsverkehr noch Homosexualität.

Insbesondere die funktionelle Nähe bzw. funktionelle Distanz bezüglich Dominanz, Unterwerfung, Aggression und Angst auf der einen Seite und sexueller Stimmung auf der anderen ist hier wichtig. LORENZ (1963) schreibt in seinem Buch *Das sogenannte Böse* in Bezug auf die von OEHLERT untersuchten Buntbarsche (siehe oben): „Zwei Motive, die sich bei dem einen Geschlecht kaum merklich hemmen und in beliebigem Mischverhältnis überlagern, schalten sich bei dem anderen in scharfer Kippreaktion aus". Ein Beispiel dazu ist der Umstand, dass Impotenz beim Mann häufig durch subjektiv erlebte Angst getriggert ist (siehe auch EIBL-EIBESFELDT 1995).

Reste des phallischen Imponierens könnten ferner beim rezenten Menschen noch bei der Interpretation entsprechender zwischenmenschlicher Wahrnehmungen und bei kulturellen Darstellungen (z. B. Wächterikonen) eine Rolle spielen, solche Reste dürften aber auch bei manchen Varianten des Sexualverhaltens vorhanden sein; z. B. bei Exhibitionisten, oder zum Teil bei Dominanzsexualität, wie sie in Gefängnissen oder in Kriegen vorkommt.

Das Spektrum des Sado-Masochismus ist ein weiteres Beispiel, das durch eine funktionelle Nähe zwischen Dominanz, Unterwerfung und Sexualität gekennzeichnet ist. Die Verbindung von Sexualität und Gewalt ist so gut wie ausschließlich ein männliches Phänomen. Bei manchen Männern – jedoch kaum jemals bei Frauen – können sich Sexualität und bedrohliche Aggression in einer Art und Weise überlagern, dass sich mitunter gravierende forensische Folgen ergeben. So sind manche Männer durch Phantasien über Gewalt an Frauen und durch Gewaltaktionen an Frauen oder anderen Sexualpartnern gegenüber sexuell erregbar. Diese Verbindung von Gewalt und Sexualität wird ohne stammesgeschichtliches Wissen eher einseitig als ausschließliche Folge kultureller Einflüsse oder als ausschließlich lebensgeschichtlich verursacht interpretiert. Auf der Grundlage der stammesgeschichtlichen Zusammenhänge wird verständlich, warum Frauen mit einer vergleichbaren frühkindlichen Lebensgeschichte solche Störungen nicht entwickeln.

Bekannt ist, dass forensisch relevantes devantes Sexualverhalten häufig mit Persönlichkeitsstörungen, d. h. mit schweren sozialen Defiziten verbunden ist. Es sind meist Personen, die emotionell verarmt und vielfach auch ohne Bindung an Mutter oder Vater oder ihre „Stellvertreter" aufgewachsen sind. Trotzdem kann kein seriöser Psychotherapeut oder Psychiater sagen, wer wann warum welche sexuelle Devianz entwickelt. In dieser Situation ist es aber bereits ein Fortschritt, wenn Geschlechtsunterschiede bei Devianten nicht mehr nur soziokulturell erklärt werden müssen, sondern biologische Gründe angegeben werden können, die jedoch keinesfalls als Rechtfertigung herhalten dürfen.

---

69. Siehe auch Fußnote 18, S. 36.

Auch zur Pädophilie (FEIERMAN 1990) ohne Gewaltanwendung scheinen Männer eher disponiert zu sein als Frauen: Wie erwähnt verlieren die meisten Männer die Lust zu sexuellen Annäherungen, wenn sie Angst vor einer Frau haben, oder wenn ihnen eine Frau zu sehr überlegen erscheint. Tatsächlich leiden viele Männer, die Kinder sexuell missbrauchen, unter Angst, wenn sie an Sexualität mit erwachsenen Partnerinnen denken. Kinder lösen bei pädophilen Männern entsprechend ihrer geringeren Körpergröße und Kraft eher keine Angst und deswegen auch nicht das Gefühl der Unterlegenheit aus. Zutrauen, Unterordnungsbereitschaft und fehlende Erfahrung eines Kindes in einer solchen Situation können seine Abwehr erschweren. Die Ähnlichkeit des Kindes mit erwachsenen Frauen im Sinne des Kindchenschemas[70] mag es dem Pädophilen erleichtern, sich statt einer erwachsenen Partnerin einem Kind sexuell zu nähern, auch wenn oder gerade weil die sexuellen Reifezeichen fehlen.

7.4   Ausblick

[…]

Zu den „natürlichen" Bedingungen zählen die Neigung zu Über- und Unterordnung ebenso wie die zu Bindung und Kooperation bei beiden Geschlechtern. Nur im Zusammenwirken dieser Fähigkeiten entwickeln Menschen sozial-kommunikatives Geschick, das für das Zusammenleben in Gruppen förderlich ist. Aus keiner dieser Begabungen dürfen deduktiv moralische Normen abgeleitet werden. Diese Sicht von den biopsychischen Grundlagen menschlichen Verhaltens darf auch nicht missbraucht werden, Varianten des menschlichen Sexualverhaltens moralisch zu legitimieren.

Die Humanethologie könnte helfen, aus dem Wissen um die Natur des Menschen, manche unbewusst und unreflektiert gelebten Phänomene besser zu verstehen, mit ihnen besser umzugehen und schließlich auch eigene persönliche und soziale Beziehungen zu verbessern. Ein besseres Verständnis biopsychologischer Unterschiede zwischen den Geschlechtern schafft eine Basis, die Fähigkeiten und Grenzen des eigenen und des anderen Geschlechts besser einzuschätzen und zu schätzen. Damit können Männer und Frauen die Missverständnisse und Einengungen vermeiden, die entstehen, wenn das andere Geschlecht nur am eigenen gemessen wird.

---

70.   Bez. Frauenschema inkl. Reifezeichen des Gesichts siehe Kapitel 4.3.2, S. 95.

VWB – Verlag für Wissenschaft und Bildung

8.   Folgt die psychomotorische Entwicklung des Kindes der biogenetischen Regel?

Einleitung

Die *biogenetische Grundregel* besagt, dass Schritte der Phylogenese während der Ontogenese wiederholt werden. Das trifft auch für die morphologische Entwicklung während der Embryogenese des Menschenkindes zu.[71] Von der morphologischen Rekapitulation wurde vor über 100 Jahren abgeleitet, dass das Prinzip auch für die psychomotorische Entwicklung des Kindes gilt. In diesem Kapitel wird auf der Basis der Erläuterung der physiologischen Mechanismen, die die morphologische Rekapitulation verursachen, mit fünf teils empirisch, teils logisch begründeten Argumenten dargestellt, dass diese Annahme nicht zutreffen kann. Dieses Wissen ist für die Fachgebiete relevant, die sich mit der Phylogenese und der Ontogenese des Verhaltens befassen, also für Ethologie und Humanethologie, Entwicklungspsychologie und Entwicklungsneurologie.

8.1   Zur Wissenschaftsgeschichte der Regel

KARL VON BAER hat 1828 (S: 224) geschrieben: „Daſs das Gemeinsame einer gröſsern Thiergruppe sich [meist] früher im Embryo bildet, als das Besondere". Dieser Umstand ist bekannt als die „VON-BAERsche Regel der Embryonenähnlichkeit". CHARLES DARWIN (1859/1979: 427) hat beschrieben, dass die Gestalt eines Embryos die Gestalt seiner Vorfahren widerspiegelt. Demnach entwickeln sich phylogenetisch ältere Eigenschaften meist früher in der Ontogenese, während jüngere Merkmale später entstehen. VON BAERS Beobachtungen und deren Interpretation durch DARWIN wurden später von ERNST HAECKEL (1866) ausführlich behandelt. Ähnlichkeiten während der Embryogenese verschiedener Spezies bedeuten, dass gemeinsame Merkmale auf einen gemeinsamen Vorfahren zurückgeführt und demnach als homolog bezeichnet werden können. RUPERT RIEDL (1975) schließlich hat einen Beitrag zum Verständnis der entwicklungsphysiologischen Gründe für die morphologische Rekapitulation geleistet.

Zu Beginn des 20. Jahrhunderts hat HALL (1904) postuliert, dass sich auch die psychomotorische Entwicklung des Kindes mit Hilfe der biogenetischen Regel interpretieren und beschreiben ließe. Auf der Grundlage dieser Argumentation wurden seinerzeit selbst manche „Rassen" kindlicher als andere eingestuft. Auf diese Weise wurde versucht, das Konstrukt geistiger Unterschiede zwischen Menschenrassen mit Hilfe der biogenetischen Regel zu untermauern. So wurden z. B. „Wilde" mit Kindern und Kinder mit „Wilden" gleichgestellt. Es hat aber auch konträre rassistische Schlussfolgerungen gegeben: Als beim Menschen vermehrt Aspekte seiner „Neotenie"[72] in die Diskussion

---

71. Ein Beispiel dafür ist die Ausbildung von Kiemenbögen in der vierten Schwangerschaftswoche.

72. Neotenie bedeutet im weitesten Sinn das Beibehalten juveniler Merkmale bis in ein adultes Stadium, etwa beim Menschen Neugier und Spiel bis ins hohe Alter. Meistens kann Neugier und Spiel nur bei Juvenilen von höheren Tieren beobachtet werden. Man kann schließen, dass im Rahmen der Hominisation das Alter, in dem „juveniles" Lern- und Neugierverhalten gezeigt wird, immer höher wurde.

einbezogen worden sind, stuften einzelne Anthropologen die „kindlichen" als die „höheren Rassen" ein.

PIAGET (1971) erkannte Parallelen zwischen der Phylogenese des Menschen und der Ontogenese kindlichen Verhaltens, sah aber keinen direkten, ursächlichen Zusammenhang zwischen Phylo- und Ontogenese, wie ihn HAECKEL (1866) für den Körperbau beschrieben hat. Der berühmteste Psychotherapeut, der die biogenetische Regel auf die psychologische Ontogenese angewandt hat, war SIGMUND FREUD (1914/1953). Er hat beispielsweise eine Verbindung zwischen dem, was er „orale" und „anale" Sexualität nannte und unseren vierbeinigen Vorfahren hergestellt und Verbindungen zwischen Neurosen und verhaltensbiologischen Leistungen bei unseren Vorfahren im Erdaltertum konstruiert.

Die Frage nach der Gültigkeit der biogenetischen Regel für die psychomotorische Entwicklung des Kindes ist nach wie vor von Interesse, nicht zuletzt wegen der ethologischen Erkenntnisse, die zunehmend in der Psychologie Berücksichtigung finden (CHARLESWORTH *et al.* 1986, BISCHOF 2008, BISCHOF-KÖHLER 2011). Viele Biologen erkennen die Regel hinsichtlich der Ontogenese des Verhaltens bei Tieren an. Mittlerweile sehen die meisten Entwicklungspsychologen keinen Platz mehr für die biogenetische Regel (LERNER 1976), wenngleich manche sich nicht auf eine klare Position festlegen und andere keine empirisch gestützten Argumente für ihre Position hinsichtlich der Psychologie angeben. GOULD (1977) beispielsweise äußert Zweifel an der Rekapitulation des Verhaltens, untermauert seinen Standpunkt aber nicht. In EIBL-EIBESFELDTS neuester Ausgabe seines *Grundriß der vergleichenden Verhaltensforschung* (1978, 8. Auflage 1999) ist der Begriff „biogenetisches Grundgesetz" im Inhaltsverzeichnis noch zu finden: Im Text untermauert er die Position durch Beispiele wie sie im 3. Abschnitt dieses Kapitels unter „die Rolle ursprünglichen Verhaltens in der Ontogenese" gebracht werden, ohne auf Aspekte von Metaphänen und Interphänen einzugehen.[73] NORBERT BISCHOF (2008) nützt in seiner Argumentation Parallelen zwischen Phylogenese und Ontogenese hinsichtlich der Entwicklung von einfachen zu komplexen Leistungen, ohne die biogenetische Regel zu erwähnen. FRANS DE WAAL (2009) berücksichtigt die in diesem Kapitel (bzw. in MEDICUS 1992) wiedergegebene Argumentation.

8.2   Entwicklungsphysiologische Grundlagen der Rekapitulation: Metaphän und Interphän

An vielen ausgestorbenen Organismen finden sich Merkmale, die als evolutionäre Vorstufen späterer phylogenetischer Merkmale gesehen werden können. RIEDL (1975) bezeichnet die Vorstufen als *Metaphäne*. Sie haben üblicherweise einen Anpassungswert in Bezug auf die Umwelt des Individuums. So waren z. B. bei den gemeinsamen Vorfahren von Fischen und Amphibien, einem Knochenfisch *(Osteichthyes)*, die Kiemen Atmungs-

---

73. Die Begriffe Metaphän und Interphän wurden von RIEDL (1975, 1976) eingeführt: Ein *Metaphän* ist eine phylogenetische Vorbedingung. Ein *Interphän* ist ein ontogenetisches Zwischenstadium, das eine formative Voraussetzung für die Ausbildung einer ontogenetisch späteren Struktur ist. Interphäne haben ihren Ursprung in einem Metaphän eines stammesgeschichtlichen Vorfahren. Weitere Erläuterungen im Text.

organe. Bei diesen fossilen Fischen waren Kiemen Metaphäne für die Evolution von bestimmten neueren Merkmalen bei landlebenden Wirbeltieren (*Tetrapoda*).[74] Im Laufe der Phylogenese können Metaphäne mit einem *externen* Anpassungswert zusätzlich auch eine *interne* adaptive Funktion als ontogenetische Zwischenstufe (oder *Interphän*) für die physiologisch-chemische (z. T. physikalische) Induktion von phylogenetisch jüngeren Entwicklungen bekommen. Manche Metaphäne werden also im Verlauf der Evolution zu Interphänen für die Ontogenese.

Ohne stammesgeschichtlich ältere Interphäne könnten sich in der Ontogenese stammesgeschichtlich jüngere Merkmale nicht entwickeln. Wegen der induktiv-formativen Interphän-Schritte während der Ontogenese werden viele Schritte der Phylogenese einer Spezies wiederholt. Im Laufe der weiteren Phylogenese kann der ursprüngliche externe Anpassungswert aber verloren gehen, während die interne Funktion als Induktor erhalten bleibt. *Von der biogenetischen Regel sollte nur dann gesprochen werden, wenn Interphänfunktionen angenommen werden können, die ihre Wurzeln in fossilen Metaphänen haben.*

Ausnahmen vom Geltungsbereich der biogenetischen Regel bilden spezielle ontogenetische Anpassungen, die in Bezug auf die Embryogenese des Gesamtorganismus nicht zu dem Zeitpunkt in Erscheinung treten, der der Regel entsprechen würde (z. B. bildet die Nabelschnur sich früher aus, als es nach der biogenetischen Regel sein dürfte). HAECKEL (1866) bezeichnet diese speziellen ontogenetischen Anpassungen als *caenogenetische* Merkmale. Die im Sinne der biogenetischen Regel rekapitulierenden Merkmale werden von ihm als *palingenetische* Merkmale bezeichnet.

8.3 Die Bedeutung der Regel für die biologische Forschung

Der Zusammenhang zwischen dem evolutionären Werdegang einer Spezies und der Rekapitulation der Schritte in der Ontogenese kann anhand des Vergleichs der Embryogenese verschiedener Wirbeltiere veranschaulicht werden. Auf diese Weise kann der Ablauf der morphologischen Ontogenese mit Hilfe stammesgeschichtlicher Rekonstruktionen erklärt werden (HAECKEL 1866; RIEDL 1975; GOULD 1977; OSCHE 1982). Menschen haben mit Fischen einen Abschnitt ihrer Phylogenese gemeinsam. Dieser Zusammenhang wiederholt sich während der Individualentwicklung. Der mit Fischen gemeinsame Abschnitt ist kürzer als der gemeinsame Abschnitt mit Säugetieren.

Der umgekehrte Schluss von der Ontogenese auf eine unbekannte Phylogenese ist aber nur mit Einschränkungen zulässig. Rekonstruktionen der Reihenfolge der phylogenetischen Entstehung sind dann möglich, wenn sowohl Merkmale von Adulten verwandter Arten als auch deren ontogenetische Entwicklungsschritte bekannt sind. Die Rekonstruktion von stammesgeschichtlichen „missing links" mit Hilfe der Ontogenese allein bleibt hypothetisch (OSCHE 1982).

Die von BAER, DARWIN und HAECKEL beschriebenen Zusammenhänge sind daher kein Gesetz, (z. B. HAECKELsches Gesetz) sondern eine Regel (RAFF & WRAY 1989). Sie hat

---

74. Abkömmlinge der Kiemenanlagen sind bei Säugetieren: Hammer, Amboss und Zungenbein.

als solche eine große Bedeutung für die vergleichende Anatomie und Embryologie und wird durch viele Veröffentlichungen gestützt (RIEDL 1975; GOULD 1977; OSCHE 1982).

Bemerkenswert ist, dass bei der Betrachtung der Evolution des Menschen und ihrer embryogenetischen Rekapitulationen *Aspekte der Höherentwicklung nicht Teil der Definition der biogenetischen Regel* sind (vgl. Übersicht 5). Der Umbau des primären (Reptil-)Kiefergelenkes zum Hammer-Amboss-Gelenk der Säugetiere, der in der Stammesgeschichte stattgefunden hat und sich während der Embryogenese wiederholt, hat nichts mit einer Höherentwicklung zu tun. Aber auch die Tatsache, dass kleine Kinder etwa nur bis fünf oder zehn, größere aber weiter zählen können, hat nichts mit der biogenetischen Regel zu tun; es handelt sich dabei um die Folge einer Eigengesetzlichkeit des Zählenlernens. Die Parallelen bei der Entwicklung von einfacheren zu komplexeren Leistungen, die beim Vergleich der Phylo- und Ontogenese des Verhaltens beobachtet werden können, sind nicht unbedingt die Folge einer Rekapitulation im Sinne der biogenetischen Regel, sondern systemimmanent. Das gilt z. B. für die Zuordnung der Emphronesis („theory of mind") zum Stammbaum des Menschen (siehe Kapitel 5, Übersicht 7, S. 101).

8.4   Die biogenetische Regel und die ontogenetische Entwicklung des Verhaltens

Obwohl die biogenetische Regel Gültigkeit für die individuelle morphologische Entwicklung hat, sind entsprechende Schlüsse auf die psychomotorische Entwicklung nicht möglich. Im Folgenden werden Gründe dafür angeführt.

8.4.1   Interphänen fehlt für gewöhnlich ein externer Anpassungswert

Wenn ein Merkmal im Laufe der Phylogenese eine Funktion als Interphän entwickelt hat, kann es seine ursprüngliche Funktion, die es als Metaphän hatte, verlieren. Ein Beispiel sind die Kiemenbögen von Säugetierembryonen. Diese Bögen haben sich ursprünglich unter aquatischen Umweltbedingungen entwickelt. Mittlerweile sind sie nur mehr als embryologische Interphäne für die nachfolgende Entwicklung der Gehörknöchelchen (1. Kiemenbogen), von Teilen des Zungenbeins (2. Bogen) und des Kehlkopfes (4. und 6. Bogen) notwendig. Sie erfüllen während der Embryogenese keine Atemfunktion. In diesem Fall scheint die Funktion als Interphän der einzige Grund zu sein, warum Kiemenbögen noch bei Amnioten (höhere Wirbeltiere wie Reptilien, Vögel, Säugetiere) aufscheinen. Die einzige „Bürde" (RIEDL 1975), die Interphänen auferlegt ist, besteht darin, bestimmte innerorganismische, ontogenetische Vorraussetzungen zu erfüllen. Somit rekapituliert die anatomische Ontogenese im Normalfall phylogenetische Eigenschaften der Vorfahren nicht aufgrund ihrer ursprünglichen Funktion als Metaphäne, sondern wegen ihrer späteren Funktion als Interphän. In Anbetracht dieser Tatsache ist eine funktionelle Rekapitulation zeitlich nach der anatomischen entsprechend der biogenetischen Regel nicht zu erwarten (da das menschliche Gehirn bei der Geburt grob anatomisch fertig ist, siehe unten 8.4.4).

Davon zu unterscheiden ist das ontogenetische Auftreten und Verschwinden von „antiquierten" Eigenschaften, die nicht Interphäne, sondern eine Anpassung an Umweltbedingungen darstellen. Der distale Schwanz von Kaulquappen entwickelt sich für den Schwimmvorgang. Seine Bewegungen induzieren nicht (als „Verhaltensinterphän") die Entwicklung eines weiteren Merkmals.

8.4.2 Anatomische Rekapitulation mit gleichzeitiger funktioneller „Rekapitulation"

Ein anatomisches Interphän zeigt nur selten seine ursprüngliche Funktion, die es Millionen Jahre zuvor als Metaphän hatte. Wenn das trotzdem der Fall ist, dann rekapitulieren anatomische und funktionelle Ontogenese die Phylogenese gleichzeitig. In diesem Fall erfolgt die Induktion durch die anatomische Struktur. Zwei dieser seltenen Beispiele sollen hier erwähnt werden: Plattfische (*Pleuronectiformes*) haben eine asymmetrische Körperform. Sie ist eine Anpassung an ihre Lebensweise am Meeresgrund. Die Larven rekapitulieren die Stammesgeschichte ihrer Spezies: Anfangs bewegen sich die bilateral symmetrisch gebauten Larven wie die Larven vieler anderer Fische fort. Im Zuge der Metamorphose entwickeln sie dann die charakteristische asymmetrische Körperform.

Ein weiteres Beispiel ist das Endostyl (eine Flimmerrinne), das bei adulten Lanzettfischchen (*Amphioxus, Branchiostoma*, ein Chordat) und bei den Larven der Neunaugen (Ammocoetes Larven, *Petromyzontida*, ein sog. kieferloser Fisch) dem Nahrungserwerb dient (HERTWIG 1906). Bei den kieferlosen Fischen wandelt sich das Endostyl während der Metamorphose in die Schilddrüse um. Das Endostyl war also ein Metaphän in einem adulten Chordaten-Vorfahren. Bei der Larve des Neunauges stellt es ein Interphän dar. Bei diesen kieferlosen Fischen hat die anatomische Rekapitulation in der Ontogenese der Schilddrüse jedoch ein spezifisches und gleichzeitiges Äquivalent in der funktionellen Rekapitulation. In diesem Fall ist die Funktion des Endostyls sowohl vor als auch nach der Metamorphose (im weitesten Sinn) als Außenanpassung zu bezeichnen. Die ursprüngliche Metaphänfunktion des Endostyls ist bei Kieferlosen durch die gesamte Phylogenese hindurch bis heute erhalten geblieben.

8.4.3 Die Rolle ursprünglichen Verhaltens in der Ontogenese

Während der Verhaltens-Ontogenese bestimmter Arten lassen sich (im Gegensatz zur anatomischen Ontogenese) nur wenige „veraltete" Verhaltensmuster beobachten (BAERENDS 1958; EIBL-EIBESFELDT & WICKLER 1962; WICKLER 1961a):

(a) Die vierbeinige Fortbewegungsweise bestimmter nesthockender Jungvögel und juveniler Wüstenspitzmäuse (*Notiosorex*) ähnelt der Fortbewegung der Reptilien-Vorfahren. Untersuchungen haben jedoch gezeigt, dass dieses ineffiziente Fortbewegungsmuster gut zur noch mangelnden räumlichen Orientierung der Jungtiere passt. Ähnliches gilt für krabbelnde Kinder – wenngleich nicht alle Kinder krabbeln. Damit kann das Krabbeln selbst keine Interphän-Funktion haben.

(b) Schmarotzerraubmöwen (*Stercorariidae*; eine Familie der Möwen) jagen für gewöhnlich ihre Beute nicht selbst, sondern sind darauf spezialisiert, anderen Vögeln die Beute abzujagen. Beim Spiel stürzen sich aber die Jungtiere dieser Raubmöwen auf im Meer treibende Gegenstände herab. Deshalb wurde behauptet, diese Flugmanöver seien ein Hinweis auf das ursprüngliche Verhalten des selbstständigen Nahrungserwerbs. Bestandteile dieses Verhaltens werden von den Vögeln aber später auf andere Weise und in anderen Situationen an den Tag gelegt, weshalb es als Teil eines Lernprozesses angesehen werden kann.

(c) Viele Landwirbeltiere (z. B. Reptilien) kratzen sich mit ihren Hinterbeinen am Kopf, während die Vorderbeine am Boden bleiben. In ähnlicher Weise senken manche Vögel ihre Flügel zu Boden als wären sie Vorderbeine, während sie sich mit einem Hinterbein am Kopf kratzen (Variante 1). Bei anderen Arten verbleibt der Flügel beim Kratzen am Körper (Variante 2, wahrscheinlich die phylogenetisch jüngere Variante). In Bezug auf die biogenetische Regel entwickeln frisch geschlüpfte Jungvögel mancher Arten ihr Kratzverhalten in der „falschen" Reihenfolge. Einige Vertreter fangen mit Variante 2 des Kopfkratzens an und hören mit Variante 1 auf, bislang ist aber keine Art bekannt, die in der umgekehrten Reihenfolge mit dem Kratzen beginnt (LORENZ 1937; WICKLER 1961b). Die Aufeinanderfolge dieser Stufen des Verhaltens lässt also offensichtlich keine Schlussfolgerung auf ihr Auftreten während der Phylogenese zu, wie es in der vergleichenden Anatomie der Fall ist. Die zwei Methoden des Kratzens scheinen funktionell weitgehend gleichwertig zu sein.

(d) Junge Primaten klammern sich an das Fell des Elternteils, der sie trägt. Bei frühgeborenen Kindern und voll entwickelten Säuglingen lässt sich ein entsprechender (homologer) Klammerreflex beobachten (PRECHTL 1953). Dieser Reflex ist eine ontogenetische Anpassung, d. h. ein caenogenetisches Merkmal und deshalb nicht geeignet, als Beispiel für eine Verhaltensrekapitulation herangezogen zu werden. Da es für den menschlichen Säugling von nur geringem Anpassungswert zu sein scheint, kann es als rudimentäres Verhalten angesehen werden. Für gewöhnlich wird der Reflex im Zuge der Reifung des Frontalhirns gehemmt. Im Falle einer neurologischen Beeinträchtigung dieser Hirnregion (z. B. Altersatrophie) kann der Klammerreflex aber wieder ausgelöst werden, man spricht dann von einem Frontalhirn-Syndrom.

Die wenigen bekannten Beispiele reichen nicht aus, um für die Verhaltens-Ontogenese die biogenetische Regel zu stützen. Infolgedessen muss ursprüngliches Verhalten während der individuellen Entwicklung aus anderen Gründen erhalten geblieben sein als die „veralteten" anatomischen Merkmale während der Embryogenese.

8.4.4   Morpho- und Psychogenese als unterschiedliche Programmschritte

In groben Zügen verläuft die Embryogenese des menschlichen Gehirns in einer Weise, die sich durch die biogenetische Regel beschreiben lässt. Je genauer und detaillierter man die Embryogenese betrachtet, umso mehr Ausnahmen lassen sich jedoch finden. Zum Zeitpunkt der Geburt sind grob anatomisch alle Teile des Gehirns ausgebildet. Als morphologische Voraussetzung für die psychomotorische Entwicklung müssen sie vor der Ontogenese der Funktionen gegeben sein. Ein Großteil der neuronalen Reifeprozesse erfolgt nach der Geburt, durch Myelinisierung von Nervenzellen, durch das Wachstum von Dendriten und Axonen und mit der Ausbildung von Synapsen. Wenn die grob-anatomische Embryogenese des Nervensystems entsprechend der biogenetischen Regel einmal abgeschlossen wurde, ist ein zweiter funktioneller Entwicklungsprozess innerhalb desselben Organs, in Übereinstimmung mit der biogenetischen Regel unwahrscheinlich, wenn nicht unmöglich: Es ist nicht vorstellbar, dass hypothetische Verhaltens-Interphäne die Bildung von Strukturen induzieren, die sich anatomisch bereits vorher, nämlich prä-natal, entsprechend der biogenetischen Regel entwickelt haben. Wenn während der On-togenese phylogenetisch ältere Verhaltensleistungen vor jüngeren reifen, geschieht das meist deshalb, weil die älteren eine Voraussetzung für die Funktion der neueren sind: Es ist selbstverständlich, dass im Verlauf der psychomotorischen Entwicklung einfachere Hirnleistungen vor komplexeren reifen; die scheinbare Wiederholung der Phylogenese ergibt sich dann nicht durch Interphäne, sondern durch logische interne „Zwänge". Das betrifft etwa Parallelen zwischen der Ontogenese und Phylogenese bezüglich Empathie und Emphronesis (siehe Kapitel 5; vgl. Yakovlev *et al.* 1967).

8.4.5 Keine Verhaltens-Interphäne bei der Ontogenese des Nervensystems

In der experimentellen Embryologie kann die physiologisch-induktive Funktion von Interphänen nachgewiesen werden: Wenn diese Funktion gestört wird, sind meist ana-tomische Fehlbildungen, z. B. Atavismen, die Folge (Hall 1984, Müller 1989). Bisher konnten aber noch keine Verhaltensstörungen gefunden werden, denen eine Hemmung hypothetischer Verhaltens-Interphäne zugrunde liegt. Folgende empirische Daten stüt-zen diese Behauptung:

(a) Während der Ontogenese führt eine Bewegungseinschränkung nicht zu Verhal-tensstörungen. So lernen Babys, deren Hüfte und Oberschenkel zur Behandlung einer angeborenen Hüftdysplasie in Gips fixiert wurde, ohne Probleme zu gehen, obwohl sie ihre Beine monatelang nicht bewegen konnten. Wenn bei Jungvögeln die Flügel bis zum Alter, in dem sie im Normalfall flügge werden, gefesselt werden, sind sie nach der Fesse-lung sehr wohl in der Lage, das Fliegen instinktiv auszuführen (Grohmann 1939). Allein die Tatsache, dass es sowohl „ausgereifte", nicht-nesthockende, als auch „unreife", nest-hockende Vögel gibt, lässt eine Rekapitulation bezüglich der Fortbewegung am Boden oder in der Luft unwahrscheinlich erscheinen.

(b) Dem Wasser, in dem sich Amphibien entwickeln sollten, wurde vom Eizellsta-dium bis die Larven den Dottersack aufgebraucht hatten, Xylocain, ein Anästhetikum, zugesetzt. Aufgrund dieser Substanz fehlte den Amphibien jegliche sensorische Wahr-nehmung, außerdem konnten sie sich nicht bewegen. Sobald kein Xylocain mehr zuge-fügt wurde, ließen sich keine Verhaltensauffälligkeiten mehr beobachten (Carmichael 1926, 1927; Model *et al.* 1971).

(c) Eine mit der biogenetischen Regel übereinstimmende Verhaltens-Ontogenese ist bei Tiergruppen undenkbar, die sich in ihrer Entwicklung verpuppen und eine Meta-morphose durchmachen. Die Maden holometaboler Insekten zeigen im Puppenstadium (*Chrysalis*) durch mehrere Entwicklungsschritte hindurch kein Verhalten.

(d) Balzverhalten kann aus Verhaltensmerkmalen zusammengesetzt sein, die phylo-genetisch unterschiedlich alt sind, z.B. aus Gesten der Dominanz und aus Verhaltens-weisen der freundlichen Zuwendung – soziale Fell- und Gefieder-Pflege oder Kuss und Schnäbeln (Eibl-Eibesfeldt 1976). Bislang konnte keine ontogenetische Rekapitulation der Phylogenese des Balzverhaltens nachgewiesen werden. Viele Spezies führen ihre Balz nur unter bestimmten endokrinologischen Bedingungen durch (Balthazart 1983). Bei einigen Wirbeltierarten führt die künstliche Gabe von Testosteron (einem männlichen Sexualhormon) bei Weibchen zu männlichem Balzverhalten – ohne Rekapitulation der Phylogenese des Balzverhaltens (Fusani 2008). Bei manchen Arten findet die Prägung auf einen Sexualpartner schon während der frühen Individualentwicklung statt (Lorenz 1935; Immelmann 1983), lange bevor das betreffende Balzverhalten an den Tag gelegt wird; Ähnliches gilt für die Reifung von Inzest-vermeidenden Mechanismen beim Menschen. Das Zeitintervall zwischen Inzest-vermeidender „Prägung" und Balz- und Werbeverhalten entspricht nicht der biogenetischen Regel.

(e) Als ein abschließendes Beispiel soll hier noch erwähnt werden, dass sich zumindest bei Säugetieren die Sinneswahrnehmungen entscheidend auf die Ausreifung bestimmter Teile des zentralen Nervensystems auswirken (Riesen 1960; Wiesel & Hubel 1963). Die Suche nach einer ontogenetischen Wiederholung des phylogenetischen Verlaufs von Aspekten des sensorischen Inputs wäre absurd. Das würde außerdem bedeuten, dass gehörlos und blind geborene Kinder nicht in der Lage wären, ein Denken, Fühlen und Verhalten zu entwickeln, das eine sinnvolle Kommunikation mit Hörenden und Sehenden ermöglicht.

8.5   Resümee

Aus den erwähnten Gründen ist es weder möglich Verhaltens-Interphäne bei der Ontogenese des Nervensystems zu finden, noch entwicklungspsychologische Ergebnisse als Rekapitulationen stammesgeschichtlicher Entwicklungsstufen zu interpretieren, oder mit Hilfe der biogenetischen Regel unbekannte Schritte der Verhaltensphylogenese zu rekonstruieren. In Bezug auf die psychomotorische Entwicklung des Kindes kann die biogenetische Regel als falsifiziert betrachtet werden.

TEIL III:
Beiträge zur Ethologie einzelner Verhaltens- und Leistungsbereiche: Die Universalität vieler Leistungen bei höheren Säugetieren sowie die Sonderstellungen von Menschenaffen und Menschen stehen im Vordergrund.

9.   Zur Kritik der Evolutionären Erkenntnistheorie am Konstruktivismus

„Es ist der größte Skandal der Philosophie, dass, während um uns herum die Natur – und nicht nur sie – zugrunde geht, die Philosophen weiter darüber reden […], ob diese Welt existiert." KARL POPPER (1974)[75]

Die meisten Naturwissenschaftler gehen von der Wahrheits*ähnlichkeit* ihrer Theorien aus. Im Gegensatz dazu lehren viele Konstruktivisten, dass unsere Anschauungen nichts oder fast nichts mit der Realität zu tun hätten, da unsere Vorstellungen nur Konstruktionen über die Welt seien. Radikale Konstruktivisten leugnen die Wahrheitsähnlichkeit unserer Anschauungen mit der Wirklichkeit. Wenn behauptet wird, dass die Welt ohne Umweltbezug nur im Geist konstruiert wird, dann ist dieser Konstruktivismus eine Neuauflage des Solipsismus. Diese erkenntnistheoretische Diskussion wird seit der Antike geführt. Letztlich lässt sich aus dieser Position die Beliebigkeit unserer Erkenntnisse ableiten; es ist in dieser Diskussion zum Teil verpönt, von „Wahrheit" und Werten zu reden.

In der Tat, bis heute kann die Existenz einer realen Welt weder verifiziert noch falsifiziert werden (vgl. Kapitel 2, z. B. S. 43f). Die meisten Naturwissenschaftler gehen demnach axiomatisch von der Existenz einer realen Welt aus, die es zu erforschen gilt.

Hier soll gezeigt werden, dass die erkenntnistheoretische Position des Konstruktivismus keine brauchbare Grundlage für wissenschaftliche Diskussionen ist. Die Vorstellung, dass die Welt nicht ganz genau so ist, wie wir sie sehen, ist seit langem allgemein bekannt. Der Spielraum zwischen dem gemäßigten Konstruktivisten, der einen gewissen Realitätsbezug einräumt und dem radikalen Konstruktivisten, der ihn leugnet, ist groß. Es scheint, dass der Konstruktivismus am meisten und am radikalsten in den Geisteswissenschaften, erstaunlicherweise zum Teil sogar in den Wirtschaftswissenschaften und deutlich seltener und abgeschwächter in den Naturwissenschaften Fuß gefasst hat. Konstruktivistische Aussagen wie z. B. „wir sehen die Welt nicht, wie sie ist, sondern wie wir selbst sind" sind für wissenschaftliche Diskussionen zu unpräzise.

---

75.   Zitiert nach RIEDL 1980.

Die erwähnte axiomatische Sicht der Naturwissenschaften soll also im Folgenden erläutert werden. Da auch für einen Konstruktivisten die Sinne, die Abstraktionsleistungen der Wahrnehmung und der Intellekt Wurzeln und Voraussetzungen menschlicher Konstruktionen sind, kann man, ausgehend von oben erwähntem Axiom, versuchen, die phylogenetischen Entstehungszusammenhänge von Sinnesorganen, der Wahrnehmung und des Intellekts zu beleuchten. Dieser Aspekt ist Gegenstand der Evolutionsbiologie, daher ist zunächst ein Exkurs in die Biowissenschaften vonnöten (z. B. HUMPHREY 1983; LORENZ 1973, 1978a und b; RIEDL 1975).

9.1   Information, „Lernen" der Gene

Hinter den Phänomenen des Lebens (z. B. anatomische Merkmale, unsere Erkenntnisfähigkeit) steckt eine Fülle genetischer Information. Es ist Information, die durch stammesgeschichtliches „Lernen" erworben wurde (LORENZ 1941, 1973; RIEDL 1980).

Stammesgeschichtliches „Lernen" erfolgt durch Mutation und Selektion (DARWIN 1859). Die Informationsträger, an denen Mutationen erfolgen, sind die Basentripletts der Gene im Zellkern. Zufällige Mutationen, also Veränderungen in der Folge dieser Basentripletts, sind die Ursache für neue Varianten bzw. Mutanten. Die Umwelt wirkt selektierend über die Anzahl der Nachkommen. Im Rahmen dieses stammesgeschichtlichen Prozesses wird in manchen Entwicklungslinien immer mehr überlebensrelevante Information über die Umwelt im Genom gespeichert. LORENZ hat (1941) geschrieben: „[…] so wie der Huf des Pferdes auf den Steppenboden und die Fischflosse ins Wasser paßt, […] so paßt unsere zentralnervöse Weltbild-Apparatur auf die […] reale Welt, […]".

Manche evolutionären Erkenntnistheoretiker bezeichnen Stammesgeschichte als einen informationsgewinnenden Prozess. Da es jedoch richtige und falsche Information gibt und die „falsche" Information von der Selektion behindert wird, sollte man richtiger sagen: Evolution ist ein Kenntnis gewinnender Prozess (RIEDL 1980; der Begriff „Kenntnis" ist, im Gegensatz zum Begriff „Erkenntnis", nicht unbedingt an ein Bewusstsein gebunden). Die Zecke zum Beispiel hat ganz offensichtlich ausreichende (und natürlich unbewusste) Kenntnisse über Säuger. Ein anderes Beispiel ist das Auge; es repräsentiert u. a. „Kenntnis" über die Brechungsgesetze, und das Auge hat diese „Kenntnis" bereits vor dem ersten Gebrauch, also vor der Geburt.

9.2   Welchen Bezug haben Information, Kenntnis, (Sinnes-)Organe, Verhalten zur Umwelt?

Naturgesetze waren vor jedem stammesgeschichtlichen Kenntnisgewinn da; sie waren sozusagen die Ursache der Evolution, gewissermaßen von der frühen chemischen Evolution an. Das bedeutet, dass auch unsere Anschauungsformen und Erkenntnisleistungen Wirkungen dieser Naturgesetze sind. Der evolutionäre Kenntnisgewinn ist das Produkt der Wechselwirkung von realen Naturgesetzen mit realen Organismen.

Organismen stehen mit der Welt in einer Wechselwirkung; ein neutraler Ausdruck für diese Wechselwirkung ist Korrespondenz (LORENZ 1973); das heißt, dass Merkmale von Organismen mit der Umwelt korrespondieren. Diese Korrespondenz kann nur dann von einer gewissen Beständigkeit für das Individuum und für eine Art sein, wenn dabei soviel Energie aufgenommen wird, dass die Energiebilanz im lebenden Organismus positiv ist. In diesem Fall spricht man von Anpassung. Das bedeutet also, dass unsere Anschauungsformen, als Selektionsprodukt, die Welt nicht „beliebig" konstruieren.

Es gilt, in einer Welt, die von Zufall und Notwendigkeit bestimmt wird, trotz allen Zufalls Prognosen zu ermöglichen. Diese Möglichkeit gibt es aufgrund von Naturgesetzen, deren Auswirkungen vorhersagbar sind. Zum Beispiel: Durch das Erkennen von „süß" oder „fett" während der Nahrungsaufnahme wird sozusagen der Energiegehalt der aufgenommenen Nahrung im Voraus bewertet (d. h. prognostiziert), der dem Organismus ja erst nach der Verdauung zugutekommt; deshalb werden süße Speisen bevorzugt.

Hinsichtlich dieser Prognosefähigkeit gibt es im Tierreich in Abhängigkeit von der Organisationshöhe große Unterschiede zwischen den Arten. Im Rahmen der Höherentwicklung entstehen (siehe Kapitel 3) in einigen Entwicklungslinien Leistungen, die immer mehr Information verarbeiten und immer umfassendere Prognosen ermöglichen.

Ich habe mit Absicht das Wort „umfassend" und nicht „besser" gewählt. Wie JAKOB VON UEXKÜLL und POPPER (1974) zu Recht betonen, wäre es nicht richtig zu sagen, der Mensch wäre besser an seine Umwelt angepasst, als z. B. irgend ein Einzeller.

9.3 Konvergenzen und Konsistenzen als Indizien für Wahrheitsähnlichkeiten

Es gibt gute Indizien für Wahrheitsähnlichkeiten in der Biologie: Wie bereits erwähnt wurde, lassen sich Organismen als die Wirkung ihrer Umwelt beschreiben, an die sie sich anpassen. Der Umstand, dass in der Stammesgeschichte einzelner Tiergruppen immer wieder unabhängig voneinander sehr ähnliche Lösungen für Probleme gefunden werden, spricht für eine Allgemeingültigkeit dieser Lösungen (LORENZ 1974). Eine der verblüffendsten Konvergenzen ist das Linsenauge bei Tintenfischen und bei Wirbeltieren, Entwicklungen, zu der sich inzwischen sogar noch eine technische dazugesellt hat: der Fotoapparat. In diesen Phänomenen steckt unter anderem Kenntnis über die Brechungsgesetze.

Unsere Vorstellungen und Theorien korrespondieren derart mit der Welt, dass wir zu vielen und zum Teil sehr umfassenden Prognosen fähig sind. Wir vergleichen ständig die Wahrnehmungen mit unseren bisher gemachten Erfahrungen und die Ergebnisse der verschiedenen Sinne miteinander. Dabei ist es für uns ein außerordentlich starkes Bedürfnis, alle unsere Sinneseindrücke und Erfahrungen widerspruchsfrei, d. h. konsistent „unter einen Hut zu bringen". Wenn dies für Sekunden oder Bruchteile von Sekunden nicht gelingt, so sind wir meistens aufs Äußerste alarmiert, weil wir in dieser Unsicherheit nicht wissen, ob und welche Konsequenzen gezogen werden müssen. Konsistenzen stützen also die Sicht von einer Wahrheitsähnlichkeit unserer Anschauungen.

So wie es Konvergenzen in der Natur gibt, gibt es sie auch in der Wissenschaft. Unterschiedliche Spezialdisziplinen kommen immer wieder unabhängig voneinander und mit verschiedenen Methoden zu gleichen Ergebnissen. Auch zur Konsistenz zwischen den Sinnen gibt es ein Pendant in der Wissenschaft: Übereinstimmungen zwischen den Ergebnissen verschiedener Disziplinen, die formal logisch widerspruchsfrei zusammenpassen. Zum Beispiel wird die Abstammungslehre durch mehrere Disziplinen, die mit verschiedenen Methoden arbeiten, bestätigt.

9.4   Erwartung und Erfahrung

Bei Kritik am Konstruktivismus ist das erkenntnistheoretische Prinzip von Erwartung und Erfahrung ein wichtiger Aspekt. Es war KARL POPPER (1974), der als erstes gesehen hat, dass dem „Lernen" der Gene durch Mutation und Selektion und dem daraus resultierenden Umweltbezug der Organismen, aber auch dem Kenntnisgewinn in den Naturwissenschaften, ein ähnliches erkenntnistheoretisches Prinzip zugrunde liegt. Da dieses Prinzip auch als „Eckpfeiler" des transfakultären Dialogs gesehen werden kann, ist es in Kapitel 2 (S. 45f) vorweggenommen worden. Dort werden Entsprechungen von *Erwartung* und *Erfahrung* in verschiedenen Bereichen der Wirklichkeit erläutert: Theorie (Rationalismus)/Empirie (Empirismus), Mutation/Selektion, Versuch (trial)/Irrtum (error); im weiteren Sinn auch Induktion/Deduktion, a-priori/a-posteriori, Angebot/Nachfrage.

9.5   Konstruktionen oder Rekonstruktionen?

Zweifellos wird die Welt, wenn wir sie betrachten, nicht als Modell im Gehirn im Maßstab 1:100 oder 1:100 000 nachgebildet. Was geschieht, wenn wir die Welt betrachten? Wird die Welt von uns nur im Kopf konstruiert?

Unsere Theorien und die darauf basierenden anwendungsbezogenen Prognosen korrespondieren immerhin so erfolgreich mit der realen Welt, dass Reisen zum Mond und zurück zur Erde gelingen. Über „das Ding an sich", über die absolute Realität, können wir – wie KANT schon wusste – aber trotz Mondreise prinzipiell keine Aussagen machen. Deshalb sollte man (meistens) nur von Wahrheitsähnlichkeit und nicht von Wahrheit sprechen.

Die Frage ist nun, ob anstelle des Begriffs „Konstruktion" für das, was bei der Interpretation unserer Sinneswahrnehmungen passiert, nicht „Rekonstruktion" (BISCHOF 1996) treffender ist: Konstruktion trifft zu, wenn bewusst falsche Behauptungen aufgestellt werden, wenn aus verschiedenen Gründen, z. B. wegen des Ausblendens von Wirklichkeit, irrige Hypothesen und Theorien aufgestellt werden[76], oder wenn Vorstellungen über das seelische Innenleben des anderen nicht in Gesprächen überprüft und vervollständigt werden. Mitunter sind diese „Konstruktionen" ähnlich resistent gegen Diskussions- und Korrekturversuche, wie „Konstruktionen" von Kranken mit Wahrnehmungs- und Denkstörungen (z. B. mit Wahn und Halluzinationen) ohne Korrespondenz zwischen Realität und neuronaler Abbildung. Umgangssprachlich sagt man bei Einwänden gegen vermutlich nicht zutreffende Vorstellungen, dass einem diese eher „konstru-

---

76. Das Ausblenden von transfakultär verfügbarem Wissen zeigt sich manchmal darin, dass Wissenschaft mit ihren Hypothesen von der Realität weiter weg sein kann, als fachfremde Laien mit ihrem Hausverstand. Problematisch ist dies in Anwendungswissenschaften, z. B. wenn in der Geburtshilfe nicht beachtet wird, dass Stress in der Eröffnungsphase wehenhemmend wirkt (ein Effekt, der Ethologen als altes Säugererbe bekannt ist), oder wenn vertikale Gebärstellungen nicht zugelassen werden oder wenn an der Vorstellung festgehalten wird, Kinder hätten im ödipalen Alter von Natur aus Beischlafphantasien mit den Eltern (vgl. Semmelweis-Effekt/Kapitel 2.4).

iert" vorkommen, beziehungsweise spricht man dann zum Teil auch abwertend von einem „Konstrukt".

Homo sapiens *re*konstruiert die Welt, etwa, wenn er aus dem zweidimensionalen Netzhautbild in seiner Vorstellung ein dreidimensionales rekonstruiert (BISCHOF 2008). Dreidimensionale Vorstellungen korrespondieren besser mit unserem Verhaltensraum als zweidimensionale. Auch Naturwissenschaftler rekonstruieren mit Hilfe der Ergebnisse ihrer Wissenschaft die Realität und können dabei Schwächen an den intuitiven (evolutionär entstandenen) Vorstellungen aufzeigen, wie z. B. mit Hilfe der Relativitätstheorie. Es scheint sinnvoll, auch von Rekonstruktion zu sprechen, wenn wir ein Kontinuum von elektromagnetischen Wellen in Farbkategorien einteilen oder Mischungen von verschiedenen Wellenarten ganz verschieden interpretieren: Eine Mischung von verschiedenen Wellenlängen des Lichts interpretieren wir je nach Mischungsverhältnis als weiß oder farbig, eine Mischung von Schallwellen je nach Art der gemischten Wellen als Rauschen oder als Orchesterklang. Beliebige Konstruktionen (d. h. ohne Realitätsbezug), die „genausogut" auch anders sein könnten, sind sie alle nicht.

Unsere Abstraktionsleistung der Wahrnehmung leistet nur in den Größenordnungen gute Dienste, die in der Stammesgeschichte für die Selektion relevant waren. Das ist (nach VOLLMER 1975) nur bei „mittleren" Dimensionen (Mesokosmos) unserer Umwelt der Fall. Unser Vorstellungsvermögen versagt meist völlig, wenn wir Zusammenhänge in den Dimensionen des Mikro- oder des Makrokosmos, also der der Quantenphysik oder Astrophysik, begreifen sollen. Entsprechend unseres bewussten „intuitiven" Vorstellungsvermögens sind Raum und Zeit konstant, und wir sind mit dieser Täuschung äußerst erfolgreich. Man kommt aber der Realität näher, wenn, wie EINSTEIN mit seiner Relativitätstheorie zeigte, die Lichtgeschwindigkeit und nicht Raum und Zeit als Konstante gesehen wird. Dieser Zusammenhang wird beispielsweise bei extrem hohen Geschwindigkeiten wie etwa in der Raumfahrt relevant.

Es ist wohl keine Selektionsbedingung denkbar, die ein entsprechendes Vorstellungsvermögen in der Stammesgeschichte begünstigt haben könnte. Aber auch aus den „mittleren" Dimensionen gibt es Beispiele, bei denen unsere bewusste Abstraktionsleistung der Wahrnehmung versagt. Ein Beispiel sind die Kreiselgesetze, die wir uns nicht so gut wie etwa Hebelgesetze vorstellen können. Hier lässt sich ganz gut verdeutlichen, was mit Korrespondenz gemeint ist, wenn der Physiker den Kreisel mit einer mathematischen Formel erfasst. Die Formel ist eine Art der Hypothese oder Teil einer solchen. Sie korrespondiert mit dem Phänomen und rekonstruiert es, ähnlich wie unsere intuitiven Anschauungen oder Hypothesen und Theorien der Wissenschaft.

Die Position mancher radikaler Konstruktivisten, die jede Wahrheitsähnlichkeit, (An-)Passung oder Korrespondenz, Stimmigkeit, strukturelle Koppelung von Organen und Anschauungen mit der Umwelt leugnen, scheint nicht nachvollziehbar; es scheint dies vielmehr, wie bereits erwähnt, eine neue Spielart des Solipsismus zu sein. Zu evolutionären Anpassungen und evolutionärem Kenntnisgewinn ist zu sagen, dass ohne Korrespondenz keine Selektion und damit auch keine Stammesgeschichte denkbar ist.

Manche Vertreter des Konstruktivismus sehen im Weltbild und Verhalten etwa eines paranoiden und halluzinierenden Schizophrenen eine für den Kranken passende (zweckmäßige) Reaktion auf dessen familiäre Situation bzw. auf diese Welt. Die Position der Evolutionären Erkenntnistheorie steht hier der „Schulpsychiatrie" näher, die in diesen

Fällen keine Passung (bzw. Anpassungen) sieht. So wenig eine Mutation eine Anpassung bedeuten muss, so wenig muss es eine durch halluzinogene Drogen oder Krankheit bedingte Veränderung von Denken, Fühlen oder Verhalten sein; ebensowenig sind rachitisch verkrümmte Knochen eine Anpassung an Vitamin-D-Mangel, wie KONRAD LORENZ (1987) geschrieben hat.

Eine Portion Konstruktion, durch die eine Annäherung an die Wahrheit erschwert oder vielleicht sogar verunmöglicht wird, steckt aber dennoch in jedem Organismus. Gewisse organismusinterne Funktionen sind Anpassungen an systemimmanente Bedingungen. Man spricht bei diesen systeminternen Relationen von *Kohärenz*. Wie viel Konstruktion durch Kohärenzaspekte letztlich bedingt ist, ist nicht quantifizierbar. Diskutiert wird z. B., ob die Sicht vom „Schichtenbau der realen Welt" (RIEDL 1980) kohärenzbedingt (HASSENSTEIN) oder realitätsnahe ist. Die Frage ist also, ob es folgende Ebenen wirklich gibt: die der Quanten, Atome, Moleküle, Ultrastrukturen, Zellen, Organe, Individuen usw. Um völlig beliebige Konstruktionen (d. h. solche ohne Realitätsbezug) dürfte es sich auch hier nicht handeln, immerhin sind die Wissenschaften, die von diesem Schichtenbau ausgehen, in ihren naturwissenschaftlich-technischen Anwendungen sehr erfolgreich.

Es gibt in der Biologie auch noch andere Bedingungen der Kohärenz. Organismen sind in der Phylogenese manchmal nicht im theoretisch möglichen Ausmaß verbesserbar, weil ein Großteil ihrer Stammesgeschichte in ihrem Bau- und Funktionsplan steckt. RIEDL spricht dabei von stammesgeschichtlich gewachsenen „Bürden" (siehe auch Kapitel 8). Ein Beispiel: Tintenfisch- und Wirbeltieraugen sind unabhängig voneinander entstanden. Das Tintenfischauge ist direkt aus der Haut hervorgegangen, das Wirbeltierauge aus dem Zwischenhirn. Bedingt durch diesen Unterschied ist beim Wirbeltier (im Gegensatz zum Tintenfisch) der „Film" beziehungsweise die Netzhaut „verkehrt herum eingelegt": Das Licht trifft bei Wirbeltieren erst auf den Rezeptor, nachdem es durch die Nervenfaserschicht gedrungen ist. Darüber hinaus haben Wirbeltiere (im Gegensatz zum Tintenfisch) einen blinden Fleck, durch den die Nerven aus dem Augapfel austreten. In unserem Bewusstsein wird der blinde Fleck „weg-konstruiert" und damit die Welt rekonstruiert. Eine Supermutante, durch die bei einer der Wirbeltierarten die Netzhaut „richtig eingelegt" und der blinde Fleck verschwinden würde, ist in der weiteren Stammesgeschichte (wegen der hohen stammesgeschichtlichen Bebürdung und genetischen Vernetzung des Ist-Zustandes) sicher nicht mehr möglich. So wie sich also der Begriff Korrespondenz auf die Umwelt bezieht, bezieht sich der Begriff Kohärenz auf die systeminternen (stammesgeschichtlich gewachsenen) Relationen des Organismus.

Auch wenn sich gezeigt hat, dass das intuitive Weltbild nicht immer den Ergebnissen der Physik entspricht, also „verbesserungsbedürftig" ist (siehe auch Kasten 18), sind zweifellos Kohärenzen im menschlichen Denken vorstellbar, die sich der wissenschaftlichen Analyse (prinzipiell?) entziehen – am wahrscheinlichsten auf der Systemebene der Neurophysiologie und -kybernetik: Das könnte z. B. für Aspekte des Leib-Seele-Problems zutreffen. Es ist wichtig, sich dieser Tatsache bewusst zu sein, sie darf aber nicht konstruktivistisch übergeneralisiert werden.

Kasten 18: **Die drei Evidenzgrade des Erkenntnisapparates des Menschen nach NORBERT BISCHOF (2008)**

Orthokosmos: Es handelt sich um den Teil der Welt, der mit höchster Sicherheit objektiv richtig gesehen wird. Einen Teil der überlebensnotwendigen Anforderungen hat schon unsere Primatenvorfahren betroffen: Ein in der Baumkrone lebender Affe muss mit Sicherheit den beim Absprung und während des „Fluges" anvisierten Ast greifen können. Es handelt sich um Bereiche der intuitiv erfassbaren Physik (z. B. Hebelgesetze im Rahmen der Werkzeugintelligenz). *Umgangssprachlich sagt man: Das weiß ich ganz sicher* oder *daran ist nicht zu zweifeln.*

Parakosmos: Hier erzeugen Evidenzgefühle aus evolutionsbiologischer Sicht nützliche Täuschungen. Der Nutzen spiegelt den verbesserten Anpassungswert wider. Drei Beispiele: Es ist kein Problem über einen am Boden liegenden 50 cm breiten Balken zu gehen; in schwindelnder Höhe erscheint er den meisten von uns in zweckmäßiger Weise als zu schmal dafür. Wenn etwa 1/5 der Schlangenarten giftig ist, kann sich eine Lerndisposition, die die Ausbildung einer Schlangenphobie begünstigt, als nützlich erweisen. Nach BISCHOF gehört auch die soziale Umwelt mit ihren zum Teil affektlogischen Zerrbildern zum Parakosmos: Vorstellungen sind im sozialen und politischen Kontext bekanntlich oft egoistisch gefärbt. Die Tochter eines Diktators soll sinngemäß gesagt haben: Wer ihren Vater nicht wolle, verdiene nicht zu leben. Wenn sich Leute von politischen Führern blenden lassen, kann sich das für einzelne von ihnen als „funktionell optimale Täuschung" erweisen. Leider nehmen Negativauswirkungen von verzerrten Selbsteinschätzungen und anderen „zweckoptimistischen" Irrtümern mit zunehmender Macht exponentiell zu. *Der Kritische beurteilt diese Bewertungen und Wahrnehmungen umgangssprachlich mit: Ich weiß, dass ich mich täuschen kann.*

Metakosmos: Umweltbedingungen, deren Wahrnehmung während der Evolution für die Selektion neutral gewesen ist. Mit Hilfe der Naturwissenschaften wird heute versucht, diesen Teil der Welt zu erhellen. Ein Beispiel sind der Wellen- oder/und Teilchenaspekt des Lichts und die Relativitätstheorie.

Umgangssprachlich sagt der Kritische über viele Bereiche der Welt, zum Teil auch jene, die Gegenstand der Naturwissenschaften sind: *Ich weiß, dass ich nichts weiß.* (Vgl. erkenntnistheoretische Positionen in Kapitel 2).

9.6 Die drei Welten bei POPPER (1974)

Noch einmal beziehe ich mich auf die Aussage, dass „wir die Welt nicht sehen, wie sie ist, sondern wie wir selbst sind". Dieser Satz enthält eine Teilwahrheit. Es ist wichtig, dies zu analysieren, ansonsten läuft man Gefahr, erstens einer theoretischen Beliebigkeit das Wort zu reden und zweitens bei der Beurteilung von Theorien der Entstehungs- und Verwendungsgeschichte ein größeres Gewicht zuzumessen als empirischen Ergebnissen.

Für diese Diskussion ist die Theorie der drei Welten von POPPER (1974) hilfreich. POPPER unterscheidet erstens die physikalische Welt („Welt 1"), zweitens die subjektiv erlebten Bewusstseinszustände (Stimmungen, Motive, Denkinhalte; „Welt 2") und drittens die Welt der Ideen („Welt 3"). „Welt 3" ist ein Produkt des Menschen. Mittler zwischen der „Welt 1" und „3" ist immer die „Welt 2". Zu „Welt 3" gehören z. B. die empirisch gestützten wissenschaftlichen Theorien. Wir handeln mit „Gegenständen" der „Welt 3" im Anschauungsraum (LORENZ 1973), entdecken dabei Probleme, die zum Teil empirisch untersucht werden können, und finden Anwendungsmöglichkeiten.

Die „Welt 2" unterliegt nicht nur Einflüssen aus „Welt 1" und „3", sondern sie hat darüber hinaus ein komplexes emotionelles Eigenleben: Ihrem stammesgeschichtlich gewachsenen Zweck entsprechend werden unsere Denkinhalte von angeborenen Stimmungsqualitäten, angeborenen und gelernten Bewertungen, Antrieben und Hemmungen beeinflusst. LORENZ (1973) schreibt z. B., dass bei guter Stimmung eher Möglichkeiten, bei negativer Stimmung eher Gefahren ausgelotet werden.

Zu dieser Verschränkung der drei Welten ein Beispiel (nach RUPERT RIEDL, persönliche Mitteilung): Mehrere Leute gehen in den Wald: Ein Ökologe, ein Liebespärchen und ein Selbstmörder. Der Ökologe interessiert sich für Mikroorganismen in Bezug auf Tages- und Jahreszeiten, das Liebespärchen genießt die Ruhe des Waldes und der Selbstmörder sucht einen Ast, um sich zu erhängen. Alle stehen derselben „Welt 1" gegenüber. Das zeigt sich unter anderem daran, dass die Wahrscheinlichkeit, sich unbeabsichtigt zu verletzen, für alle ähnlich gering sein dürfte. Wir sind offensichtlich aufgrund stammesgeschichtlicher Anpassungen in der Lage, Aspekte von „Welt 1" unabhängig von unseren Motiven relativ wahrheitsähnlich zu erkennen, obwohl die Wahrnehmungen der betreffenden Personen zum Teil unterschiedlich sein werden, da sie sich durch ihre Stimmungen (z. B. Neugier und Forscherdrang, verliebte Hochstimmung und Gefühl der Aussichtslosigkeit) und durch ihre „Gegenstände" der „Welt 3" voneinander unterscheiden (z. B. Theorien zur Chronobiologie, Vorstellungen über die Sexualmoral und eine lebenslange Bindung sowie Ängste vor einer von einem Wahrsager prognostizierten/ konstruierten kosmischen Katastrophe).

Treffen diese Leute aufeinander, dann können sie sich trotz unterschiedlicher Absichten über den Wald unterhalten und diesbezüglich zu einer weitgehenden Übereinstimmung ihrer Sicht gelangen. Mit Hilfe der Wortsprache kann die Wirklichkeit der „Welt 1" (als „Welt 3") in der „Welt 2" grob umrissen werden; Aspekte der „Welten 1" und „3" können mit ihrer Hilfe auf der Ebene von „Welt 2" verglichen werden. Diese Fähigkeit macht es Wissenschaftlern möglich, ihre Theorien auf der Grundlage von empirischen Daten und ihrer Interpretation und Diskussion zu verbessern, beziehungsweise immer wahrheitsähnlicher zu gestalten.

Auf dieser Grundlage können „Gegenstände" der „Welt 3" mit Hilfe der Sprache zur Lösung von schwierigen Problemen eingesetzt werden. LORENZ betont in Bezug auf „Gegenstände" von „Welt 3", dass sie als überindividuelles Wissen verfügbar sind, also nicht mehr an ein Individuum gebunden ist. Die menschliche Wortsprache und „Welt 3" ermöglichen eine objektunabhängige Tradition als eine Grundlage der menschlichen Kultur und der Wissenschaften.

Die Verschränkung der drei Welten birgt einige Fallstricke: Beim Versuch, Probleme zu bewältigen, also beim Versuch, mittels der „Welt 2" und „3" auf die „Welt 1" zu wirken, werden im Parakosmos Analysen oft nicht vorbehaltlos durchgeführt, sondern durch Vorurteile und antizipierte eigennützige Lösungen („Welt 3") sowie durch Affekte und Emotionen, beziehungsweise durch unreflektierte Bewertungen („Welt 2") geleitet. – In der Konfliktforschung unterscheidet man zwischen einerseits tatsächlichen Interessen oder Absichten und andererseits vertretenen Positionen oder Vorwänden. – Die Bewertungen können alleine aus der „Welt 2" kommen, oder aber auch Einflüssen aus „Welt 1" und „3" unterliegen. Dabei ist es unverzichtbar, zwischen der Wahrheitsähnlichkeit theoretischer Inhalte („Welt 3") in Bezug auf Welt 1, Gewichtungen („Welt 2" und „3") und emotionellen Bewertungen („Welt 2") zu unterscheiden, um die Vielzahl von zum Teil sehr unterschiedlichen Anwendungsmöglichkeiten nicht aus dem Auge zu verlieren.

Kasten 19: Zum Zirkularitätsproblem

Die Komplexität der Humanwissenschaften resultiert unter anderem daraus, dass unser psychisches Innenleben („Welt 2") dann, wenn Theorien über sie entwickelt werden („Welt 3"), zugleich auch „Welt 1" ist. Symptomatisch für die Zirkularität ist die Anfälligkeit der Diskussion für angstbesetzte weltanschauliche Verzerrungen mit unterschiedlichen Grundlagentheorien und Grundsatzpositionen von „Leib- oder/und Seelenwissenschaftlern".

Zum Teil verstellen vorgefasste Antworten den Blick auf die in den ersten beiden Kapiteln erwähnten Eckpfeiler: Die für die Diskussion der meisten humanwissenschaftlichen Sparten nützlichen und notwendigen Grundfragen und Systemebenen sind großteils im Rahmen der nicht-anthropologischen Biowissenschaften vor über 150 Jahren entwickelt und seither empirisch abgesichert worden, vor allem in der Genetik, der Zoologie und in der Botanik – in Bereichen also, in denen es keine Zirkularitäts- und Perspektivenprobleme gibt. Der Orientierungsrahmen für Interdisziplinarität in den Lebens- und Humanwissenschaften (Kapitel 1) ist deshalb zusammen mit anderen Eckpfeilern (Kapitel 2) ein nützliches Werkzeug dafür, das Risiko von Fehleinschätzungen zu senken, die sich im Parakosmos aus Zirkularitätsproblemen und affektlogischen Fehlschlüssen ergeben können (siehe auch S. 20, 43f, 147, 188).

9.7 Einsichten und Methoden des Konstruktivismus

9.7.1 Transparenz

Im Volksmund wird immer wieder betont, dass man sich die Welt auch durch die Brille des anderen ansehen soll. Davon sind alle drei Welten betroffen. Diese Anleitung hat der konstruktivistische Psychotherapeut zu einem Grundprinzip mit einer effizienten psychotherapeutischen Vorgangsweise gemacht. Der Therapeut versucht unparteiisch innerhalb einer Familie jedem die Sicht des jeweils anderen zugänglich zu machen. Er vermittelt dabei Erkenntnisse, die psychotherapeutisch meistens sehr heilsam sind, indem echte Konstruktionen bzw. falsche Vorstellungen abgebaut werden.

9.7.2   Pluralismus versus Monismus

Von den meisten Konstruktivisten wird ein emotional möglichst neutraler Umgang mit fachlichen „Gegnern" sowie ein möglichst gewaltfreier in der Politik angestrebt. Sie begründen ihre Forderung damit, dass Vorstellungen der Wissenschaften genauso wie Dogmen von Religionen und Weltanschauungen ohnedies nur „Welt-3-Konstruktionen" seien, die mehr oder minder wenig mit der Realität („Welt 1") zu tun hätten. Die daraus resultierende pluralistische Haltung ist durchaus erstrebenswert, dazu gibt es aber erkenntnistheoretisch besser fundierte Grundlagen:

Das prinzipielle Festhalten an Anschauungen und Dogmen ist auch auf der Grundlage des erwähnten Algorithmus von Erwartung und Erfahrung unzulässig (siehe Kapitel 2). Dieser Algorithmus bietet den Vorteil, dass zwischen empirisch überprüften und überprüfbaren Anschauungen und solchen, die nicht überprüfbar sind, unterschieden wird. Wenn nach diesem Algorithmus vorgegangen wird, dann kann eine sukzessive Zunahme der Wahrheitsähnlichkeit der Anschauungen und Theorien angenommen werden.

Es ist eine bemerkenswerte Eigenheit, dass fachliche Gegner als dumm und manchmal sogar auch als böse erlebt und hingestellt werden (die darauf mitunter zu Recht böse reagieren; vgl. Kapitel 2.4 „Semmelweis-Effekt"). Diesem Umstand liegt wahrscheinlich ein in der Primatenevolution gewachsenes Bedürfnis nach Konformität in der sozialen Gruppe zugrunde, das zum Teil bis heute durch „moralistische" Aggression und Androhung des Kontaktabbruches bis hin zur Androhung des Ausschlusses aus der Gruppe durchgesetzt wird. Konforme Artgenossen haben den Vorteil, dass sie in ihren Aktionen besser einschätzbar sind und sich das Gruppenleben mit ihnen besser synchronisieren lässt (GOODALL 1986; DE WAAL 1982, 1997). Allerdings haben sich die Bedingungen geändert: Mit der Explosion des Wissens geht in unserer Gesellschaft auch eine Zunahme der Fehlerquellen einher, mit z.T. erheblichen kulturellen, medizinischen, ökologischen, ökonomischen, soziopolitischen und technischen Risiken und Folgen. Es war deshalb wohl noch in keiner Gesellschaft so wichtig wie in der Industriegesellschaft, sich eine möglichst große Vielfalt der Meinungen in Bezug auf „wertfreie" Erkenntnisse und deren moralisch zu bewertende Anwendungsmöglichkeiten anzuhören und zu diskutieren.

9.8   Epilog

Weder der Aspekt der Kohärenz im menschlichen Erkennen und Denken, noch Anpassungen in unserem Anschauungsvermögen, die mangels quanten- oder astrophysikalischer Selektionsbedingungen (nach NORBERT BISCHOF 2008) nur im Ortho- und Parakosmos bzw. (nach GERHARD VOLLMER 1975) nur im Mesokosmos zweckmäßig funktionieren, noch Fallstricke, die sich aus der Verschränkung der drei Welten ergeben, sind Phänomene, die erst von Konstruktivisten beschrieben worden wären. Sie sollten nicht zu konstruktivistischen Generalisierungen verwendet werden und keine Beliebigkeit der Interpretation suggerieren. Wir dürfen uns durch „fast-food-Philosophie" (BISCHOF 1996) nicht davon abhalten lassen, empirische Wissenschaften auf der Suche nach Wahrheitsähnlichkeit zu unterstützen und zu nützen.

10. Die frühkindliche Bindung beim Menschen und ihre Bedeutung für das Leben

Frühkindliche Bindungen haben lebensgeschichtliche Bedeutung für Menschen. Sie sind stammesgeschichtlich im Zusammenhang mit Brutpflege entstanden. Diesen Zusammenhängen wird in diesem Kapitel nachgegangen. Nach den Vorbemerkungen geht es im Hauptteil um die verschiedenen Aspekte, die Bindung bestimmen: um die Bindung der Eltern zu ihren Kindern, der Kinder zu ihren Eltern sowie um die ontogenetische Entwicklung der Bindung. Aus der Enge der frühkindlichen Bindung ergibt sich die Notwendigkeit, dass sie bis zu einem gewissen Grad gelöst wird. Dies erfolgt in verschiedenen Entwicklungsphasen der Kindheit und besonders in der Pubertät. Dem in diesem Zusammenhang auftretenden Phänomen der Inzesthemmung wird ein eigener Abschnitt gewidmet. In einem Exkurs wird das Zürcher Modell nach NORBERT BISCHOF (1985) bzw. der Zusammenhang zwischen den Motivationssystemen Sicherheit, Neugier und Autonomie als theoretische Hintergrundfolie erläutert.

Für den Menschen ist Bindung lebensnotwendig und störanfällig. Die Bindungsgeschichte eines Kindes hat Auswirkungen auf viele Verhaltensbereiche des Erwachsenen. Viele spätere Störungen lassen sich vor dem Hintergrund der Verhaltensbiologie besser verstehen. Sie sind Thema des letzten Abschnitts des Kapitels.

Kasten 20:

Geschichte der Bindungstheorie

KONRAD LORENZ (1935), HARRY HARLOW (1971), RENE SPITZ (1976), JOHN BOWLBY (1969) und andere der frühen Bindungsforscher haben wesentlich dazu beigetragen, dass die Bindungstheorie zum ersten praxisrelevanten Bereich von Psychologie und Medizin geworden ist, der evolutionär und verhaltensbiologisch fundiert ist. Sie haben die theoretische Grundlage dafür geschaffen, Kinderdörfer zu gründen, Neugeborenen unmittelbar nach der Geburt Hautkontakt mit der Mutter sowie auf Wöchnerinnenstationen „rooming in" und „bedding in" zu ermöglichen, die Lebenserwartung von Frühgeborenen durch liebevolle Zuwendungen zu steigern und die Option zu schaffen, bei Spitalsaufenthalten von Kleinkindern einen Elternteil mit aufzunehmen, um iatrogene Bindungstraumen zu vermeiden. Viele der Erkenntnisse der frühen Bindungsforscher haben erst nach ihrem Tod in die Praxis Eingang gefunden, wohl auch deshalb, weil die somatische Medizin seelische Aspekte lange unterbewertet hat.

Mit dem Begriff „Eltern" werden in diesem Zusammenhang nicht nur die biologischen Eltern bezeichnet, sondern auch jene Pflegepersonen, zu denen ein Kind eine entsprechend enge Bindung entwickelt hat.

10.1 Vorbemerkungen

Im Artenvergleich gibt es sehr große Unterschiede hinsichtlich der Anzahl der gezeugten Nachkommen und große Unterschiede beim Ausmaß der elterlichen Investition in das

einzelne Junge. Wenn im Laufe des Lebens viele Nachkommen gezeugt werden, dann
können Eltern weniger in das einzelne Individuum investieren (r-Strategie). Werden wenige Junge gezeugt, dann kann mehr in das einzelne Individuum investiert werden (K-
Strategie[77]). Extreme auf diesem Kontinuum bilden die r-Strategie der Auster und anderer Muscheln auf der einen Seite, die im Leben bis zu einer Million Junge zeugen, und
die K-Strategie des Menschen auf der anderen, der relativ wenige Kinder bekommt und
normalerweise viel in das einzelne Kind investiert. Schon die lange Schwangerschaft
bedeutet eine sehr hohe Investition. Menschliche Eltern bieten weit darüber hinaus für
viele Jahre ihrem Kind Nahrung, Schutz, Wärme, und sie geben Wissen durch Tradition
weiter. Eine bezüglich ihrer vielen Facetten verbesserte Brutpflege kann die Überlebens-
wahrscheinlichkeit und Fitness der eigenen Jungen erhöhen.[78] Eine der Möglichkeiten,
dies zu gewährleisten, ist die individuelle oder persönliche Bindung zwischen Elterntier
und Jungem (vgl. KELLER 1998).[79]

Brutpflege wird bei Säugetieren überwiegend vom weiblichen Elternteil wahrgenommen. Aus der Perspektive der Genetik ist es naheliegend, anzunehmen, dass das Junge
für Vater und Mutter gleich viel wert ist. Bei polygynen Arten stellt das einzelne Junge
jedoch für Muttertiere einen sehr viel höheren Prozentanteil hinsichtlich Lebensfort-
pflanzungserfolg dar als für starke Vatertiere, die potentiell viele Junge zeugen können.

Da eine innere Befruchtung Voraussetzung für die Evolution des Landlebens bei Sau-
ropsiden (Reptilien im weitesten Sinn) war, waren es Weibchen, die mit der Evolution
der Viviparie („Lebendgeburt" im Gegensatz zum Eierlegen) und der Brutpflege eigene
Organe (Gebärmutter und Milchdrüsen) zum Aufziehen der Jungtiere entwickelt haben.
Bei den meisten Säugern ist für die Männchen mit der Befruchtung der Beitrag für die
Fortpflanzung abgeschlossen. Dabei spielt auch eine Rolle, dass wegen des großen zeitlichen Abstands zwischen Befruchtung und Geburt die Unsicherheit der Vaterschaft groß
ist. Bei nur ca. 12 % der Primatenarten beteiligen sich die Väter an der Brutpflege. Auch
wenn beide Säuger-Eltern Brutpflege treiben, so sind im Allgemeinen die Mütter ihren
Kindern gegenüber investitionsbereiter als die Väter.

Eltern sind in der Regel ihren Kindern gegenüber investitionsbereiter als erwachsene Kinder ihren Eltern gegenüber. Eltern leben (aus verhaltensbiologischer Sicht) zum
Zweck der Kinder, nicht umgekehrt. Zugleich sind die Kinder auf die Liebe der Eltern
angewiesen und um ihre Liebe bemüht, Liebesentzug ist eine schwere Strafe.

---

77. „r" und „K" stehen zueinander in einer relativen Beziehung: Das Kaninchen ist hinsichtlich Auster K, in Bezug auf den Menschen r. Bezüglich „r/K-Strategien" bestehen keine klaren und einfachen Korrelationen mit Körpergröße, max. Lebensalter, Leistungsfähigkeit des Nervensystems,
Schwankungen der Populationsgröße usw. Zur Herkunft des „r" und „K": r stand ursprünglich für
die rechnerische Wachstumsrate einer Population, K für die Kapazität eines Lebensraumes.

78. Bei Brutparasiten (z. B. Kuckuck) haben die Wirtseltern keine genetischen Vorteile. Der genetische Nutzen einer altruistischen Verhaltensweise (Brutpflege) ergibt sich, wenn man den Aufwand („Kosten": z. B. Füttern) mit dem Verwandtschaftsgrad multipliziert. Demnach haben Eltern, die Kinder als Träger der eigenen Gene fördern und pflegen, einen Selektionsvorteil.

79. Andere Lösungen sind Ortsbindungen an das Nest, z. B. beim Storch.

Übersicht 10:
Die drei Motivationssysteme des „Zürcher Modells" nach NORBERT BISCHOF (2008; siehe auch www.bischof.com)

Die drei Motivationssysteme unterliegen einem ontogenetischen Wandel.

Motivationssystem	Bei Mangel	Antagonisten
1. Sicherheitssystem Bindung, Abhängigkeit, Appetenz nach sozialer Sicherheit (bzw. Geborgenheit; vertraut = verwandt)	Trennungsangst, Trauer	bei Überfluss an Vertrautheit: Überdruss
2. Erregungssystem Neugier, Unternehmungslust, Erregungsappetenz nach Exploration fremder Objekte und Personen	Langeweile	bei Übermaß an Erregung: Furcht
3. Autonomiesystem korreliert positiv mit Selbstvertrauen und Unternehmungslust und negativ mit Abhängigkeit; drei evolutionäre Wurzeln: • Macht und Dominanz, • Geltungs- und • Kompetenz- und Leistungsmotivation	Assertion (Selbstbehauptungsstreben, mit Copingstrategien wie Invention, Aggression)	Unterwerfung (mit Copingstrategien wie Supplikation, Akklimatisation)

10.2 Verhaltensbiologische Aspekte der Bindung

10.2.1 Menscheneltern und ihre Bindung an die Kinder

Werdende Mütter berichten immer wieder, dass sich während der Schwangerschaft ihre Einstellung zum Kind wandelt. Da psychische Veränderungen, z. B. erwachendes Interesse an Säuglingspflege, auch bei einzelnen Frauen auftreten, die von ihrer Schwangerschaft nichts wissen, kann man vermuten, dass solche Einstellungsänderungen hormonell vermittelt sind.

Menschenmütter berichten sehr oft von einem tiefen emotionellen Erleben in den ersten Minuten nach der Geburt des Kindes, das als befreiende Entspannung oder auch als eine festliche Gestimmtheit erlebt wird.[80] Dieses Erleben disponiert die Mutter, sich emotionell an das Kind zu binden, und sie kann sich so auf das zunächst sehr abhängige Geschöpf leichter einstellen.[81] Daher ist ein ausführlicher Erstkontakt gleich nach der

---

80. Das gilt vermutlich nur abgeschwächt für Geburten unter Schmerzmitteln, Lumbalanästhesie und Kaiserschnittentbindungen (GOODFELLOW *et al.* 1983, NISSEN *et al.* 1996, RAHM *et al.* 2002).

81. Ein Infantizid bzw. Aussetzen des Neugeborenen durch die Mutter – wie von SCHIEFENHÖVEL von den Eipo berichtet – erfolgt deshalb nicht leichtfertig: Zwischen Oktober 1974 und April 1980 wurden bei den Eipo von 79 Neugeborenen 16 Mädchen und 7 Buben (also insgesamt 23 Neuge-

Geburt für die Mutter und das Kind sehr wichtig. Ähnliches gilt auch für das Wochenbett, das einen räumlichen und zeitlichen „Schutzraum" darstellt, den es in allen Kulturen gibt. Inzwischen kann in modernen Kliniken entsprechenden Bedürfnissen der Neugeborenen und Wöchnerinnen durch „rooming in" und „bedding in"[82] nachgekommen werden. Auch beim Stillen kommt es zu ähnlichen, wohl zum Teil hormonell vermittelten Wirkungen auf die emotionale Disposition der Mutter, die förderliche biopsychische Grundbedingungen sein können. Die Bindung wird selbstverständlich auch über sehr viele soziokulturelle Gegebenheiten vermittelt, die ebenso auf die Einstellungen und Haltungen der Mutter wirken, und der „Vorsprung", der sich durch einen frühen gelungenen Kontakt mit dem Neugeborenen ergibt, kann natürlich auch von Adoptivmüttern oder von Müttern, die durch Kaiserschnitt entbunden haben[83] und deren Kind unmittelbar nach der Geburt medizinische Unterstützung benötigt hat, oder die nicht stillen[84] konnten, nachgeholt werden.

Der gelungene Erstkontakt und die Beziehung, die durch das Stillen ermöglicht wird, sind zwar förderliche biopsychische Grundbedingungen, entscheidend für die Mutter-Kind-Bindung ist jedoch die Einstellung und Haltung der Mutter.

Trotz aller elterlichen „instinktiven" Bindebereitschaft gibt es für menschliche Mütter auch verschiedene Gründe, sich gegen das Kind zu entscheiden, eine Entscheidungsmöglichkeit, die es bei anderen Primaten nicht gibt.[85] Wichtige Variablen sind für Menschenmütter dabei das eigene Alter, die Stabilität der Partnerschaft, Geschlecht, Vitalität

---

borene, bzw. 30 %) von den Müttern nicht angenommen (SCHIEFENHÖVEL 1989). Der emotionell bindende Erstkontakt wird von jenen Müttern gemieden, die das Kind nicht annehmen wollen.

82. Das Risiko unter einem „baby blues" (Stimmungstief im Wochenbett) zu leiden, kann durch Hausgeburten gesenkt werden, und wenn nicht die Spitals- und Stationsordnungen bestimmen, wann und wie viel Baby die Wöchnerinnen haben dürfen, sondern die Wöchnerinnen selbst. Auch das Risiko des plötzlichen Kindstodes sinkt durch „bedding in" (SCHIEFENHÖVEL 2007a).

83. Es gibt beim *Kind* kein *psychisches* Geburtstrauma; wenn es ein „Geburtstrauma" gibt, dann extrem selten eines mit neurologischen Folgeschäden, z.B. infolge Sauerstoffmangel, oder geburtsmechanische Traumen. Das Menschenkind ist, wie Jungtiere anderer Plazentalia auch, „psychisch" auf das Geburtsgeschehen evolutionär bestens vorbereitet. Ein Kaiserschnitt ist keinesfalls indizierbar, um etwas zu vermeiden, das es gar nicht gibt, nämlich ein psychisches Geburtstrauma des Kindes. Wenn man Risikogeburten außer Acht lässt, dann ist ein Kaiserschnitt – statistisch gesehen – für Mutter und Kind gefährlicher als eine normale Geburt. Therapeuten von Schreikindern vermuten, dass Kaiserschnittkindern etwas abgeht: Der Prozentsatz von unruhigen und Schreikindern ist nach einem Kaiserschnitt zumindest in den ersten Lebenswochen höher als nach einer normalen Geburt (BENSEL 2003).

84. Stillen kann lustvoll und beglückend sein, die Bindung der Mutter zum Kind fördern und die Schmerzschwelle heben. – Ältere Säuglinge neigen beim Trinken dazu, nach der freien Brustwarze zu greifen: Saugreiz und manuelle Reizung bewirken eine Prolaktinausschüttung und dadurch eine Steigerung des Milchflusses.

85. Nur Menschenmütter haben aufgrund ihrer Zukunftsvorstellungen Einsicht in die Tragweite eines Kindes. Vielleicht war dieser evolutionsbiologisch neue Selektionsdruck ein Grund dafür, dass menschliche Neugeborene besonders „verführerisch" herzig aussehen, bzw. (im Gegensatz zu nicht-menschlichen Primaten-Neugeborenen) infolge ihrer Fettpolster – z.B. an Wangen und Extremitäten – besonders attraktiv erscheinen („Baby-appeal"; HRDY 2000). Dadurch ist ihr normales Geburtsgewicht fast doppelt so hoch, wie das von anderen Menschenaffen.

und Schönheit des Neugeborenen, Alter, Anzahl und Geschlecht vorhandener Kinder, Verfügbarkeit von „Allomüttern", Versorgungslage mit Nahrungsmitteln und andere (eine Übersicht dazu bei HRDY 2000). Im Kulturenvergleich zeigen sich große Unterschiede darin, wie sich Wöchnerinnen bezüglich ihres Neugeborenen entscheiden dürfen.

Im Allgemeinen werden Merkmale von Säuglingen und Kleinkindern als äußerst anziehend empfunden, sie erleichtern und fördern die Bindung Erwachsener an das herzige Kind. Auch das daraus resultierende Engagement für das Kind wirkt bindend.

Mutterliebe ist ein Säugererbe, und es gibt sie in allen menschlichen Populationen. Die Bindung von Menschenmüttern an ihre Kinder ist im ursprünglichen Sinn des Wortes „natürlich" und nicht eine durch Werbung für Babynahrung getriggerte kulturelle Errungenschaft der Spätzivilisation. Stammesgeschichtlich jung hingegen ist in unserer evolutionsbiologischen Ahnenreihe die väterliche Brutpflege und die Brutpflege durch andere Helfer (sogenannte Allomütter), die sich im Tier-Mensch-Übergangsfeld entwickelt und erst beim Menschen ihre volle Ausprägung gefunden haben. Die meisten Menschen, die dem Kleinkindalter entwachsen sind, können sich rasch auf die psychischen Notwendigkeiten und Möglichkeiten des Säuglings einstellen, und insbesondere vertraute Mitmenschen zeigen des Öfteren eine hohe Bereitschaft, als Allomütter zu fungieren.

Mit dem Krabbelalter entwickelt sich das Kindchenschema (LORENZ 1978a) noch ausgeprägter – Kleinkinder wirken hinreißend und herzig auf alle Personen ihrer Umgebung einschließlich älterer Kinder. Wegen der zunehmenden „erkrabbelten" Kontaktmöglichkeiten mit familienfremden Menschen wird in diesem Alter das Kindchenschema besonders wichtig. Für das Kind gilt es, das soziale Umfeld für sich gewogen zu stimmen. Fast jeder lässt sich von einem Kleinkind, das zu sozialen Kontakten noch gar nicht in differenzierter Weise fähig ist, Dinge gefallen, die ein Erwachsener nicht tun dürfte. Das ist der Anpassungswert des Kindchenschemas beim Sender. Sender („Kindchenschema"), Empfänger und die beteiligten Emotionen sind stammesgeschichtlich zweckmäßig aufeinander abgestimmt.

10.2.2   Beobachtungen zur Erwachsenen-Kind-Interaktion aus dem Kulturenvergleich

Wie Humanethologen und Entwicklungspsychologen für viele Kulturen nachweisen konnten, stehen Kleinkinder im Allgemeinen im Zentrum des sozialen Interesses: Erwachsene wiegen und schaukeln Kinder gerne, bieten „Kontaktkomfort", bewegen sich beim Spiel mit Kindern langsamer als sonst, sprechen mit ihnen in einer höheren Tonlage und in grammatikalisch vereinfachten 2-3-Wort-Sätzen, die oft mehrfach wiederholt werden. Erwachsene, aber auch größere Kinder zeigen Kleinkindern gegenüber eine besonders deutliche bis übertreibende Mimik und sie ahmen das Kind nach, das von diesen sozialen Rückmeldungen, die es auslösen und bewirken kann, in Bezug auf sich und seine soziale Umwelt lernt. Eltern tauschen gerne Zärtlichkeiten mit ihren Kindern aus und sie versuchen dabei immer wieder, das Kleinkind durch Abwechslung bei guter Laune zu halten. PAPOUSEK spricht von „*intuitive parenting*".

Statistiken über Interaktionen mit Kleinstkindern bei Naturvölkern spiegeln den hohen Pflegeaufwand von Säuglingen und deren korrespondierende Abhängigkeit wider.

Bei Naturvölkern schlafen die Säuglinge und Kleinkinder in der Regel bei der Mutter und haben 50 % der Tagesstunden als „Traglinge" Körperkontakt, die Hälfte dieser Zeit bei der Mutter. Der Mund-Mamillen-Kontakt nimmt ca.10 bis 20 % der Tageszeit in Anspruch. Nach SCHIEFENHÖVEL *et al.* (1996) hat dieser Kontakt zu etwa 50 % nutritive Funktion, die restliche Hälfte besteht aus „Trostsaugen". Dieser Zeitaufwand für das Trostsaugen ist eindrucksvoll hoch. Das hohe Maß an Zuwendung gibt dem Kind eine sichere Basis, es ist eine Voraussetzung für die Entfaltung von Neugier und damit für das Reifen von früher Selbständigkeit und sozialer Kompetenz.

Bei Naturvölkern hört man kleine Kinder weniger und seltener weinen als bei uns (SCHIEFENHÖVEL 1984). Es ist belegt, dass bei den Trobriandern die Erwachsenen im Durchschnitt nach eineinhalb Minuten auf das Weinen eines Kindes reagieren. In Zivilisationsgesellschaften reagieren immerhin 30 % erst nach 10 bis 30 Minuten (vgl. EIBL-EIBESFELDT 1995; siehe auch BENSEL 2003).

10.2.3   Allomütter und geschwisterliche „Brutpflegehilfe"

Allomütter ermöglichen in praktisch allen Kulturen trotz der im Vergleich zu anderen Primaten größeren Unreife[86] und längeren Abhängigkeit menschlicher Neugeborener einen kürzeren Geburtenabstand als bei Menschenaffen. Dadurch wird der hohe menschliche Fortpflanzungserfolg erreicht. „Allomütter" entlasten Mütter, die infolge von Stillen und Tragen der Kinder zumeist noch mehr Zeit für die Beschaffung von Nahrung aufbringen müssen als kinderlose Frauen, weil Mütter auch mehr Nahrung zu sich nehmen müssen. Als Allomütter fungieren in erster Linie Großmütter, Geschwister der Eltern oder/und des Neugeborenen und Väter. Entsprechende Allianzen zwischen Müttern und ihren Töchtern, die ebenfalls bereits ein Kind haben, sind – bezüglich unserer evolutionären Ahnenreihe im Tierreich – älter als die Bindung zwischen Mutter und Vater (Beobachtungen dazu gibt es beispielsweise bei Schimpansen, einer Spezies, bei der es keine Paarbindung gibt). Aus soziobiologischer Sicht spielen – infolge der Unsicherheit der Vaterschaft – die mütterlichen Großmütter eine wichtigere Rolle als die väterlichen. Neben diesen beiden ultimaten Aspekten passen aus proximater, psychologischer Sicht die Einstellungen von Mutter und Tochter hinsichtlich der Kinderbetreuung oft besser zusammen als die zwischen Schwiegermutter und Schwiegertochter. Was auch immer der Hauptgrund ist, statistisch gesehen ist in einzelnen Kulturen die Überlebensrate der Kinder von matrilokal wohnenden Paaren größer als die von patrilokal wohnenden (VOLAND 2004).

---

86. Bei Schimpansen und Orang-Utans dauert die Schwangerschaft etwa acht Monate, bei Gorillas und Menschen etwa neun. Vergleicht man die psychomotorische Reife der Neugeborenen dieser Arten, so ist das Menschenkind das bei weitem unreifste. PORTMANN (1941) spricht von einer „physiologischen Frühgeburt" und bringt damit zum Ausdruck, dass die Schwangerschaft beim Menschen viel länger andauern müsste, damit ein menschlicher Säugling bezüglich Selbständigkeit etwa gleich reif wie die anderer Hominoiden zur Welt kommen könnte. Bei einem entsprechend späteren Geburtstermin wären menschliche Neugeborene für den Geburtsweg ihrer Mutter zu groß.

In vielen menschlichen Gesellschaften kann man immer wieder größere Kinder beobachten, die Kleinkinder tragen (vgl. MEDICUS 1996). Es sind meist ca. 5- bis 15-jährige Kinder, die ein ca. Ein- bis Dreijähriges am Rücken oder im Hüftsitz tragen. Oft sind es die Geschwister, der Anteil weiblicher Träger ist größer als der männlicher. Sie tragen die Kinder auch dann, wenn sie in unwegsamem Gelände unterwegs sind oder wenn sie an Spielen teilnehmen, bei denen die Kleinen hinderlich sind (z.B. Schnurspringen). Sie erinnern an Brutpflegehelfer, wie sie bei einigen Vogelarten und einigen wenigen Säugetierarten vorkommen. Entsprechend der sozialen Grundformel ergeben sich für sie bei der Betreuung von Geschwistern genetische Vorteile im Sinne der *inclusive fitness*.[87] Darüber hinaus haben die Tragenden Vorteile, weil sie Erfahrungen sammeln, die sie einmal als Eltern brauchen, und die Getragenen haben die Möglichkeit, durch die Beobachtung der Spielgruppen, deren Teil die Träger sind, sozial zu lernen. Die Behandlung als Tragling bietet den Vorteil, dorthin zu gelangen, wo sozial und intellektuell relevante Dinge geschehen. Eine Sozialisation in dörflichen gemischtaltrigen Kindergruppen ist für die Reifung und das Erlernen einer entsprechend gut entwickelten sozialen Kompetenz von Vorteil.

Die Verhaltensneigung des Betreuungsspielens vor allem bei Mädchen ist so stark ausgeprägt, dass ein ganzer Industriezweig, nämlich die Puppenindustrie, davon lebt. Unklar ist, welche Umweltfaktoren sich neben demographischen Faktoren geändert haben, dass die Motivation des Betreuens und Tragens in der Industriegesellschaft überwiegend an Attrappen (Puppen) ausgelebt wird.

In unseren urbanen und zunehmend auch in ländlichen Gesellschaften gibt es kaum mehr zusammenlebende Großfamilien und nur selten gemischtaltrige Spielgruppen, die für die Sozialisation wichtig wären. Die gemischtaltrigen Spielgruppen sind unter anderem auch durch das Auto von den Straßen verdrängt worden. Selten besteht die Möglichkeit, dass die Mütter in der Betreuung der Kinder durch vertraute Personen entlastet werden könnten. Ganz besonders gilt dies für alleinerziehende Mütter. Auch das Kind ist benachteiligt, wenn es nur eine einzige Bezugsperson hat. Die Kinder fühlen sich mit der Mutter im vertrauten Wohnungsghetto gelangweilt, werden ihrer überdrüssig und in ihrer Erregungsappetenz für die Mutter anstrengend. Als Reaktion auf diese Situation haben sich institutionalisierte Eltern-Kind-Zentren, Spielgruppen oder Mütterrunden gebildet.

10.2.4 Menschenkinder und ihre Bindung an die Eltern

Der Bindebereitschaft der Mutter und anderer Erwachsener steht die kindliche Anschluss- oder Bindungsnotwendigkeit gegenüber.

---

87. Die *individuelle Fitness* (oder Individuelle Eignung) ist ein Maß für die Anzahl von Nachkommen während eines Lebens. Bei der *inclusive fitness* wird unter Berücksichtigung des Verwandtschaftsgrades auch das Resultat aus Helfen und Geholfen-werden in Bezug auf den Fortpflanzungserfolg gemessen.
Großmütter als Helfer beim Großziehen der Enkel, in einem Alter, in dem sie selbst nicht mehr fruchtbar sind, gibt es nur bei Homo sapiens.

Schon der Säugling ist für die Wahrnehmung der Personen in seiner Umgebung durch seine stammesgeschichtlich erworbene „Mitgift" bestens vorbereitet. Zunächst ist es für das abhängige Kind zweckmäßig, einzelne von ihnen individuell und die anderen Mitmenschen als Artgenossen zu erkennen; Norbert Bischof (2008) bezeichnet die zentralnervöse Funktionseinheit, die auf bestimmte Reizkonstellationen anspricht, als Detektor und spricht von einem Typusdetektor ab etwa der 6. Lebenswoche und einem Individualdetektor ab etwa dem 4. Lebensmonat. In der ethologischen Literatur werden die Detektoren AAM, EAAM und EAM (erworbener Auslösemechanismus) genannt (siehe Kapitel 3).

Die Bindung des Säuglings an seine Bezugspersonen bildet sich selbst dann aus, wenn sie mit massiven aversiven Reizen verbunden ist. Sie zeigt sich auch Eltern gegenüber, die ihr Kind regelmäßig misshandeln. Das ist aus lerntheoretischer Sicht bemerkenswert. Es wird diskutiert, dass die Bindung des Kindes besonders eng ausfallen kann, wenn seine Bindungsappetenz durch Angst gesteigert wird. Dazu gibt es entsprechende Hinweise aus Tierexperimenten (Harlow 1971; Harlow *et al.* 1962).

10.2.5   Programmschritte der Bindung und Lösung

Es gibt eine Reihe von ethologisch orientierten Psychologen, die das Reifen des kindlichen Bindungsverhaltens in Entwicklungsschritten beschreiben. Den Ausführungen liegen Arbeiten von John Bowlby (1969), Norbert Bischof (1985) und Doris Bischof-Köhler (2011) zugrunde.

10.2.5.1 Schritte, die die Bindung vorbereiten

Nach den Untersuchungen von Margret Schleidt *et al.* (1990) wird der Geruch der Mutter bereits in den ersten Wochen bevorzugt. Auch eine menschliche Stimme wird ab der zweiten Woche ein zunehmend wichtiger Reiz; so lässt sich durch Zureden ein Schreien des Kindes immer besser beenden; Mädchen reagieren im Allgemeinen (mit ca. 3 Wo.) besser als Jungen. Bereits das Neugeborene zeigt verschiedene Lautäußerungen wie Kontaktlaute, Unmutslaute, Schlaflaute, Trinklaute, Wohligkeitslaute, die weibliche und erfahrene Personen meist besser unterscheiden können als männliche sowie verschiedene Formen des Weinens, das von Erwachsenen als unangenehm empfunden wird und bei ihnen normalerweise Zuwendung auslöst. Die Schwelle, ab der das Kind zu weinen beginnt, lässt sich durch Schaukeln, mit Trostsaugen und mit Zureden heben.[88] Auch entspannte liebevolle Zuwendung („Kuscheln") kann Säuglinge beruhigen. Dies beruht auf Stimmungsübertragung, die auch im Fall von Anspannung, Leistungsdruck

---

88. Beim Schaukeln ist wie beim Gehen eine Frequenz von 60 bis 70 Schwingungen pro Minute am besten wirksam; interessanterweise gibt es dabei in weiten Grenzen keine Reizgewöhnung. Diese Reaktion hat einen Anpassungswert: Die mitunter überlebensnotwendige Lokomotion der Eltern und anderer Betreuer, z. B. bei der Beschaffung lebensnotwendiger Ressourcen, sollte nicht durch das „Diktat" „niederschwellig" weinender Kinder behindert werden.

und Unsicherheit wirksam ist und sich im Kind als „Symptomträger" äußern kann. Still-probleme oder Schreibabys können dafür Ausdruck sein.

Ein Säugling lächelt während der ersten drei Wochen eher reflexartig und häufig auch im Schlaf („spontanes Reflexlächeln"). Gegen Ende der dritten Woche nimmt er von sich aus Augenkontakt auf und fixiert und zielt gegen Ende des ersten Monats immer besser. Lächeln und Blickkontakt können von den Eltern als sehr belohnend und bindend emp-funden werden.

Ab der 4. Woche reagiert der Säugling auf eine bekannte Stimme immer selektiver mit Lächeln, die Stimme der Mutter wird ein immer stärkeres Signal. Weibliche Stim-men sind bessere Auslöser als männliche. Ab etwa der 5./6. Woche reagiert der Säugling auf menschliche Gesichter und auf Gesichtsattrappen mit lang anhaltendem Lächeln („unselektives soziales Lächeln"); die visuelle Wahrnehmung wird immer wichtiger: Ein Gesicht kann nun besser als eine Stimme das Lächeln des Kindes auslösen (Ahrens 1954). Ab der 5./6. Woche beginnen Säugling und Mutter gelegentlich schon mit ei-nem freundlichen und gegenseitigen Plappern, das meistens von einem Lächeln begleitet wird. Mit zwei bis drei Monaten lässt sich das visuell ausgelöste Lächeln verstärken, wenn das Lächeln vom Erwachsenen erwidert wird. Das Lächeln wird vom Gegenüber deshalb als sozialer empfunden. Immer mehr lernt das Kind, Reaktionen der Mutter vorauszuahnen. Es lernt aus den sozialen Rückmeldungen, die durch die eigenen Akti-vitäten ausgelöst wurden.[89]

10.2.5.2 Die entstehende Bindung (4.–6. Monat)

Etwa ab dem 3. Monat beginnt das Kind immer deutlicher Unterschiede in der Vertraut-heit mit bestimmten Personen zu zeigen, es merkt sich Unterschiede bei den Menschen seiner Umgebung. Dieses Unterscheidungsvermögen des Kindes wird mit zunehmen-dem Alter immer ausgeprägter. Etwa ab dem 3. Monat beginnt das Kind bei gegebenem Anlass ein Schmollen zu zeigen. Ab dreieinhalb Monaten kann ein bekanntes Gesicht Lächeln stärker auslösen als ein unbekanntes („selektives soziales Lächeln"). Das zeigt sich bei weiblichen Säuglingen deutlicher als bei männlichen. Wenn die Mutter das vier-einhalb Monate alte Kind einer anderen Person übergibt und dann weggeht, so versucht das Kind bereits, der Mutter nachzublicken. Im Alter von fünf Monaten kann der An-blick eines bekannten Gesichts Schreien sehr wirksam beenden. Mit sechs Monaten wird die Mutterfigur im Allgemeinen bereits sicher erkannt.

Mit etwa acht bis neun Monaten, also im sogenannten „Fremdelalter", beginnen Krabbelkinder die Mutter zu suchen, wenn sie sie nicht sehen. Bevor das Kind Fremde als solche erkennt, ist Bezugspersonen gegenüber eine gute und tragfähige Bindung ent-standen, die Sicherheit vermittelt. Zugleich mit dem Beginn des „Fremdelns" beginnt das Kind, sozial immer neugieriger zu werden. Dieses Interesse ist zweckmäßigerweise

---

89. Bereits im frühen Säuglingsalter strukturiert die Mutter ihren „Dialog" mit dem Kind zeitlich mit Pausen so, als würde sie eine Antwort erwarten. Möglicherweise wird das Kind durch dieses „intuitive Elternverhalten" (Papousek & Papousek 1987) mit der Zeiteinteilung eines verbalen Dialogs vertraut.

mit Vorsicht verbunden, die sich darin äußert, dass das Kind auf Fremde mit einer Verunsicherung und einem Anstieg der Pulsfrequenz reagiert. Mit der Unsicherheit kann die Angstschwelle erniedrigt sein. Bezüglich des Ausmaßes des „Fremdelns" gibt es individuelle Unterschiede; es kann auch vom Gesichtsausdruck und der Körperhaltung der Mutter im Sinne einer Bewertungs- und Stimmungsübertragung beeinflusst sein.

Wenn ein Kleinkind fremdelt, wendet es sich von Fremden ab und sucht Körperkontakt mit der Mutter. Unter dem sicheren Schutz der Mutter wird das Kind wieder neugierig, es sieht sich die fremde Person an. Dabei kann es zur offensichtlichen Ambivalenz zwischen Fremdeln und sozialer Neugier kommen. Wenn das Kleinkind den Fremden nicht mehr als bedrohlich empfindet, weil es sich im Schutz der Mutter befindet, dann kann es sein, dass es Kontakt anzubahnen versucht.

Es ist wahrscheinlich kein Zufall, dass beim Kleinkind das Erleben von Verunsicherung beim Anblick fremder Menschen unmittelbar vor dem Reifungsprozess des Laufenlernens heranreift. Die Wahrscheinlichkeit, auf nicht pflegemotivierte Personen zu treffen, wird mit dem erweiterten Radius höher.

Zusammenfassend lässt sich sagen, dass das Kind versucht, sich bekannten Personen im Rahmen seiner Sicherheitsappetenz anzunähern. Ist es alleine, hat es Trennungsangst. Mit dem Auftreten des sogenannten Fremdelns reagieren Kinder auf Fremde je nach Verfassung ihres Sicherheitssystems mit Verunsicherung oder/und mit Neugier; sind keine vertrauten Personen anwesend, so kommt zur Trennungsangst eine Verunsicherung bis Fremdenfurcht hinzu.

10.2.5.3 Phänomenologie der erfolgten Bindung

Bindung beginnt, wie oben beschrieben wurde, bereits vor dem Fremdeln: Das Fremdeln zeigt besonders deutlich an, dass die Bindung exklusiv geworden ist; nur mehr ganz bestimmte Personen vermitteln dem Kind in wohltuender Weise Sicherheit und Geborgenheit. Diese Bindung ist auch bei gehörlos und blind geborenen Kindern nachweisbar, sie fremdeln, wenn sie den Fremden betasten oder riechen, und zwar auch dann, wenn sie bisher nie mit Fremden schlechte Erfahrungen gemacht haben. Dieser Umstand ist ein Hinweis darauf, dass es sich hier um ein angeborenes Programm handelt, das kulturunabhängig bei allen Kindern mit ca. 7 bis 8 Monaten zu beobachten ist.

Die Bindung an die Eltern ist nicht nur überlebensnotwendig, sondern auch eine wichtige Voraussetzung für die kindliche Gefühlsentwicklung. Das Kind spiegelt sozusagen die Liebe der Eltern, indem es sich als liebenswert erlebt und ein entsprechendes Selbstvertrauen entwickelt. Das Kind hat das Bedürfnis nach Beachtung und Anerkennung, hat den Wunsch auf Alleinbesitz und zeigt bereits gegen Ende des ersten Lebensjahres Eifersucht. Wenn die Eltern auf das Kind nicht reagieren oder mit dem Weggeben drohen, kann das Kind depressiv reagieren. Eine empathische, feinfühlige und hilfsbereite Mutter hingegen kann Sicherheit vermitteln. Ab dem 9. Monat ist ein Kind in der Lage, auch durch Blickkontakt Sicherheit zu gewinnen, wenn die Bezugsperson aufmunternd oder gelassen zusieht; durch ängstliche oder strenge Blicke wird es verunsichert. Diese „soziale Rückversicherung" („social referencing") erfolgt durch Stimmungsübertragung oder Gefühlsansteckung.

Das durch die Präsenz der Mutter vermittelte Sicherheitsgefühl des Kindes wird nicht durch Nahrungsaufnahme konditioniert. Eine Reihe von Beobachtungen beim Kleinkind sprechen gegen die Devise „Liebe geht durch den Magen". Ein Schnuller etwa kann auch einen Säugling beruhigen, der noch nie durch den Mund Nahrung aufgenommen hat; dies lässt sich bei Säuglingen beobachten, die ohne Speiseröhre, mit einer Speiseröhrenatresie, zur Welt gekommen sind. Im berühmten Experiment von HARLOW ziehen Rhesus-Affenjungen eine frotteeüberzogene Schaumgummi-Attrappe wegen des größeren Heimcharakters einer Milch spendenden Drahtattrappe vor.[90] Wer zur Haupt- oder Nebenbindeperson wird, hängt von der Art der freundlichen Zuwendung durch die Erwachsenen ab, darüber hinaus auch davon, wie das Kind die Interaktionen beeinflussen und mitgestalten kann. Wer zur Haupt- oder Nebenbindeperson wird, hängt mit Sicherheit nicht vom Wickeln und Füttern ab, auch die Qualität der mit dem Kind verbrachten Zeit und die Qualität der Beziehung (z. B. Feinfühligkeit) sind innerhalb weiter Grenzen wichtige Variablen.

10.2.5.4 Die Bindung ändert sich: Schritte der Lösung

Im Rahmen des kindlichen Explorierens und Spielens fallen ab etwa 18 Monaten die Autonomiebestrebungen immer deutlicher aus, etwa wenn das Kind die Mutter wegschiebt, um etwas ohne fremde Hilfe selbst zu versuchen, oder wenn es mit Ein-Wort-Sätzen fordert: „selbst", „selber". Mit dem aufkommenden Ich-Bewusstsein können sich Konflikte zwischen einerseits Bindungs- und Sicherheitsappetenz und andererseits dem eigenen Willen ergeben: Für das Kind ist es mehr und mehr ein Bedürfnis, aktiv das Geschehen zu kontrollieren. Es kann „trotzig" reagieren, wenn dieser Anspruch nicht erfüllt werden kann und es passiv Einschränkungen seiner Initiativen hinnehmen soll.[91]

Einer der Zwecke des Trotzalters (ab ca. 20 Monaten bis zum 4. Lebensjahr) ist es auch, Grenzen und Verbote kennen zu lernen. Das gelingt am besten, wenn das Kind aktiv gegen sie verstößt, um sie auszumessen. Es gehorcht seinem inneren Drang, den Verhaltensspielraum auszuloten (HASSENSTEIN 1973). Unklare Grenzen bedürfen mehr der Auslotung als klare. Gegen eindeutige Verbote wird weniger oft explorativ verstoßen. Es gibt zwei ideologisch begründete extreme Erziehungskonzepte zum Umgang mit

---

90. Ohne Fellattrappe war die Überlebensrate der mutterlosen Rhesusjungen sehr gering, mit der Attrappe fast 100%. Sie waren aber wegen der Mutterdeprivation verhaltensgestört.

91. In Bezug auf das Trotzalter sind Begriffe wie „anal sadistisch" nicht mehr zeitgemäß. Die Selbständigkeitsschritte des Trotzalters fallen zeitlich mit dem Beherrschenlernen des Schließmuskels zusammen – ohne dass das eine das andere bedingt. Die Reinlichkeitserziehung (und u. U. der korrespondierende Trotzkontext) hatte in Zeiten, in denen es noch keine Waschmaschinen gab, einen höheren Stellenwert als heute.

    Die Verhaltensbiologin GABRIELE HAUG-SCHNABEL (1994) konnte zur Differentialdiagnose der Enuresis (Einnässen nach Vollendung des 4. Lebensjahres ohne organische Ursachen) einen wichtigen Beitrag leisten. Sie konnte feststellen, dass es zusätzlich zum bekannten *Konfliktnässen* auch ein *Spieleifernässen* gibt. Letzteres kann manchmal zu Beginn der Blasenkontrolle als Übergangsphänomen beobachtet werden und bedarf, wenn überhaupt, nur pädagogischer Maßnahmen. Beim Konfliktnässen ist als Therapievoraussetzung die Analyse vorausgegangener belastender Ereignisse erforderlich.

kindlichen Widerständen und Trotzreaktionen. Sie werden beide der Natur von Kindern nicht gerecht und können in der Folge Verhaltensstörungen begünstigen: Es sind dies die bestrafende Verweigerung einer Versöhnung durch die Eltern nach einer Trotzreaktion und das grenzenlose Gewährenlassen bzw. eine extrem permissive Erziehung.

Das in diesem Alter verstärkte Autonomiebedürfnis kann mit der Sicherheitsappetenz in Widerspruch stehen. Entsprechende Motivkonflikte können bis zum vierten Lebensjahr „dramatisch" er- und ausgelebt werden. Manche Kinder versuchen, ihre Autonomie auszuleben, indem sie die Mutter dazu drängen, beim Erkunden mitzukommen. Ambivalenz besteht zum Teil auch zwischen dem Autonomiebedürfnis und dem Ausloten des Autonomierahmens einerseits und dem Bedürfnis, beliebt zu sein sowie andererseits sich zu versöhnen. Vor dem vierten Lebensjahr kann sich diese Ambivalenz in Wiederannäherungskrisen äußern (vgl. Kasten 15, S. 106).

10.2.5.5 Die Ablösung in der Pubertät

Die persönliche Bindung des Kleinkindes an einen bestimmten Personenkreis, insbesondere zu Mutter, Vater und Geschwistern, hat in der Pubertät weitreichende Folgen. Die Entwicklungsaufgabe in der Pubertät ist die soziale und kulturelle Autonomie[92], die im Widerspruch steht zu der engen Bindung an die Eltern, wie sie für die frühe Kindheit notwendig war. Mit der Pubertät erreicht das Autonomiestreben sein Maximum; das Zusammenwohnen mit den Eltern erleben die meisten Jugendlichen als einengend, selbst wenn sie dort alle Freiheiten haben.[93] Dieses Aufbegehren gegen die subjektiv erlebte „Enge" verschärft sich in den Kulturen, die von industriellen Entwicklungen erfasst worden sind. Bei Menschen der Industriegesellschaften liegt der Beginn der Pubertät zwischen dem 9. und 11. bei Mädchen bzw. dem 11. und 13. Lebensjahr bei Jungen, in den traditionalen Kulturen bis zu 5 Jahre später. Als Ursachen dafür hat SCHIEFENHÖVEL in der Innsbrucker Humanethologie-Vorlesung die überoptimale Ernährung und das künstliche Licht sowie soziale Auslöser, wie etwa die Sexualisierung unserer Kultur durch die Werbung, diskutiert.

Bei sogenannten Naturvölkern gibt es kaum krisenhafte Verläufe der Pubertät. Es gibt dafür mehrere mögliche Gründe: Wegen des späteren Einsetzens der Pubertät sind die Jugendlichen reifer und frustrationstoleranter. Darüber hinaus stehen sie in traditionalen Kulturen unter einem hohen Leistungsdruck, weil sie hinsichtlich Alltagsbewälti-

---

92. Diesbezüglich sehe ich einen Bezug zu LORENZ (1973), der in Verbindung mit der (post-)pubertären Loslösung erwähnt, dass sich Jugendliche in der Regel neue Traditionsgeber suchen, die aber im Normalfall der elterlichen Tradition ähnlich sind. Diese Neigung der Jugendlichen begünstigt kulturelle Veränderungen (LORENZ spricht hier von einem „Tradition-Varianz-Mechanismus"). Dem Jugendlichen steht die meist konservativere alte Generation gegenüber, der LORENZ Bedeutung bei der Konstanz der Kultur zuschreibt.

93. Für viele psychisch kranke Jugendliche erweist es sich als Entlastung und als prognostisch günstig, wenn sie aus dem Elternhaus ausziehen, und zwar auch dann, wenn die Eltern die Störung weder verursacht haben noch sonst irgendwelche Fehler machen. Der Auszug kann deshalb auch (wenn es psychiatrisch/psychotherapeutisch indiziert ist) institutionell gefördert und unterstützt werden.

gung – unter mitunter harten ökologischen Bedingungen – die Leistungen der Erwachsenen erreichen wollen, um für das andere Geschlecht attraktiv zu sein. Darüber hinaus ist in diesen Kulturen der Konformitätsdruck größer und die Wertunsicherheit geringer als in der Industriegesellschaft. Außerdem wird das Ende der Kindheit und der Beginn des Erwachsenenalters in traditionalen Kulturen durch Initiation von der Gemeinschaft festlich begleitet. In modernen Kulturen gibt es kaum noch vergleichbare tragfähige und verständliche Rituale.

In der Industriegesellschaft können Pubertierende für das Umfeld als anstrengend erlebt werden, weil sie dazu neigen, die neuen sozialen Spielräume, die sie als jugendliche Erwachsene haben, durch „Verstöße" mitunter aggressiv auszuloten. Generationenkonflikte werden oft dadurch verschärft, dass der Tagesrhythmus postpubertärer Jugendlicher nach „hinten" verschoben ist: Im Allgemeinen neigen Jugendliche dazu, abends spät zu Bett zu gehen und morgens spät aufzustehen und entziehen sich damit der Kontrolle der Eltern und anderer Erwachsener. Körperliche Veränderungen hinsichtlich Aussehen und Trieberleben, verstärktes Autonomiestreben, Neuorientierung der Bindung zwischen Kindern und Eltern sowie das steigende Interesse am anderen Geschlecht und die Bedeutung von Attraktivität für Geschlechtspartner, können mit Unsicherheit, Perspektivenlosigkeit, Verzweiflung und seelischen „Schmerzen" verbunden sein.

Die Industriegesellschaft bietet Jugendlichen wenig altersgemäße Anforderungen, weil infolge der oft jahrelangen Berufsausbildung die angestrebte Autonomie erst spät möglich wird; zugleich sind die Spielräume, die es auszuloten gilt, größer als in traditionalen Kulturen. Das ist möglicherweise ein Grund dafür, dass viele Jugendliche in Europa Energien eher im Generationenkonflikt einsetzen als bei der Alltagsbewältigung. Darüber hinaus führt die gesellschaftlich unüberschaubare Welt zur Flucht in vermeintlich überschaubarere Gruppen der jugendlichen Subkulturen, die im Extremfall wie bei Stammesfehden agieren, zum Teil gegen andere Jugendgruppen und zum Teil gegen Erwachsene. Für pubertäre und postpubertäre Jungen sind die Risiken, strafbare Handlungen zu begehen, deutlich höher als für Mädchen.

10.2.6 Exkurs: Bezüge zwischen Bindung, Neugier und Selbständigkeit, das Zürcher Modell

Zum Verständnis von Bindung und Lösung ist die Wechselwirkung zwischen mehreren Motivationssystemen im Rahmen ihrer ontogenetischen Entwicklung hilfreich, wie sie von NORBERT BISCHOF (1985, 2008) im „Zürcher Modell" beschrieben worden sind.

Verschiedene Verhaltensbereiche und ihre Zusammenhänge können meistens in Verbindung mit ihren Antagonisten sowie ihrer Wechselwirkung mit anderen Antrieben und Hemmungen besser verstanden werden. Bindung und Lösung hängen eng mit dem Sicherheitsbedürfnis, dem Erregungssystem und dem Autonomiebedürfnis zusammen und sind mit diesen drei Motiven eng verschränkt.

10.2.6.1 Das Sicherheitssystem

Das Kind ist von fürsorgemotivierten Eltern abhängig und fühlt sich aufgrund seiner Vertrautheit bei ihnen sicher und geborgen. Bei Abwesenheit der Bezugspersonen erlebt es Trennungsangst. Diese Angst ist der subjektive Aspekt der kindlichen Appetenz nach der „Nähe" zur Mutter bzw. den Eltern[94], die ihm Sicherheit geben. Das Sicherheitsbedürfnis sinkt mit zunehmendem Alter, und das heranwachsende Kind reagiert auf zu viel Fürsorge mehr und mehr mit Überdruss. Das Ausmaß an Zuwendung bei Naturvölkern verwöhnt die Kinder nicht (EIBL-EIBESFELDT 1995; KONNER 1977; SCHIEFENHÖVEL 1984): Die Sicherheit in ihrer frühen Kindheit lässt die Kinder eher früher selbständig werden, sofern das Maß der Zuwendung vom Kind mitbestimmt werden kann und ihm nicht aufgezwungen wird.

10.2.6.2 Das Erregungssystem

Unter sicheren Voraussetzungen können Unternehmungslust und Erregungstoleranz in dem Maße aufkommen, wie es nötig ist, die Welt neugierig entdecken zu können. Erkunden und Neugierverhalten können sich nur auf der Grundlage einer sicheren Bindung gut entfalten. Mit zunehmendem Alter wird vom Kind die Umwelt immer weniger als erregend und angstauslösend erlebt.

Das Kind erkundet auch seine soziale Umwelt. Die Interaktion mit zunächst intimeren Personen, aber immer mehr auch mit unbekannten Personen ist für die Sozialisation wichtig. Ist die Mutter (oder eine andere vertraute Person) verschwunden, so fühlt sich das Kind nicht mehr sicher; es erlebt Stress und interessiert sich in der Folge nicht mehr für die Umwelt. Es leidet unter einer existenziellen Trennungsangst.

In vielen Kulturen wird das Sicherheitssystem eher durch die Mütter und das Erregungssystem eher durch die Väter bedient. Es wird kontrovers diskutiert, ob diese Gegebenheit eine Ursache dafür ist, dass die Bindung des Kindes an seine Mutter oft stärker ausgeprägt ist als die an seinen Vater. Es sind auch eher die Väter, die Frau und Kind verlassen, um mit neuen Partnerinnen ihr Glück zu suchen, als Mütter.

10.2.6.3 Das Autonomiesystem

Das Gefühl, autonom zu sein, wird davon bestimmt, wie viel Einfluss ein Kind auf seine Umgebung ausüben kann. Mit zunehmendem Alter nimmt der Autonomieanspruch zu, mit zunehmender Kompetenz steigt das Selbstvertrauen. Probleme und Neues können dann als Herausforderung angenommen werden. Auswege und Lösungen werden angestrebt, die, wenn es die Situation erfordert, auch aggressiv durchgesetzt werden. Die

---

94. Bei Nesthockern und Traglingen bestehen hinsichtlich ihrer Sicherheitsappetenz unterschiedliche Anpassungen: Nesthocker-Jungtiere sind stressfrei, wenn in ihrer Umgebung Ruhe herrscht; im Gegensatz dazu erleben Traglinge (und Nestflüchter) sozialen Lärm, vestibuläre Reizung und Hüftsitz (ab etwa 6 Monaten) als beruhigend; bei Ruhe reagieren sie mit dem „Weinen des Verlassenseins".

Autonomie des Kindes kann nicht gefördert werden, indem sein Sicherheitsbedürfnis verleugnet wird: Bei schwachem Selbstvertrauen, „gelernter Hilflosigkeit" (SELIGMAN 1979), ängstlich vermeidenden und abhängigen Persönlichkeiten bleibt die Schwelle, Hilfe zu beanspruchen, niedrig. Diese *Coping*strategie wird Supplikation genannt.

Mit Hilfe der „Akklimatisation" wird der Sollwert an die Gegebenheiten „angepasst" bzw. auf sie „herunterreguliert": Ein Kind kann sich unter gegebenen Bedingungen mit wenig Autonomie oder wenig Sicherheiten zufrieden geben.

10.3   Die Inzesthemmung

Manche Aspekte der frühkindlichen Bindung und der pubertären Lösung gehören zusammen (vgl. BISCHOF 1985). Das Suchfeld bei der Partnerwahl wird durch die frühkindliche prägeähnliche Bindung eingeengt, in dem Sinn, dass Partner bevorzugt werden, die nicht identisch mit der Kernfamilie, jedoch auch nicht zu „entfernt" von ihr sind. Lange bevor also das Motivationssystem der postpubertären Partnerwahl ausgereift ist und gebraucht wird, lernt das Kleinkind etwas für dieses System. Und nicht nur das: im Rahmen der Kinderbetreuung und Bindung an Eltern und Geschwister sind andere Motivations- und Lernsysteme betroffen als bei der Auswahl von potentiellen Ehe- und Sexualpartnern. Hier wird also von Juvenilen (im Rahmen der Brutpflege, Familien- und zum Teil auch Gruppenbindung) etwas für einen viel später reifenden Verhaltensbereich gelernt, nämlich für das Sexualverhalten.

Die Inzesthemmung ist ein in und nach der Pubertät auftretendes Phänomen, das auf Freundschaften und Bindungen während der ersten fünf bis sechs Lebensjahre zurückgeht und sexuelle Kontakte zu diesen vertrauten Personen verhindert. Verhaltensprogramme zur Inzestvermeidung sind genauso wichtig geworden, wie die sexuelle Fortpflanzung selbst. Gäbe es sie nicht, so wären die Vorteile der sexuellen Fortpflanzung aufgehoben. Phänomene und Störungen in Zusammenhang mit Partnersuche, sexueller Entwicklung und Verhaltensweisen lassen sich mit Hilfe der Biopsychologie der Inzestvermeidung besser verstehen.[95]

Mit der Entstehung von Brutpflege in der Stammesgeschichte ist bei manchen Arten die Wahrscheinlichkeit einer inzestuösen Fortpflanzung gestiegen, weil sich Eltern, Junge und ihre Geschwister nicht mehr zufällig in der Population verteilen, wie dies etwa bei den meisten Fischen der Fall ist. Das gilt vor allem für Arten mit sozialen Zusammenschlüssen.

Eine inzestfreie Fortpflanzung ist gewährleistet, wenn die Periode der Brutpflegebindung lange vor dem Fortpflanzungsalter endet und sich die Individuen einer Art dann gut durchmischen (z. B. bei brutpflegenden Fischen).

Eine von der Natur entwickelte Lösung für Arten mit sozialen Bindungen sind die inzestvermeidenden Verhaltensprogramme und Verhaltensweisen auf der Grundlage persönlicher Bekanntschaft. Sie lassen sich bei mehreren Säugern und Vögeln nachweisen:

---

95. Inzest ist mit hohen genetischen Risiken verbunden, auf der psychischen Ebene können Inzesttraumen resultieren.

Im Zoohandel erworbene Vogelpärchen, die nicht züchten, sind häufig Geschwister.[96] Gut belegt ist die Inzesthemmung bei Graugänsen (LORENZ 1978a). Die Bindung von fast einjährigen Graugänsen – erst ein Jahr später werden sie geschlechtsreif – schlägt knapp vor Beginn der Brutsaison in eine Balz-Hemmung Eltern und Geschwistern gegenüber um.

Analoges kann man auch bei menschlichen Jugendlichen beobachten: Zuerst, in Europa etwa ab dem zehnten bis zwölften Lebensjahr, beginnen sie, den Körperkontakt mit den Eltern einzuschränken, sie schämen sich ihrer Nacktheit Eltern und Geschwistern gegenüber. Zu enge Körperkontaktangebote von Seiten der Eltern werden oft abgewiesen. Diese Verhaltensneigung ist ein angeborenes „instinktgesteuertes" Programm und dient der Inzestvermeidung.[97] Folgende Untersuchungen belegen die bestimmende Kraft dieses Verhaltensprogramms:

JOSEPH SHEPHER (1971, nach BISCHOF 1985) hat in Israel nach Ehepaaren gesucht, die im selben Kibbuz geboren wurden: Unter 97,5 % aller Kibbuzgeborenen hat er 2 769 Ehepaare gefunden, die im selben Kibbuz geboren sind. Aufgrund des ähnlichen Alters konnten potentiell 60 davon aus derselben Kinderhortgruppe stammen, also etwas weniger als 2 %; tatsächlich waren aber nur die Frauen und Männer von 14 Paaren, von 0,5 %, im selben Hort gewesen. Mit diesen 14 Paaren hat SHEPHER Kontakt aufgenommen. Dabei hat sich herausgestellt, dass 9 Paare sich erst nach dem 6. Lebensjahr kennengelernt haben, bei den übrigen 5 Paaren waren die Partner vor dem Schuleintritt jeweils nur für kurze Zeit im selben Hort. Es fand sich also keine einzige Ehe zwischen Partnern, die kontinuierlich eine gemeinsame Kindheit hatten.

WOLF hat 1957 (nach BISCHOF 1985) in Taiwan Unterschiede zwischen zwei traditionellen Eheformen untersucht. Früher konnte man in China für den noch kindlichen Sohn eine Braut bereits als Säugling adoptieren (sogenannte „kleine Ehen"), die natürlich dann erst im Erwachsenenalter vollzogen wurden). Als Alternative dazu konnte die Braut gegen Bezahlung eines hohen Brautgeldes auch erst im heiratsfähigen Alter von den Eltern für den Sohn ausgewählt werden. In den 20er Jahren des vorigen Jahrhunderts wurden in dem Teil Taiwans, den WOLF besuchte, die Hälfte der Ehen als „kleine Ehen" geschlossen, bis 1945 sank dann ihr Prozentsatz auf 10 %. Die „kleine Ehe" war dabei nicht nur bei armen Leuten üblich, auch in der Mittelklasse waren beide Eheformen üblich. WOLF fand WESTERMARCKS (1921; HEINROTH 1911; LORENZ 1943; MURDOCK 1949) Auffassung eines erotischen Hemmeffektes wie bei gemeinsam aufgewachsenen Geschwistern bestätigt: Männer aus „kleinen Ehen" suchten viel häufiger Prostituierte auf. Daraus lässt sich die Hypothese ableiten, dass „kleine Ehen" wohl sexuell nicht so

---

96. Haustieren ist die Inzesthemmung zum Teil weggezüchtet worden, sie sollen sich so paaren, wie es der Züchter will.

97. Wenn ein Kind geistig behindert ist und als Erwachsener von den Eltern im Intimbereich gepflegt werden muss, kann es wegen der erwähnten erotischen Aversion mit Überdruss und Aggression reagieren. Der Umstand wird von den Eltern manchmal als unverständlich und belastend empfunden. Eine Einsicht der Eltern in die biopsychologischen Gründe der Ablehnung ist nützlich und manchmal notwendig. In klinischer Obhut sind diese pflegebedürftigen Personen meist nicht aggressiv. Professionelle Betreuer erfahren also ein anderes Verhalten als die Eltern oder Geschwister.

befriedigend sind, sie hatten wahrscheinlich deshalb auch 30% weniger Kinder. Acht-mal so viele Ehemänner aus „kleinen Ehen" hatten im Nachbardorf eine Konkubine als jene Ehemänner, die in der anderen Eheform lebten. Etwa drei mal so viele Frauen aus „kleinen Ehen" standen im Ruf, Ehebruch zu begehen, als dies bei Frauen der Fall war, die ihren Mann als Erwachsene kennengelernt hatten. Ein Viertel der „kleinen Ehen" wurde geschieden, aber nur ca.1% der anderen Ehen. Von den Chinesen selbst wurden „kleine Ehen" als uninteressant und schamauslösend bezeichnet.

Die Inzesthemmung als wirkmächtiges Programm ist also die Ursache dafür, dass die Beziehung zu Geschwistern eher von erotischer Aversion als von erotischer Anziehung geprägt ist und dass eine geschlechtliche Beziehung zwischen Geschwistern kaum vor-kommt.

10.4   Die Störanfälligkeit der Bindung

10.4.1   Bindungsstile

Nicht nur eine kontinuierliche Bindung an sich, sondern auch die Qualität der Eltern-Kind-Beziehung ist wichtig. Bindungsforscher (AINSWORTH *et al.* 1969, BISCHOF-KÖHLER 2011), beschreiben Verhaltensunterschiede bei ca. 12 bis 18 Monate alten Kindern, die einem „Fremde-Situations-Test" mit „dreiminütiger Trennung von der Mutter" ausge-setzt werden. Die Unterschiede sind wahrscheinlich nicht nur vom Verhalten der Eltern, sondern auch von individuellen Sensibilitäten der Kinder abhängig.

• Kinder von Müttern, die eine gewährende Haltung haben und kindliche Äußerungen spontan richtig interpretieren, haben nach der Trennung freudig oder/und innig Kontakt gesucht (Typ B: ca. 65% sicher gebunden). Diese Kinder konnten lernen, das Verhalten der Mutter zu antizipieren. Die Kinder sind bei Anwesenheit einer vertrauten Person als „Sicherheitsbasis" situativ und sozial explorativ. Sie können bei Problemen am besten neue, gute Lösungen finden (Copingstrategie: Invention).

• Kleinkinder von unberechenbaren und zum Teil fordernden Müttern („zeig, dass du mich liebst"), haben auf die Kontaktaufnahme nach der Trennung weinerlich, am-bivalent, z.B. aggressiv, reagiert (Typ C: ca. 15% unsicher ambivalent gebunden). Sie sind ängstlich und infolgedessen auch bei Anwesenheit einer vertrauten Person weniger explorativ. Sie reagieren bei Problemen häufig mit Aggression (Copingstrategie: Suppli-kation/Aggression).

• Kleinkinder, deren Mütter Probleme mit der Regulation des Körperkontaktes haben, ignorieren nach der Wiedervereinigung die Mutter oder meiden sie (Typ A: ca. 20% unsicher vermeidend gebundene Kinder). Weil sie Erwartungen an ihre Sicherheitsba-sis herunterregulieren, wirken sie im Fremde-Situations-Test unabhängig, wenig ängst-lich und explorativ (Copingstrategie: Akklimatisation). Zu hause ist der Kontakt mit der Mutter eher flüchtig und oft nicht nachvollziehbar aggressiv.

Vorstufen für ein gegenseitiges „Verständnis" und den Interaktionsstil zwischen Er-wachsenen und für Sicherheit bei der Einschätzung anderer Personen entwickeln sich also bereits sehr früh. Die verschiedenen Bindungstypen können auch in traditionalen Kulturen beobachtet werden: Die Prozentangaben unterscheiden sich wegen der zu klei-nen Stichproben, trotz der vielen festgestellten sicheren Bindungen, nicht signifikant von den europäischen Daten (AINSWORTH 1963: 23 Kinder in Uganda; GROSSMANN *et al.* 2003: 16 Kinder in Trobriand/Papua Neuguinea). DORIS BISCHOF-KÖHLER reiht die Bindungstypen (A, B, C) nach dem Ausprägungsgrad der Copingstrategien: Akklimatisation ist am stärksten bei A ausgeprägt und am wenigsten bei C (A>B>C), Supplikation (Bitten) und Aggression am stärksten bei C und am schwächsten bei A (A<B<C) und Invention am meisten bei B.

10.4.2   Bindungsstörungen und Bindungstraumen

Der Bindungsprozess des Säuglings und des kleinen Kindes an die Personen seiner Umgebung ist eine wichtige Determinante und Ressource für die Entwicklung des Menschen.

BOWLBY zitiert eine Arbeit von YARROW (1963, 1964), nach der bei einer Adoption bis zur 12. Lebenswoche keine auch nur vorübergehende Störung zu beobachten war. Wenn bei einer späteren Adoption im ersten Halbjahr bzw. bis zum 7. Monat Probleme auftreten, dann heilen diese gut aus (BOWLBY 1969). Nach dem 8. bis 12. Monat reagieren die Kinder auf den Austausch von „Mutterfiguren" mit heftigen seelischen und körperlichen Reaktionen. Ein mehrmaliger Wechsel der Hauptbezugspersonen führt zu keiner Gewöhnung, im Gegenteil, das Kind wird in seiner Trennungsangst sensibilisiert. Nach dem 3. Lebensjahr können neue Bindungen, die als Sicherheitsbasis dienen, kaum mehr eingegangen werden (BISCHOF-KÖHLER 2011).

In der psychiatrischen und psychotherapeutischen Anamnese wird in den letzten Jahren der Frage nach der Bindungs-Qualität und -Sicherheit eines Menschen mehr Gewicht gegeben.

Viele Menschen, die als Erwachsene an seelischen Krankheiten und Störungen leiden, haben in ihrer Kindheit schwere Bindungstraumen erlitten oder waren unsicher gebunden. So können lang zurückliegende Ereignisse die Ursache sein für Störungen, unter denen sie noch als Erwachsene leiden.

10.4.3   Zeichen der Störung im Kindesalter

Im Experiment können durch Bindungstraumen gestörte juvenile Affen (Rhesusaffen) noch Entwicklungen nachholen, indem man sie mit jüngeren und sozial kompetenteren Artgenossen zusammenführt. Bekommen sie diese Chance nicht, dann sind sie oft nicht einmal kopulationsfähig oder sie sind zu aggressiv und unbeholfen, um ihre eigenen Jungen aufzuziehen.

Säuglinge, die in Heimen ohne Möglichkeit einer Bindung leben, schreien viel im ersten Halbjahr (SPITZ 1976). Sie beruhigen sich aber meistens sehr rasch, wenn sie aus dem Bett genommen werden. Diese Säuglinge versuchen, Bindungskontakt aufzunehmen. Wenn aber die Bezugspersonen ständig wechseln, erlöschen im zweiten Halbjahr ihre Versuche, Kontakt aufzunehmen. Sie wirken dann ernst und machen einen depressiven Eindruck, Verhaltensstereotypien können sich entwickeln. Unter Vermeidung des Blickkontaktes neigen sie dazu, sich wahllos an Erwachsene anzuklammern und Hautkontakt zu suchen. Später, als größere Kinder, zeigen sie oft eine unangemessene Zutraulichkeit zu Unbekannten. Als Erwachsene können sie infolge ihres Bindungstraumas eine Depressionsneigung entwickeln.

Wenn bei langen Spitals- oder Heimaufenthalten ohne Eltern Geborgenheit und Sicherheit fehlen, steigen Infektionsrisiko und Sterblichkeitsrate, darüber hinaus wirken die Kinder depressiv. Ihr Entwicklungsquotient bleibt oft deutlich zurück, das kann bis zur scheinbaren Intelligenzminderung führen. Wenn sich keine persönliche Bindung entwickeln kann, kann das Kind nicht einmal eine Beziehung zu Ersatzobjekten bilden (z. B. zu einem Tuch oder einem Stofftier). DONALD WINNICOTT (1969) nennt solche Gegenstände Übergangsobjekte; laut SCHIEFENHÖVEL (persönliche Mitteilung) gibt es sie nicht in traditionalen Kulturen.

10.4.4 Folgen von Bindungsstörungen

Die klinisch-psychiatrische Erfahrung zeigt, dass Menschen mit einer schwierigen Kindheit Gefahr laufen, psychopathologisch auffällige Partner zu finden, da bei der Partnersuche eher Menschen gesucht und bevorzugt werden, die Personen aus der Herkunftsfamilie ähneln. Die Kinder aus diesen Partnerschaften wachsen wieder unter schwierigen Bedingungen auf. Dadurch kann das gesteigerte Risiko zur Ausbildung von Persönlichkeitsstörungen und Neurosen über mehrere Generationen weitergegeben werden.

Durch einen bewussten Umgang mit den konkreten Gegebenheiten und durch tragfähige Beziehungen können auch Menschen, die in ihrer frühen Kindheit Bindungstraumen erlitten haben oder unsicher gebunden waren, aus dieser Spirale herausfinden – eine große Aufgabe für Eltern, Adoptiveltern, Pflegeeltern und Psychotherapeuten und für die Betroffenen selbst. Inzwischen gibt es viele empirische Daten zu den Faktoren, die dabei wichtig sind. So weiß man, dass es für Kinder, die an ihre Eltern gebunden sind, förderlich ist, wenn möglich in der Herkunftsfamilie zu bleiben und in Krisensituationen nur so lange als unbedingt nötig in Pflegeeinrichtungen zu verbleiben. Neue gute Erfahrungen mit den eigenen Eltern wirken nachhaltiger als neue gute Erfahrungen mit anderen Erwachsenen (vgl. GROSSMANN *et al.* 1982).

Wie wichtig Bindungen für die Sozialisation sind, zeigt (wie in Kapitel 5 erwähnt) der Umstand, dass in Deutschland nur ein Bruchteil der Häftlinge einer Strafanstalt (vgl. 5.1.3) als Kleinkind eine feste und dauerhafte Bezugsperson hatte. Auch die Entwicklung des Gewissens (Internalisation) setzt soziale Bindungen voraus. Viele Personen mit Bindungsstörungen sind unfähig, das Leid, das sie verursacht haben, empathisch wahrzunehmen und zu bereuen (PERRY *et al.* 2008).

10.4.5 Störungen durch die Missachtung der Inzesthemmung

Aus verhaltensbiologischer Sicht ist Inzest eine schwere Verhaltensstörung des Täters, die die Inzesthemmung von Kindern oder Jugendlichen verletzt und zu einem Trauma und schweren Verhaltensstörungen beim Opfer führen kann.

Es gibt keinen empirischen Hinweis dafür, dass Kinder von sich aus im „ödipalen Alter" ein Elternteil sexuell im Sinne der ausgereiften postpubertären Sexualität begehren.[98]

Nach einer Verletzung der Inzesthemmung – einem Inzesttrauma – kommt es beim Opfer zu unterschiedlichen Ausprägungen von Störungen, die nicht nur die subjektive Zufriedenheit, sondern auch das soziale Leben nachhaltig behindern können. Aus psychotherapeutisch/psychiatrischer Sicht gibt es beim Opfer kein einheitliches Missbrauchssyndrom.

Am häufigsten sind Distanzregulationsprobleme, Sexualstörungen (z. B. Hyper- und Asexualität), Minderwertigkeitsgefühle und emotionale Instabilitäten – es kann aber auch zu psychosomatischen Erkrankungen kommen. Frauen mit Distanzregulationsstörungen leben mitunter mit einem höheren Risiko durch sexuelle Nötigungen retraumatisiert zu werden. Das Gefühl subjektiver Minderwertigkeit ist wahrscheinlich die Folge der verinnerlichten Entwertung.

Infolge der funktionellen Nähe von Scham und Schuld neigen vor allem weibliche (BISCHOF-KÖHLER 2002) Opfer dazu, jahrzehntelang entgegen ihre Vernunft und Einsicht die Schuld für die Ereignisse beschämt auf sich zu nehmen und deshalb darüber zu schweigen. Manche Töchter verheimlichen die Ereignisse auch aus Schuldgefühlen gegenüber der Mutter, manchmal auch aus Angst vor deren Eifersucht. Erfahrungsgemäß fällt es schwerer, über Missbrauch durch den Vater als durch Stiefväter, Geschwister, Halb- und Stiefgeschwister und Fremde zu erzählen.

Sexuelle Erfahrungen werden im Allgemeinen von den betroffenen Kindern als verstörend erlebt und mit einem Erzähltabu belegt. Das kann zur emotionellen Überforderung und der Verwirrung von Bewertungen führen. Diese Erfahrungen sind im Erwachsenenalter Bürden für Partnerschaft und Sexualität.

Es gibt allerdings auch Kinder, die den Missbrauch scheinbar unbeschadet überstehen. Mitunter manifestieren sich die Folgen erst nach Jahren oder Jahrzehnten, etwa wenn es gilt, große Belastungen zu bewältigen (z. B. Todesfälle in der Familie), oder wenn die eigenen Kinder das Alter erreichen, in dem der Missbrauch geschehen ist.

10.5   Abschließende Bemerkung

Eltern und Kinder brauchen nicht nur zeitlich, räumlich und existenziell den Spielraum, der für die Bindung aneinander und damit für die psychische Gesundheit aller Beteiligten erforderlich ist, sondern sie benötigen unter Bedingungen der Industriegesellschaft auch mehr und mehr die Ermutigung, sich dieser wichtigen und lohnenden Lebensaufgabe zu stellen.[99] Die Entwicklungsschritte des Zusammenspiels zwischen Kindern und

---

98. Obwohl SIGMUND FREUD die Erzählungen über den sexuellen Missbrauch durch Väter zunächst ernst genommen hat, hat er letztlich doch dem Leugnen der „entrüsteten" Väter mehr Glauben geschenkt als den Töchtern und mit seinem Ödipuskomplex zu einer Interpretation beigetragen, die den Interessen der angesehenen pädophilen Täter-Väter entsprochen hat: Die Erzählungen auf kindliche Wunschphantasien zurückzuführen, war eine verhängnisvolle Fehlinterpretation.

99. Wichtige Voraussetzungen sind entsprechende Mutterschutz- und Karenzangebote, flexible und individuelle Möglichkeiten der Teilzeitarbeit und Kinderbetreuung.

Erwachsenen sind für psychologische, pädagogische, psychotherapeutische, gutachterliche und sozialpolitische Fragen und Belange von größter Relevanz.

11.   Aggression aus verhaltensbiologischer/kulturenvergleichender Sicht

Die ethologische Aggressionsforschung ist mit dem Buch von KONRAD LORENZ (1963) *Das sogenannte Böse* erstmals einer breiten Leserschaft zugänglich gemacht worden. Seit dem Erscheinen des Buches ist eine Fülle von empirischen Daten und theoretischen Überlegungen veröffentlicht worden. Hier soll eine knappe Übersicht über einige grundlegende Ergebnisse der Ethologie zur innerartlichen Aggression vorgestellt werden.

Das Kapitel ist in drei Teile gegliedert: Nach den Grundlagen wird im zweiten Teil ausgeführt, welche Situationen und Bedingungen aggressives Verhalten auslösen können. Der dritte Teil ist dem Thema gewidmet, welche Bedingungen aggressionshemmend und -vermindernd wirken.

11.1   Grundlagen

Aggression ist im Tierreich ein universelles Phänomen. Auch beim Menschen zeigt sich im Kulturenvergleich, dass es keine aggressionsfreien Populationen und Personen gibt. Dies gilt sogar für Kinder, die selbst keine Aggression erfahren oder beobachtet haben, z. B. gut betreute gehörlos und blind Geborene (DARWIN 1871, EIBL-EIBESFELDT 1995).

Aggressives Verhalten ist eine Strategie, um individuelle und gruppenspezifische „Triebe", Bedürfnisse und Interessen gegenüber anderen auch gegen deren Widerstand durchzusetzen. Eine Fülle von Beobachtungen belegt, dass angeborene Elemente bei aggressivem Verhalten und seinen Antagonisten, also bei beschwichtigendem und friedlichem Verhalten, eine Rolle spielen. Diese angeborenen Elemente werden bei vielen Tierspezies durch Lernen modifiziert, bei höheren Primaten auch durch protointellektuelle Fähigkeiten, bei Menschenaffen zusätzlich durch Empathie und Nachahmung und beim Menschen weit darüber hinaus durch die Kultur und durch Erziehung, sowie durch die Fähigkeit zur Reflexion.

Aggressives Verhalten ist eine Reaktion auf sehr verschiedene Situationen und zeigt viele Ausdrucksformen. Bei mehr oder weniger gewaltsamen Auseinandersetzungen geht es oft um den Zugang zu begrenzten Ressourcen (Nahrung, Territorium), um Sexualpartner oder auch um die Verteidigung von Familie und Gruppe.

Die Verhaltensforschung zeigt, dass aggressives Verhalten angeborene „instinktive" Elemente hat (Trieb- oder Instinkttheorie der Aggression). Trotzdem ist Aggression ein vielschichtiges und vielfältiges Phänomen, das sich nicht durch ein einziges „Motivations- bzw. Instinktmodell" beschreiben lässt. Einen Aggressionstrieb, der von Motivationen und Zwecken unabhängig ist, gibt es wahrscheinlich nicht. Zwischen aggressiven Motiven können erhebliche Unterschiede bestehen, z. B. zwischen Angstbeißen, Imponierbalzen, Raufspielen und aggressivem Konformitätsdruck innerhalb einer Gruppe.

Aggression verbessert zunächst die eigenen Chancen, meistens auf Kosten der Möglichkeiten anderer: Ein stärkeres Individuum sucht mit Hilfe von Aggression seine eigene biologische Fitness – also die Anzahl seiner Nachkommen – auf Kosten eines Schwächeren zu verbessern. Diese aggressiven Verhaltensweisen werden als *„agonistisch"*[100] bezeichnet.

Wenn aggressive Verhaltenselemente in einem Kontext verwendet werden, der anderen nicht schadet, so spricht man von *„nicht agonistischer* Aggression" (HASSENSTEIN 1973).

Das gilt etwa für die explorative Aggression des Kleinkindes, mit der es durch „Verstöße" seine Verhaltensspielräume auslotet. Das Verhalten ist im Trotzalter besonders ausgeprägt; zum Teil geschieht das zweifellos „aggressiv", aber keinesfalls in einem für die Eltern fitnessmindernden Sinn. Zu solchen nicht agonistischen Formen der Aggression gehören auch manche Formen der Aggression bei der Erziehung und das Autonomiestreben Jugendlicher.

Wenn aggressive Verhaltensweisen im Kontext von Erziehung angewandt werden, so ist zwar davon auszugehen, dass der Aggressor dem Kind oder dem Jugendlichen damit nicht schaden will. Wenn vom Kind erzieherische Aggression als „agonistisch-verletzend" erlebt wird und keine Versöhnungsmöglichkeit diesem Erleben ein Ende setzt, können aggressive Erziehungsformen aber auch ohne körperliche Züchtigung schaden.

11.1.1 „Aggressionen", die keine sind

Gelegentlich werden Handlungen, die zu körperlichen Schäden oder zum Tod führen, als aggressiv definiert. So wird oft das Verhalten eines Beutegreifers einem Beutetier gegenüber als aggressiv bezeichnet. Allerdings dürfte hier meistens ebenso wenig Aggression im Spiel sein wie bei einem menschlichen Jäger (LORENZ & LEYHAUSEN 1968). Ob eine Handlung als aggressiv einzuordnen ist, wird auch durch das subjektive Gefühl, das das Verhalten auslöst und begleitet, mitbestimmt. Ein Beispiel soll dies noch verdeutlichen: Eine Angehörige einer traditionalen Kultur, die sich in Infantizidabsicht nicht um ihr Neugeborenes kümmert, empfindet keine aggressiven Gefühle, sondern Trauer. Ihr Verhalten ist dem bei der Abtreibung ähnlich (SCHIEFENHÖVEL 1989). Auch Selbstverletzungstendenzen einzelner Patienten sind nicht immer mit dem subjektiven Gefühl der Aggression verbunden. Möglicherweise hat das Ausreißen der Haare von sozial isolierten verhaltensgestörten Makaken ähnliche Ursachen wie menschliche Selbstverletzungstendenzen. Bei Makaken kann diese Verhaltensstörung vermindert werden, wenn sie Partner für eine wohltuende soziale Fellpflege („Lausen") haben (GOOSEN & RIBBENS 1980). Auch Selbstmord wird immer wieder als Form der Autoaggression interpretiert. Eine suizidale Einengung ist aber nur in Ausnahmen mit aggressiven Gefühlen gegen sich selbst verbunden (z. B. bei psychotischen Patienten); bei den meisten Menschen ist sie Ausdruck höchster Fluchtbereitschaft. Auch ein Aggressions-Triebstau dürfte beim Suizid keine Rolle spielen. Dann müsste es nämlich entsprechend dem ethologischen Triebmodell (LORENZ 1978a) ein Kontinuum von geringen Selbstverletzungen (oder Autoaggressionen) bis hin zum Selbstmord geben. Auch bei erweiterten Selbstmordabsichten ist das Motiv meist nicht die Unterdrückung oder aggressive Schädigung, sondern eher „Altruismus": Allernächste Familienmitglieder sollen „befreit und erlöst"

---

100. griechisch agon = Wettkampf

Übersicht 11:
Beispiele für Motive und Situationen, die zu aggressivem Verhalten führen können

(a) Formen agonistischer Aggression (Fitness-Reduktion beim Verlierer)

Behinderungen persönlicher Ziele
▪ Behinderung beim Hungerstillen
▪ Behinderung des Sexualtriebes (z. B. durch Rivalen)
▪ Behinderung des Besitzstrebens (z. B. Nahrung, Territorium)
▪ Behinderung von Gewohnheiten (Diskrepanz zwischen Erfahrung und Erwartung)
▪ Behinderung von gelernten Zielen (z. B. Dressuren; * von kulturellen Zielen)
▪ Behinderung des Bewegungsdranges
▪ Behinderung der Selbständigkeit (z. B. eines Kindes)
▪ Unterschreiten einer bestimmten Individualdistanz
▪ Behinderung von Neugier bzw. Wissbegierde

Behinderungen in Bezug auf Gruppenleben/soziale Appetenzen
▪ *Behinderung beim Rangstreben*
▪ *Verweigerung der Anerkennung des Ranges*
▪ *Behinderung des Anschlussbedürfnisses an eine Gruppe*
▪ *sozial ignoriert werden (z. B. nicht gegrüßt werden)*
▪ *mangelnde Gegenseitigkeit/+ Ungerechtigkeit (▪ „moralistic aggression")*
▪ *mangelnde Konformität (bzw. Erscheinung, Verhalten, * Weltanschauung)*
▪ *mangelnde Nachgiebigkeit des Unterlegenen*
▪ *subjektiv erlebte/objektive Bedrohung des eigenen Stammes/* Ethnie*

Bedrohungen
▪ jegliche unmittelbare Bedrohung (z. B. mimisch: z. B. Drohstarren)
* *„verletzende" Geringschätzung persönlicher, materieller und ideeller Werte*
▪ *Bedrohung eines Kindes oder einer Frau (Einschreiten zugunsten des Bedrohten)*
▪ *Bedrohung eines Vertrauten (Verwandten oder Freundes)*

---

werden. Die Täterin oder der Täter ist bei der Planung und Ausführung der Tat meistens nicht sich selbst oder den in den Tod mitgenommenen Angehörigen gegenüber aggressiv gestimmt. Eine aggressive Komponente kann allerdings manchmal auf Hinterbliebene gerichtet sein.

11.2   Aggressionsauslösende Bedingungen

Es gibt unterschiedliche Motive, Auslöser und auslösende Situationen für aggressives Verhalten (siehe Übersicht 11). Die stammesgeschichtlich ältesten sind Bedrohungen, Behinderungen und Verunsicherungen, vor allem hinsichtlich der „großen vier Motive" (LORENZ 1963): Hunger, Fortpflanzung, Angriff, Flucht.

Verunsicherungen
- Überforderung (z. B. bei Lernaufgaben, bei großer Ungewissheit)
+ *Demütigung (zum Teil * Spott)*
* *Beschämung (das Gesicht wahren wollen)*
- *Verlusterlebnis (erste Trauerphase: Protestphase)*

Reaktionen
- Schreckreaktion, Angst, verhinderte Flucht („Angstbeißer")
* *zum Teil langfristige Rache bezüglich vieler Motive*
- *soziale Eifersucht*
- *sexuelle Eifersucht (gegen Partner oder Rivalen)*
- *mangelnder Rückhalt des Alphaindividuums (Auflehnung der Gruppe)*
- *Aufforderung zu Aggression durch Ranghöheren oder Alphaindividuum*
- *„Mobbing"/„Hetzen", nach Aufforderung (siehe oben)*
- *Nachahmen aggressiven Verhaltens (z.B. Nachahmen des Alphaindividuums)*
- *Eskalation von Komment- zu Beschädigungskampf (z.B. Strategie „Rächer")*
- männliche „Imponierbalz" (Dominanz nach „außen", z. B. gegen Rivalen)
- *Raufspiele (insbesondere bei Kindern; mehr bei Buben als bei Mädchen)*

(b) Formen nicht agonistischer Aggression (keine Fitnessreduktion)
- „explorative Aggression" des Kleinkindes (z. B. Neugier, soziale Exploration)
- „erzieherische Aggression" durch z. B. Eltern
- pubertäre Aversion gegen Eltern als Teil der Loslösung (z. B. körperlich)
- männliche „Imponierbalz" (um Frauen zu gefallen, Vermittlung von Schutz)

Legende:
- bei Menschen und einigen Tierarten zu beobachten
+ möglicherweise nur beim Menschen zu beobachten
* nur beim Menschen zu beobachten
Kursiv sind jene Formen der Aggression hervorgehoben, die im Rahmen der Evolution sozialer Zusammenschlüsse entstanden sind.

Aggression kann subjektiv mit Angst und Frustration verbunden sein; es gibt also auch innere subjektive Auslöser von Aggression (Frustrations-Aggressions-Hypothese).

Bemerkenswert ist, dass sich vor allem bei den höheren Säugetieren und beim Menschen im Rahmen der Evolution sozialer Zusammenschlüsse spezielle Formen der Aggression und der Aggressionsauslösung entwickelt haben (Gruppenaggression, soziale Eifersucht, moralistische Aggression; sie sind in der Übersicht 11 *kursiv* hervorgehoben). Sie sind zusammen mit ihren Antagonisten (aggressionshemmende Mechanismen) ein wichtiger Bestandteil der komplexen bio-sozio-kulturellen Grammatik.

Innerhalb von Familien und von sozialen Gruppen sind im Allgemeinen mehr aggressive Interaktionen zu beobachten als zwischen Gruppen und Stämmen. Diese Aggressionsformen werden durch aggressionshemmende Mechanismen balanciert, die teilweise, wie schon mehrfach erwähnt, ihre evolutionären Wurzeln im Brutpflegeverhalten haben (Küssen und Fellpflege, Grooming).

Trotz aller angeborenen Komponenten bestehen insbesondere bei höheren sozialen Säugetieren vielfältige Verhaltens- und Entscheidungsspielräume bezüglich Reaktionsstärke sowie zwischen aggressivem Verhalten und seinen Antagonisten. In vielen Situationen kann aggressives und freundliches Verhalten auch aus biologischer Sicht gleich zweckmäßig, also gleichermaßen der Fitness, dienlich sein. Entscheidungen zwischen konträren Motiven können aber auch je nach sozialer Intelligenz für alle Beteiligten passender oder unangemessener ausfallen.

Neben Reiz- und Reaktionsstärke gibt es noch weitere Variablen. Die Reaktionsstärke der einzelnen Aggressionsformen ist, wie bei den meisten „Instinkthandlungen", abhängig von äußeren Bedingungen (den aggressionsauslösenden Reizen) und von inneren Bedingungen (der inneren Bereitschaft). Eine niedrige aktionsspezifische Energie kann in Intentionshandlungen stecken bleiben, sie kann aber, je nach Reiz- und „Triebstärke", auch über Drohverhalten (verbal, mimisch-gestisch und proxemisch, das heißt durch die körperliche Nähe), Vertreibung und über verschiedene Grade der Beschädigung (Erschöpfung, Schmerz, Verletzung, Tod) eskalieren (vgl. MILGRAM 1974).

Aggressives Verhalten ist bei höheren sozialen Säugetieren nicht starr festgelegt, sondern wird im sozialen Kontext durch Lernen modifiziert. Dies wird durch die Lerntheorie der Aggression beschrieben. Lernen findet zum Teil am sozialen Modell statt. Es gibt geschlechtsabhängige Lerndispositionen hinsichtlich Aggression (z. B. Instinkt-Dressur-Verschränkungen), individuelle Unterschiede in Abhängigkeit von der Persönlichkeit, Unterschiede in Abhängigkeit von der Art der sozialen Zusammenschlüsse und gruppenspezifische Unterschiede bedingt durch unterschiedliche Traditionen (z. T. Instinkt-Kultur-Verschränkungen).

11.2.1   Die drei Kategorien der genetischen Distanz

Soziale Säuger, nicht-menschliche und wahrscheinlich auch menschliche Primaten, verhalten sich so, als gäbe es drei Kategorien von Artgenossen, nämlich (a) die Familie, (b) die eigene soziale Gruppe oder den eigenen Stamm und (c) den Gruppenfremden.

DARWIN (1871) und EIBL-EIBESFELDT (1995) sehen in sozialen Gruppen stammesgeschichtlich erweiterte Familien. Mit dieser Entwicklung wurden unter anderem Elemente des Brutpflegeverhaltens in das Sozialverhalten übernommen. Die Sicht von EIBL-EIBESFELDT wird durch die Verwandtschaftsbeziehungen in sozialen Primatengruppen gestützt: Die adulten Mitglieder zumindest eines Geschlechts sind zum größten Teil miteinander verwandt.

In sozialen Gruppen spielt Verwandtschaftshilfe und Kooperation zwischen Verwandten eine große Rolle, und es hatte offensichtlich einen Anpassungswert, diese Gruppe gegen entfernter Verwandte bzw. Fremde abzugrenzen (WICKLER & SEIBT 1991). Beim Umgang mit Artgenossen kann sich nicht nur Kooperation, sondern, biologisch betrachtet, auch Rivalität als vorteilhaft erweisen. Zwischen Bedingungen einer gewissen Altruismusbereitschaft und dem Überwiegen von Rivalität wird die Gruppengrenze gebildet (WICKLER & SEIBT 1991). Gerade was den Umgang mit Aggression und mit Aggressionshemmungen betrifft, bestehen in Bezug auf die drei Kategorien sehr große

---

Kasten 21: **„Subjektive" und „objektive" Perspektiven in den Aggressionstheorien** (vgl. BANDURA 1979, DOLLARD *et al.* 1939, LORENZ 1963)

Das „subjektive" Erleben (Erste-Personen-Perspektive) ist zusätzlich zu der „objektiv" beschreibenden Perspektive (Dritte-Personen-Perspektive) eine wichtige und zweckmäßige Hilfe beim Erkenntnisgewinn.

1) *Aggressionstheorien aus der Dritte-Personen-Perspektive:* Ihnen kann die *Instinkttheorie der Aggression* – inkl. Lernphänomenen – zugeordnet werden; Lernphänomene werden auch durch die *Lerntheorie der Aggression* beschrieben. Beide Aspekte werden in der Ethologie durch Konzepte wie Instinkt-Dressur- und Instinkt-Kultur-Verschränkungen miteinander verbunden. Die Ergebnisse werden in der *„dritten Person"* „objektiv" und „unpersönlich", fast wie „Leibaspekte" abgehandelt (durch Theorien der Ethologie, Neurobiologie und Psychologie). Man kann auch sich selbst gegenüber die beschreibende, „objektivierende" Position einnehmen.

Aus der „Dritten-Person-Perspektive" werden oft geringere Freiräume eingeräumt, als aus der „Ersten-Person-Perspektive".

2) *Aggressionstheorie aus der Ersten-Personen-Perspektive:* Sie wird am deutlichsten im Rahmen einer emotionellen Einengung erlebt, in der man nicht mehr zu Empathie fähig ist: Dabei erlebt man Wut- und *Frustrationsaspekte der Aggression*. Diese emotionalen Erfahrungen können dann sekundär – im Rahmen von Empathie – auch Anderen zugeordnet oder in Theorien abgehandelt werden.

Unterschiede. Innerhalb einer gewachsenen Gruppe sieht lebensgefährliche Aggression anders aus als zwischen Gruppen bzw. Stämmen. Im ersten Fall etwa versuchen Frauen von „Naturvölkern" eher Streit zu schlichten und die Männer zu entwaffnen, bei Fehden zwischen Stämmen aber spornen Frauen die Männer vielfach an (SCHIEFENHÖVEL, persönliche Mitteilung). Bemerkenswert ist der Umstand, dass auch bei Schimpansen während Innergruppenkonflikten Weibchen oft versuchen den Männchen die Steine abzunehmen, die diese im Kampf einsetzen wollten (DE WAAL 1982) und es bei ihnen auch Kämpfe zwischen Gruppen mit Genozid gibt (GOODALL 1986). In kriegerischen Stammeskulturen ist vor dem Einfluss der Europäer durch Innergruppenkonflikte und Stammesfehden etwa ein Viertel der Männer eines gewaltsamen Todes gestorben. Dasselbe aggressive Ereignis wird bei Stammesfehden und Kriegen verschieden bewertet: Wer für Mitglieder der einen Gruppe Held und Freiheitskämpfer ist, ist für die der anderen Gruppe Terrorist (und die rechtlichen Konsequenzen für Soldaten, Terroristen und Kriminelle sind unterschiedlich). Gewisse Verhaltenskomponenten von Aggression können als lustvoll erlebt werden; dies ist etwa bei Stammesfehden, aber auch beim „modernen" Mobbing zu beobachten.

Die zweite Kategorie, also die der sozialen Gruppe bzw. des Stammes, hat zweifellos kulturgeschichtlich eine Erweiterung erfahren und bezieht sich in Hochkulturen vielfach auf Ethnien und Staaten.

Die Bereitschaft, die eigene Aggression durch die der Anderen zu legitimieren, revanchistisch sowie durch Propaganda zu intensivieren und zu eskalieren, äußert sich z. B.

Übersicht 12:
Beispiele für Verhaltensweisen, Bedingungen und psychologische Funktionen,
die bezüglich der meisten Formen der agonistischen Aggression
aggressionshemmend und -vermindernd wirken können.

Verhaltensweisen
- *submissive Gesten, um Kampf zu beenden (vgl. 3 Kategorien der genet. Distanz)*
- *formale Anerkennung des Ranges (um Kampf zu vermeiden; nonverbal und * verbal)*
- *Geben u. Nehmen v. Geschenken (* inkl. verbaler Äquivalente, z. B. gute Wünsche)*
- *Versöhnung (so tun, als wäre alles in Ordnung oder formale Entschuldigung)*
- *soziales Komfortverhalten (nonverbal, z. B. Grooming; * verbale Freundlichkeiten)*
- *Grüßen und begrüßt werden*
- *emotionale Transparenz (Mimik und * verbal; Vermittlung von Vertrauenswürdigkeit)*
- * *Abschied mit Bekräftigungen des Bandes und verbalen Geschenken*
- \+ *Schmollen (angedrohter Kontaktabbruch, um Einlenken des Aggressors zu bewirken)*
- \+ Vermeiden von Aggression auslösenden Bedingungen (individuell oder * kulturell)
- Intervention eines Ranghöheren (z. B. zugunsten des schwächeren Streitpartners).
- beschwichtigende Intervention Dritter (manchmal eine wichtige „Frauenrolle")
- * vielfältige kulturelle Hilfen z. B.: gruppenbindende Spiele („Gesellschaftsspiele"),
  Katharsistechniken (z. B. „Ventilsitten"), Entspannungstechniken (z.B. klassische
  Musik), Gebote und Gesetze
- * verbales Abreagieren (als funktionelles Äquivalent brachialer Gewalt)

---

bei „Blutrache" und in Kriegen. Alle Kriegsparteien kämpfen aus ihrer Sicht für eine bessere und gerechtere Welt; mit erbarmungsloser Gesetzmäßigkeit zählen die eigenen Toten mehr als die der Anderen, über Recht und Unrecht entscheiden Machtverhältnisse. Meistens fehlt Schuldbewusstsein, teilweise wird dieser Mangel durch eine gesetzlich garantierte Immunität für Politiker, Soldaten und andere Täter „saniert".

Die Aggressionsforschung zeigt, dass die angeborenen Grundlagen der Aggression durch Sozialisation und Kultur überformt werden können. So ist es als ein Produkt langer kulturgeschichtlicher Entwicklungen zu sehen, dass die Homizidrate im Vergleich zu jener der erwähnten kriegerischen Stämme in europäischen Millionenstädten deutlich geringer ist (vgl. SALTER 2003).

11.2.2   Aggression im Arten- und Kulturenvergleich

Aggressive Antworten auf viele der in Übersicht 11 angeführten aggressionsauslösenden Bedingungen können bereits bei den uns am nächsten verwandten Primaten und großteils auch bei anderen Tieren beobachtet werden. Einige Situationen betreffen nur den Menschen. Alle sind als kulturunabhängige Universalien bei allen Ethnien dieser Welt

+ Abreagieren durch Hypochondrie, passive Resistenz, * Überkorrektheit
• „brachiales" Abreagieren im weitesten Sinn (z. B. auch an Ersatzobjekten)

Bedingungen
+ (nahe) Verwandtschaft
• Kinder (Kindchenschema)
• Frauen (wirken für Männer meist weniger aggressionsauslösend als Männer)
• hoher Grad der Vertrautheit (Verwandtschaft und Freundschaft, zum Teil gegenseitige Hilfe und Unterstützung)
• Anwesenheit eines Ranghohen

Subjektive Empfindungen und psychologische Funktionen
• Mitleid (zum Teil große Unterschiede bezüglich der drei Kategorien der genetischen Distanz)
+ Abwehrmechanismen (um Angst als Folge der eigenen Aggression zu vermeiden)
+ Sublimierung

• bei Menschen und einigen Tierarten zu beobachten
+ möglicherweise nur beim Menschen zu beobachten
* nur beim Menschen zu beobachten

Kursiv: Aggressionsvermindernde Bedingungen, die das Produkt einer stammesgeschichtlichen Abstimmung von Gefühlen, ihrem Ausdruck beim Sender und ihrem Eindruck beim Empfänger sind.

zu beobachten. Auch dies spricht dafür, dass die Grundlagen unseres Aggressionsverhaltens einschließlich des Erkennens bestimmter aggressionsauslösender Bedingungen als stammesgeschichtliches Erbe angeboren sind.[101] Wie die angeborenen Grundmuster im Detail aussehen, weiß man noch nicht. Manches spricht dafür, dass einigen Formen und Reaktionen gemeinsame Muster zugrunde liegen.

Wegen der langen phylogenetischen Anpassungsgeschichte sowohl des Aggressionsverhaltens und der Aggressionshemmungen, als auch der damit verschränkten Lern- und Sozialisationsfähigkeit erlebt im Allgemeinen der Gesunde seine aggressiven Reaktio-

---

101. Aggressive Verhaltensweisen sind für die Gruppenmitglieder so wichtig, dass im Verlaufe der Stammesgeschichte eine besondere Aufmerksamkeitsstruktur entstanden ist, durch die die entsprechenden Bedingungen und Ereignisse fokussiert werden: die Sensationslust. Sie verleitet, in unserer Zeit verstärkt durch die medialen Möglichkeiten, zum Konsum z. B. von spektakulärer Gewalt im Fernsehen. So werden zumindest einzelnen Risikopersonen zu viele aggressive Leitbilder angeboten und die Schwelle für Gewalt vermutlich gesenkt, indem die Toleranzschwelle für Gewalt erhöht wird. Erhöhte Risiken können sich ergeben, wenn Kinder sich zu viel selbst überlassen aufwachsen, etwa wenn Kinder ihre Lebenserfahrungen überwiegend auf der Straße oder im Computer und Internet erwerben, bei unsicheren Bindungen sowie nach Bindungs- und Inzesttraumen, nach Gewalterfahrungen usw.

nen als zweckmäßig und passend. Wegen dieser Zweckmäßigkeit leuchtet vielfach nicht spontan ein, wie groß das Ausmaß des Angeborenen daran ist. Darüber hinaus setzen wir unsere Vernunft eher dazu ein, unsere Aggressionen nach Möglichkeit sozial akzeptabel und „zweckmäßig" auszuleben. Auch neigen wir oft eher dazu, die eigene Aggression „rational" zu begründen, als sie je zu hinterfragen.

An dieser Stelle sind einige Sonderstellungen des Menschen hervorzuheben: Nur beim Menschen gibt es Kooperation und Altruismus auch zwischen fremden Gruppen und Ethnien, die sich etwa im Gastrecht oder in der Katastrophenhilfe sowie in Bündnissen in Kriegen (mitunter gegen die stärkere Gruppe) zeigen. Nur beim Menschen gibt es Versöhnung auf der Gruppen- und Staatsebene, Friedenstiftung und Friedensschluss.

11.3   Aggressionsabschwächende und -vermindernde Bedingungen

Im Zusammenleben hat aggressives Verhalten den Zweck der Durchsetzung von individuellen Interessen und von Gruppeninteressen. Aggression ist aber auch gefährlich, kann eskalieren und ihren Zweck verfehlen. So sind in der biologischen und in der kulturellen Entwicklung Verhaltensweisen entstanden, die Aggression abschwächen, hemmen und antagonisieren, um den Schaden, der bei agonistischer Aggression entstehen kann, möglichst klein zu halten.

Auch aggressionshemmende Mechanismen zeigen in ihrer Wirkung große Unterschiede, vor allem in Bezug auf die drei Kategorien Familie, Gruppe, Gruppenfremde. So ist Mitleid im Allgemeinen innerhalb der Familie und innerhalb eines Stammes leichter auslösbar als etwa während einer Stammesfehde oder eines Krieges in Bezug auf den Feind. Auch diesem Mechanismus liegen biopsychische Programme zugrunde. Mitleid kann z. B. durch submissive Gesten ausgelöst werden. EIBL-EIBESFELDT (1975, 1976) sieht im Mitleid das subjektive Korrelat einer Tötungshemmung.

Vielfach wird diskutiert, ob der Mensch überhaupt eine Tötungshemmung hat. Diejenigen, die glauben, der Mensch habe eine, fokussieren wahrscheinlich entsprechende Hemmungen in Bezug auf die eigene Familie oder die eigene Gruppe, also auf den Kreis von Personen, mit denen man vertraut ist. Diejenigen, die behaupten, der Mensch habe keine, denken wahrscheinlich vor allem an gewalttätige Auseinandersetzungen, wie z. B. Kriege. Die Grenze, jenseits derer Töten stillschweigend toleriert oder gefördert wurde und wird, deckt sich in Diktaturen mit ideologischen und ethnischen Grenzen, in Demokratien immer wieder mit ethnischen Grenzen.

In dem höchst konkurrenzbestimmten sozialen System flexibler Koalitionen, wie es schon bei Schimpansen beobachtet werden kann (DE WAAL 1982), ist der Feind vielleicht morgen Freund und umgekehrt. Verwandtschaftliche Bindungen sind dabei oft aufgrund des hohen Vertrautheitsgrades sozial stabiler als Koalitionen mit nicht Verwandten. Andauernder Groll kann sich politisch nachteilig auswirken. Das Vermeiden andauernder Feindschaften ist der Zweck versöhnender Rituale bei evolutionär höheren sozialen Spezies.

Manchmal verweigert der Überlegene solange die Versöhnung (DE WAAL 1982), bis sich der Verlierer – bei Schimpansen durch japsendes Grunzen oder durch eine tiefe Verbeugung – förmlich unterwirft, also ihn als Stärkeren formal anerkennt. Entspannung tritt ein, sobald Klarheit über die Rangverhältnisse herrscht. Innerhalb einer Gruppe wird nur gekämpft, solange Rangverhältnisse unklar sind. Versöhnen und Rangklärung sind eine Hilfe dafür, dass Aggressionen nicht zu viel Zeit und Kraft kosten und keinen Schaden anrichten. Versöhnen ist also ein aggressions-bewältigendes und -begrenzendes Verhalten. Das Aufrechterhalten der Beziehungen ist vorteilhaft, weil es eine bessere Einschätzung und Vorhersagbarkeit des Verhaltens innerhalb der Gruppe möglich macht.

Hominoide haben für das Versöhnen ein reiches Repertoire, aus dem einige Verhaltensweisen erwähnt werden: Sie bahnen die Versöhnung durch die ausgestreckte Hand an, sie versöhnen sich mit einem Kuss oder mit sozialer Fellpflege (Grooming), sie befühlen die Genitalien, teilen die Nahrung, nehmen Körperkontakt auf, umarmen sich oder tun nach F. DE WAAL vermutlich auch so, als ob nichts gewesen wäre.

Die kursiv geschriebenen aggressionshemmenden Bedingungen in Übersicht 12 beziehen sich auf die Wechselwirkung beider (oder mehrerer) interagierender Individuen. Sie sind das Produkt einer stammesgeschichtlichen Abstimmung von drei Merkmalen: Gefühlen, ihrem Ausdruck beim Sender und ihrem Eindruck beim Empfänger. Die Beispiele sind vorwiegend Bestandteil der Evolution sozialer Zusammenschlüsse – außer submissiven Gesten, „brachiales" Abreagieren, Kinder- und Frauenschema. Bei den Bedingungen der Übersicht sind „Grundmuster" bei „Tier" und Mensch angeboren. Zwischen einigen der in Übersicht 12 aufgeführten Punkte bestehen Überlappungen. Störungen im Bereich der Beispiele von der Übersicht können die Ursache sowohl für eine gesteigerte Aggressivität als auch für „neurotische" Depressionen sein, zum Teil spielen sie auch bezüglich der Angstbereitschaft eine Rolle.

„Soziales Komfortverhalten" hingegen ist ein Verhaltensbereich, der Aggression antagonisiert: Das Küssen, das freundliche sich Berühren, soziale körperliche Zuwendungen wie Groomen bzw. soziale Hautpflege (siehe auch HESLIN *et al.* 1983) haben sich stammesgeschichtlich aus dem Brutpflegeverhalten entwickelt. Beispiele für funktionelle verbale Äquivalente von sozialem Komfortverhalten sind Small Talk (DUNBAR 1988) und freundliche verbale Aufmerksamkeiten. Eine ausgewogene Gegenseitigkeit spielt dabei eine wichtige Rolle: Der Vertrautheitsgrad steigt. Bei mangelnder Wechselseitigkeit sinkt er beim benachteiligten Partner. Störungen beim sozialen Wohlbefinden können die Angstbereitschaft und damit die Aggressionsbereitschaft steigern.

Ein anderer Aspekt sozialer Attraktivität ist die emotionelle Transparenz (FRANK 1988, EIBL-EIBESFELDT 1995), also das unmittelbare und ehrliche Zeigen eigener innerer Stimmungen und die Unmittelbarkeit und Ehrlichkeit verbaler Mitteilungen. Transparenz hat eine große, das soziale Zusammenleben regulierende Bedeutung; sie hilft, Vertrauen zu stiften und Bindungen zu festigen und wirkt damit aggressionshemmend. Gerade in Situationen, in denen man besonders gruppenwürdig und freundschaftswürdig erscheinen will, gibt man sich besonders transparent, z. B. beim Versöhnen, zum Teil auch bei der Anbahnung einer Freundschaft. Wir alle reagieren in unserem sozialen Umfeld auf mimische und verbale Unehrlichkeit sehr empfindlich.

Bekannt ist Aggressionshemmung durch das sogenannte Kindchenschema. Es wurde von KONRAD LORENZ (1978a: Abb. 17) entdeckt und beschrieben. Zumeist antagonisiert kleinkindliches Verhalten aggressive Stimmungen.

In den industrialisierten Ländern der globalisierten Welt bestehen große Unterschiede, welchen Zugang Menschen zu kulturellen Hilfen haben, um destruktive Formen der Aggression abzuschwächen oder zu verhindern. Sportliche Wettkämpfe etwa kann man als Katharsistechniken interpretieren, die zugleich den Gruppenzusammenhalt fördern. Als Entspannungstechniken sind Methoden aus anderen Kulturkreisen moderner geworden (z. B. Yoga) als unsere eigenen. Techniken aus unserem Kulturkreis sind nur einer dünnen Schicht zugänglich (das betrifft z. B. den Zugang zu Werken der klassischen Musik und zum Teil fast ausgestorbene christlich-religiöse Techniken, z. B. Litaneien, Stundengebete, Rosenkranzbeten).

Die letzten drei Verhaltensweisen in Übersicht 12 behandeln aggressives „Abreagieren". Aus der Sicht eines sich aggressiv Abreagierenden gehören diese Begriffe zweifellos in Übersicht 12, weil damit Triebabfuhr und Triebverminderung verbunden sind. Diese drei Punkte gehören aber auch in Übersicht 11, weil dieses Verhalten bei dem, der so behandelt wird, aggressionsauslösend wirken kann.

11.4   Zusammenfassung

Die ethologische Betrachtungsweise kann dazu beitragen, Aggressionsverhalten und dessen Gegenspieler besser zu verstehen.

Festgehalten werden muss aber, dass Forschung nicht dazu missbraucht werden darf, aggressives Verhalten zu entschuldigen oder die vielen Formen unsozialen Dominanz- und Unterwürfigkeitsverhaltens zu verstärken. Die Einsicht in die Gefährlichkeit und Selbstgefährdung unserer Spezies sowie in unseren mitunter affektlogischen Bewertungsrelativismus könnte helfen, unsere Aggressionsbereitschaft besser zu verstehen, zu kanalisieren und auch sogenannte „gerechte Kriege" zu vermeiden.

Das Beispiel von Stammesfehden mit Genozid bei Schimpansen und Menschen zeigt, dass von der biologischen Erklärung „natürlicher" Bedingungen deduktiv keine moralischen Normen abgeleitet werden können: Es gibt ja auch je nach Standpunkt bzw. Partei zum Teil konträre biopsychisch begründete Sichtweisen (vgl. Parakosmos, Kapitel 9, Kasten 18, S. 147). Darüber hinaus passen manche Bewertungen (etwa in Zusammenhang mit Gruppenzugehörigkeitsgefühlen) nicht mehr in die von uns veränderte Umwelt, weil sie das Selektionsprodukt einer anderen Umwelt sind. Unsere angeborenen Aggressionshemmungen, einschließlich der entsprechenden angeborenen Lernbereitschaften, entsprechen bestenfalls einer Kultur, in der der Faustkeil als Kampfmittel gebraucht wird. Weil sowohl „Aggressionsbremsen" als auch Lernbereitschaften relativ schwach ausgeprägt sind, gehören auch wir seit der Erfindung der Atomwaffen zu den vom Aussterben bedrohten Arten. Daher sind wir hier ganz besonders auf kulturelle Hilfen angewiesen. Bei der Innergruppenaggression greifen in manchen Gesellschaften Gebote und Gesetze relativ gut. Durch diese kulturellen Reglements konnte z. B. die Anzahl der Todesfälle als Aggressionsfolge stark reduziert werden (vgl. LORE et al. 1993). Es ist deshalb zu hoffen, dass ähnlich gute Ergebnisse auch eines Tages zwischen Staaten möglich sein werden. Bei entsprechenden Diskussionen muss aber Wissen über die Natur des Menschen in die Argumentationen einfließen.

Zweifellos besteht, wie bereits erwähnt, ein Entscheidungsspielraum, auch wenn viele aggressionsauslösende und -hemmende Bedingungen als grobe „Grundmuster" angeboren sind. LORENZ (1966: Kapitel 12) schreibt: „Tiefere Einsicht in die physiologischen Ursachenverkettungen des eigenen Handelns kann nicht das geringste an der Tatsache ändern, dass man will, wohl aber kann sie eine Veränderung dessen bewirken, was man will". Es ist also durchaus zu hoffen, dass durch mehr Wissen über die Natur der Aggression unser bewusster Entscheidungsspielraum größer wird. Angesichts unserer Lern- und Kulturfähigkeit könnte die ethologische Sicht helfen, aus dem Wissen um die Natur des Menschen Aggression besser zu verstehen, mit ihr besser kontrolliert umzugehen und allgemeine soziale Beziehungen zu verbessern.

12.   Zôon politikón, biopsychische Aspekte

In die Diskussion soziopolitischer Fragen werden üblicherweise soziologische, historische, wirtschaftliche, kulturelle, manchmal auch entwicklungspsychologische Erkenntnisse einbezogen. Relativ selten wird die Frage nach den anthropologischen Grundlagen gestellt, die soziopolitisches Handeln ermöglichen, beeinflussen und begrenzen, in welchen Verhaltensbereichen und in welchem Ausmaß der Mensch lernfähig ist und wie unsere biologischen Wurzeln der Formbarkeit durch die Umwelt einen Rahmen geben. In diesem Kapitel soll auf einzelne Universalien des Menschen, die für soziopolitisches Handeln relevant sind, näher eingegangen werden.

12.1   Grundlagen und Vorbedingungen für politisches Verhalten

Aus der Sicht der Humanethologie ist der Mensch, auch als *Homo politicus*, nicht nur Produkt seines Geistes, seiner Bildung und seiner Kultur. Seine Wurzeln liegen, wie bei allen anderen Lebewesen auch, in der Evolution und sie formen den Menschen: Sie ermöglichen und begrenzen sein Handeln auf eine ganz bestimmte Weise, die wir beschreiben können mit Hilfe unseres Wissens über Stammeskulturen – über die Kultur-, inklusive der Ur- und Frühgeschichte hinaus (EIBL-EIBESFELDT 1995). Bereits DARWIN (1872) hat ganz allgemein biopsychische Wurzeln aufgrund der Tatsache vermutet, dass viele soziale Antriebe und Hemmungen, die sozio-politisches Handeln mitbestimmen, in allen Populationen gefunden werden können. Dieser Denkansatz ist inzwischen auch durch die Tatsache erhärtet worden, dass sie auch über unsere Artgrenze hinaus bei Angehörigen unserer nah verwandten Primaten beobachtet werden können, etwa bei Menschenaffen (DE WAAL 1982). Affektiv/emotional getönte, soziopolitisch relevante Leistungen und Merkmale, die alle menschlichen Gesellschaften sowie unsere nächst verwandten Primaten zum Teil auch mit ihrem mimischen Ausdrucksverhalten zeigen, sind zum Beispiel: Angst, Ärger, Besitzstreben, Betteln und Abgeben von Ressourcen, Bindungsbereitschaft, Eifersucht, Freude, Freundschaft, Hass, Imponieren, Liebe, Machtstreben, Mitleid, Mobbing, Neid, Trauer, Unterordnungsbereitschaft, Wut, Zufriedenheit. Dazu gehören ferner vielfältige Antriebe, Hemmungen und Bewertungen, die die verschiedenen hierarchischen Ebenen betreffen (emotionale und sachliche Vor- und Nachteile der sozialen Ebenen) sowie auch die Neigung zu Gruppenbildungen und Vorbehalte oder feindliche Einstellungen fremden Gruppen und ihren Mitgliedern gegenüber. Demgegenüber stehen vergleichsweise nur wenige emotional getönte Verhaltensbereitschaften, die möglicherweise nur Menschen zeigen: Arroganz, Rache, Schadenfreude, Schmollen als Androhung des Kontaktabbruches, Schuld, Spott, Verachtung u. a. All diese Antriebe und Hemmungen sind entstanden, um das Sozialverhalten für die betroffenen Individuen in die – biologisch gesehen – „zweckmäßigen Bahnen" zu lenken. Einzelne dieser angeborenen Grundlagen stehen in einem synergistischen, andere in einem antagonistischen Verhältnis zueinander (z. B. Aggression und Aggressionshemmung oder Neugier und Angst). Die Entscheidungsmöglichkeiten und -notwendigkeiten eröffnen Freiräume für Lernen, Intellekt und Kultur. Der Mensch ist hinsichtlich der Möglichkeiten, sein Verhalten zu verändern, nicht beliebig lernfähig, wie etwa der Versuch gezeigt hat, Hierarchien und Geschlechterunterschiede abzuschaffen. Andererseits ist die Tatsache bemerkenswert, dass die Homizidrate traditioneller Gruppen durch kulturelle Maßnahmen etwa auf mindestens ein Hundertstel gesenkt werden kann, wie der Vergleich mit europäischen Millionenstädten zeigt (SCHIEFENHÖVEL 1986, KUEGLER 2005). Das Zusammenwirken einzelner biologischer Verhaltensbereitschaften mit Lebensgeschichte und Kultur ist im Anhang hypothetisch für Extrempositionen von Rechts-/Linksideologien ausgeführt.

Die Komplexität sozialer Beziehungen (unter Berücksichtigung von Vertrautheitsgrad, Bindungen, Alter, Geschlecht) und die Vielfalt der Entscheidungsmöglichkeiten hat als intellektuelle Herausforderung im Verlauf der Stammesgeschichte bei sozialen nicht-menschlichen Primaten und in Stammeskulturen zugenommen. Menschen sind darüber hinaus konfrontiert mit verschiedenen Machtverhältnissen innerhalb ihrer Gruppe und in der Beziehung zu Nachbarstämmen. Neben Überzeugungsgabe und dem intellektuellen und verbalen Geschick ist auch der Rückhalt bei mächtigen Männern eine wichtige Variable für die Gruppendynamik. Diese Aspekte kommen auch heute in pluralistischen Gesellschaften zum Tragen. Sie müssen kulturell gestaltet werden, weil sie anfällig für Missbrauch sind.

Themen „politischer" Diskussionen sind nach SCHIEFENHÖVEL (persönliche Mitteilung) in Stammeskulturen die Durchführung gemeinsamer Aufgaben wie Roden und Anlegen von Gärten, das Bauen von Brücken, Verteidigungsanlagen, Männerhäusern und anderen sozial, politisch und religiös bedeutsamen Einrichtungen, rituelle und magische Praktiken und ihre Auswirkungen, Ausrichtung von Festen, Leitbilder und Rollenmodelle, Kontrolle und Ausnutzen von Konflikten in der Gruppe, Einfluss auf Beginn, Pausen und Ende von Stammesfehden, Propagierung bzw. Kontrolle eskalierender Rache, Heirat bestimmter Personen, Entscheidungen, die sich aus den Exogamiegeboten ergeben (Gebote, Gruppenfremde zu heiraten), generell die Wahrung der Tradition (evtl. auch in Akkulturationsphasen), Annäherung an das Neue und seine Integration usw. Fokussiert man beispielsweise die in Kapitel 11 erwähnten Kategorien der genetischen Distanz (Familie, Gruppe, Gruppenfremde), das Reflexionsvermögen, den Sinn für Gerechtigkeit, das Verständnis für Gruppeninteressen, die Sprache, dann gibt es den *Homo politicus*, so lange es *Homo sapiens* gibt.

Initiativpersonen – in der politischen Arena traditionaler Kulturen sind es fast immer Männer – wurde Loyalität in dem Maße entgegengebracht, in dem sie ihre Rolle zum Nutzen der Gemeinschaft ausgeübt haben. Eine Erblichkeit dieser Rolle war nicht vorgesehen, es handelte sich also um eine frühe Form der Meritokratie, die an Bindungen und wahrgenommenen Fähigkeiten der Anführer und Vertreter der Gruppe orientiert war.

12.2   Bedingungen der Kleingruppe

Stammeskulturen kommen am ehesten der sozialen Umwelt nahe, an die der Mensch angepasst ist („Environment of Evolutionary Adaptedness", EEA). Es handelt sich dabei um gewachsene Kleingruppen von etwa 50 bis 100 Personen, Personen also, die einander persönlich kennen und von denen ein relativ großer Teil miteinander verwandt ist. Die Gruppengröße wird unter anderem dadurch bestimmt, dass zeitlich nur mit einer begrenzten Anzahl von Artgenossen Sozialkontakte gepflegt werden können und sich die Individuen nur eine bestimmte Anzahl sozialer Bedingungen und sozialer Besonderheiten ihrer Gruppenmitglieder merken können.

Das Zusammenleben im Allgemeinen und das eingangs erwähnte Gefühlsleben im Speziellen wird in den Gruppen durch vielfältige soziale Rückmeldungen und Bewertungen moduliert. Es ist einerseits nützlich und notwendig zu wissen, von wem man gut oder weniger gut behandelt worden ist, wer hilfsbereit ist und wer die eigene Hilfsbereitschaft im Sinne von „Reziprozität" erwidert, und andererseits, was die Anderen von einem denken (Emphronesis), ob Selbst- und Fremdeinschätzung zusammenpassen und was für eine Verbesserung der Fremdeinschätzung getan werden kann. Innerhalb der Gruppen besteht also (neben allen Vorteilen, die sich aus kurzfristig eigennützigem Verhalten ergeben) ein Druck hinsichtlich sozialer Attraktivität (FRANK 1988). Das Eingebundensein in ein Netz von Reziprozitäten bietet erhebliche Vorteile und ist abhängig vom Verwandtschaftsgrad und der Attraktivität der beteiligten Personen. Aus einer Gruppe ausgeschlossen zu werden, kann unter Bedingungen einer Stammeskultur lebensbedrohlich sein; auch Häuptlinge sind so lange auf den Rückhalt in der Gruppe angewiesen, als sie keinen „eisernen Vorhang" bauen oder andere ihre Unangreifbarkeit sichernden Maßnahmen institutionalisieren können. Innerhalb von Gruppen gilt es, kurzfristig eigennützige Tendenzen zu unterdrücken, um nicht sozial zu unattraktiv zu werden.

Kasten 22: Koalition und Kooperation bei Hominoiden

Bündnisse zwischen Artgenossen, die sich durch gegenseitige Hilfsbereitschaft auszeichnen. Koalitionen geben den Partnern die Möglichkeit, sich besser gegen stärkere und ranghöhere Artgenossen durchzusetzen,[102] beispielsweise kann der Zweitstärkste eine Koalition mit einem anderen Männchen eingehen, um formal den Alpha-Rang zu besetzen. Dabei kann es vorkommen, dass der Koalitionspartner mehr Macht ausübt, als der objektiv Stärkste.

Durch Koalitionen sichern sich Weibchen Nahrungsressourcen gegen beiderlei Geschlecht. Bei machtopportunen Kooperationen zwischen Männchen versuchen in der Regel Rangniedere sich gegen Ranghohe Zugang zu Weibchen zu sichern. Langfristige Strategien und „Sympathien" spielen bei Schimpansenweibchen eine größere Rolle als bei Männchen. Familienbande spielen bei der Bildung von Koalitionen und „Freundschaften" eine wichtige Rolle. Diese Koalitionen sind es, die soziale Gruppen bei Primaten in der Weise auszeichnen, dass die Individuen nicht mehr beliebig austauschbar sind, sondern durch persönlich gewachsene Beziehungen gebildet werden. Der Mensch ist unter den Primaten der Kooperativste und gegebenenfalls Uneigennützigste. Schimpansen helfen sich gegenseitig aufGrund ihrer Empathie (bez. unmittelbarer Emotionen und Intentionen), Menschen können mit Hilfe ihrer Emphronesis („theory of mind"), der Wortsprache und dem im Vergleich zu Menschenaffen erweiterten Zeithorizont auch komplexe und langfristige persönliche Ziele und Gruppenziele verfolgen.

---

102. FRANS DE WAAL (1997) sieht Parallelen hinsichtlich der Bündnisse zwischen Krieg führenden Staaten.

12.3   Bedingungen in Großgesellschaften

Zweifellos ist der Mensch das lernfähigste aller Lebewesen. Die biologisch ererbten Antriebe und Hemmungen werden durch Lernen im Rahmen von Erziehung, Sozialisation und Kultur und durch den freien Willen modifiziert. Ein wesentlicher Teil der Verschränkungen zwischen der Natur und der Kultur des Menschen betrifft Hemmungen oder Verstärkungen angeborener instinktiver Motive. Viele Aspekte des gesellschaftlichen Wandels lassen sich auf diese Modifikationen zurückführen. Beispiele dafür sind etwa der Umgang mit Hierarchien und Autoritäten, die je nach Kulturepoche mehr oder minder hinterfragt werden dürfen oder Aspekte der Geschlechterdifferenz, die in den letzten Jahrzehnten in Europa einem starken Wandel unterzogen waren und sind. Es gibt Kulturen, die einzelne Facetten der Geschlechtsunterschiede größer machen, als die biologischen Unterschiede vorgeben und andere, die sie kleiner machen (SCHIEFENHÖVEL 1992).

Was unterscheidet traditionelle Gesellschaften, sog. Naturvölker, von der Industriegesellschaft? Das Wissen über die Gruppenmitglieder und das Gruppengeschehen und der Einfluss auf das Leben in der Gruppe ist in Stammesgesellschaften viel größer als in der Industriegesellschaft. In der Industriegesellschaft entziehen sich viele Bereiche der Kenntnis und dem Einfluss der Bürger ebenso wie dem der Politiker und sind damit anfällig für Missbrauch. In Großgesellschaften sind anonyme Bedingungen entstanden, deren Auswirkungen fatal sein können: In den letzten 100 Jahren sind mehrere Hundertmillionen Menschen durch Krieg, Bürgerkrieg, politisch initiierten Hunger und Gefangenschaft gestorben, und inzwischen ist ein großer Teil von ihnen von der populären Geschichte vergessen worden (NUSSBAUMER 2003). Den zehntausend Sklaven der Pharaonen entsprechen heute Millionen, ja ganze Staaten, insbesondere in der sogenannten Dritten Welt (vgl. BECK 1997). Multinationale Konzerne beispielsweise entziehen sich nicht nur der politischen Kontrolle und dem Zugriff der Finanzbehörden, aufgrund ihrer wirtschaftlichen Potenz können sie undemokratisch mehr Realmacht als demokratisch gewählte Politiker erringen, die sie unter Zugzwang setzen und denen sie – etwa unter dem Vorwand, Arbeitsplätze zu erhalten oder zu schaffen – Bedingungen diktieren können. Eine neue Spielart der Kleptokratie ist entstanden, die alle historischen in den Schatten stellt. Die ausgebeuteten und hungernden Billigarbeiter der Dritten Welt sind zu weit entfernt und zu anonym, um Mitleid bei den politisch verantwortlich Reichen auszulösen (NUSSBAUMER *et al.* 2010[103]).

Eine Folge der Globalisierung, des Machtzuwachses großer Staaten, des Machtzuwachses der Konzerne ist die zunehmenden Komplexität und die daraus resultierende intellektuelle Überforderung von Fachleuten. Rückkoppelungsmöglichkeiten, etwa Machtkontrolle, funktionieren nur mehr bedingt. Selbst mächtige Politiker können sich Zwängen, dem Lobbying und den Verlockungen der multinationalen Wirtschaft nicht entziehen. Die Mechanismen sozialer Rückmeldungen von Kleingruppen sind in den erweiterten Gesellschaften ineffizient geworden. Dies zeigt die Historie am Beispiel von „Gottkönigen", ihrem unermesslichen Reichtum sowie der Anzahl ihrer Frauen und ge-

---

103. Nach NUSSBAUMER *et al.* gehört die Hälfte des Gesamtvermögens 2 % der Weltbevölkerung; die ärmere Hälfte der Menschen (überwiegend Frauen) verfügt über 1 % des Gesamtvermögens.

Kasten 23: **Affektlogik** (siehe auch Reflexion Kasten 4, S. 68 und 2.2.1, S. 45)

Affekte und Stimmungen geben Denkinhalten eine Richtung. Ihrem stammesgeschichtlich gewachsenen Zweck entsprechend, ist der Intellekt ein „scanning mechanism", der gemäß den aktuellen Antrieben und Hemmungen nach adäquaten Möglichkeiten der Verwirklichung sucht. Vor allem in komplexen Gesellschaften fällt immer wieder auf, wie einseitig von einzelnen Personen und Interessengruppen Analysen durchgeführt und die Probleme anderer negiert oder unterbewertet werden. Zum Teil werden Analysen von vorweggenommenen *eigennützigen* Lösungsansätzen geleitet (z.B. im Rahmen von Lobbying). Die Wahrheitsähnlichkeit des Inhalts und die moralische Bewertung verschiedener Anwendungsmöglichkeiten werden dabei häufig nicht auseinander gehalten. Wegen dieser affektlogisch begründeten Verzerrungen sind pluralistische Bedingungen nützlich und notwendig. Wenn bestimmte Denkinhalte affektiv sehr hoch besetzt sind, dann werden diese manchmal affektiv „gesperrt" bzw. entsprechende theoretische Alternativen ausgeklammert. BISCHOF sieht in diesen Zerrbildern zum Teil *„funktionell optimale Täuschungen"* (siehe „Parakosmos", Kapitel 9, Kasten 18, S. 147). Um auf der Staatsebene das Risiko von affektlogisch bedingten Fehleinschätzungen und Fehlurteilen gering zu halten, haben sich nicht nur die Gewaltentrennung (Legislative, Exekutive, Jurisprudenz), sondern auch pluralistische Bedingungen bewährt, wegen Interessenskonflikten der Ausschluss von Ämterkumulationen und bei Gericht der Ausschluss von z.B. Richtern wegen Befangenheit sowie affektlogische Spezialisierungen wie Staatsanwalt, Verteidiger und Richter.

zeugten Kinder. Machtopportune Konformität, die das Leben in der Kleingruppe erleichtert und den Einzelnen einschätzbarer macht, kann sich in Großgesellschaften vor allem dann als nachteilig erweisen, wenn Konformismen durch die Mächtigen missbraucht werden. Die künftigen Auswirkungen und Risiken der Machtkumulationen in der globalisierenden Industriegesellschaft sind nur schwer einzuschätzen. Wichtige Fragen sind beispielsweise: Welches ökonomische Gefälle innerhalb und zwischen den Staaten ist wirtschaftlich und politisch zuträglich? Was geschieht, wenn sich verschiedene Kulturen, Religionsgemeinschaften nahe kommen? Wie reagieren fremde Menschen aufeinander, wie große Menschengruppen? Was ermöglicht Begegnungen zwischen verschiedenen Kulturen, was verhindert sie?

12.3.1 Affektlogik

Die Aufmerksamkeit einzelner Personen und Interessensgruppen und deren Analysen sind immer wieder „einseitig" bzw. affektlogisch verzerrt. Weil die Komplexität der Welt des Menschen hoch ist, bleiben selbst innerhalb wissenschaftstheoretisch vertretbarer Rahmenbedingungen die Ermessensspielräume für viele humanwissenschaftliche Fragen groß. Unser Denkvermögen zeigt unter Umständen eine von der Psychoanalyse erkannte Auffälligkeit darin, dass sich gewisse einseitige und zum Teil unbewusste und fehlleitende Entscheidungspräferenzen im Laufe des Lebens entwickeln können, um unangenehme Affekte (z. B. Angst) zu vermeiden bzw. abzuwehren. Scheinbare Eindeutigkeit im „Entweder-Oder" wird dann vielfach der Sicht von der systemisch verschränkten Vielfalt der Aspekte der Wirklichkeit im „Sowohl-als-auch" affektlogisch vorgezogen. Bei aller Berechtigung von unterschiedlichen Perspektiven und Positionen können so auch extremistische Sichtweisen und Weltbilder entstehen und, wenn der Konformitätsdruck entsprechend groß ist, auch auf lange Zeit hin konsolidiert werden, z. B. Links-Rechts-Ideologien. Radikale Kontrahenten sind des Öfteren nicht nur am komplementären Auge blind, sondern versuchen im Rahmen ihrer theoretischen Vernunft, dann, wenn sie die Macht dazu haben, das Hinterfragen logischer Paradoxien zu verbieten.

Von affektlogischen Voreingenommenheiten und Verzerrungen sind keineswegs nur Politik und Wirtschaft betroffen, sie prägen auch den zwischenmenschlichen Alltag. Aufgrund affektlogisch begründeter Einseitigkeiten und Überheblichkeiten und ihrer Auswirkungen haben sich im Verlauf der Kulturgeschichte auf der individuellen und sozialen Ebene im Streitfall Institutionen zur Schlichtung als nützlich und notwendig erwiesen – nämlich die Gerichte. Dort sind Spezialisten sogar affektlogisch der jeweils konträren Position verpflichtet: Der Staatsanwalt ist der Strafverfolgung verpflichtet, der Verteidiger stellt die Sachverhalte des Mandanten so günstig wie möglich dar und ein unabhängiger Richter bildet sich ein Urteil unter Berücksichtigung der Gesetze und fällt es. Alle drei sollen gemeinsam vermeiden, dass etwa das Faustrecht oder die Machtverhältnisse über Recht und Unrecht entscheiden.

Auf staatlicher Ebene mit einer ethnisch homogenen Population haben sich pluralistische Bedingungen, Mehrparteiensysteme und eine freie Presse als nützlich und notwendig erwiesen. Bei Problemen zwischen Ethnien, z. B. Minderheitenproblemen, bei völkerrechtlichen und bei Problemen der Globalisierung sowie zwischen armen und reichen Ländern sind selbst nationale Demokratien und Pluralismus, Gewerkschaften und eine marktorientierte freie Presse vielfach nicht ausreichend. Hier entscheiden auch heute noch oft, zum Teil mangels konsequenter Gewaltentrennung, die Machtverhältnisse über Recht und Unrecht: Die mächtigen Politiker machen Gesetze (Legislative), sie sprechen Recht (Jurisprudenz) und exekutieren ihr Urteil als Oberbefehlshaber ihrer Armeen (Exekutive). Internationale Gerichtshöfe bleiben so lange ineffizient, als sie in der Praxis keine Durchsetzungskompetenz hinsichtlich der Mächtigsten haben.

Es gilt, die Lernfähigkeit des Menschen dort zu nützen, wo sie vorhanden ist. Besonders zielführend ist in diesem Zusammenhang wohl einerseits die weitere Entfaltung der menschlichen Fähigkeit, differenziert mit Mechanismen der Rückmeldung und der Machtkontrolle umzugehen und andererseits die Förderung von Bedingungen, unter denen Menschen zu globalem, solidarischem Handeln bereit und fähig sind.

Keine religiöse oder andere monistische weltanschauliche Macht hat es aus sich selbst heraus geschafft, ihre Lehre in den eigenen Reihen in die Praxis umzusetzen – zum Teil wegen Widersprüchen mit der Natur des Menschen, zum Teil mangels Machtkontrolle. Auch etliche kirchliche Institutionen sind erst mit Hilfe des öffentlichen Drucks einer demokratisch und pluralistisch orientierten Gesellschaft menschlich geworden.

12.4　Anhang

Übersicht 13: Gegenüberstellung gesellschaftspolitischer Einstellungen
(nach BISCHOF 1996 auf den empirischen Grundlagen von GROSSARTH-MATICEK 1975)

„linke" Orientierung	„rechte" Orientierung

(1) Extrempositionen als Folge von Störungen in der Autonomieentwicklung? (Beispiele beziehen sich auf Söhne)

Mutter: rückblickend als • *dominierend; zunächst verwöhnend, dann entziehend und ausstoßend* beschrieben; intensive Bindung und Identifikation, die erfolglos bekämpft wird; Vater: rückblickend als „gut" und schwach beschrieben. Eltern: Bildungsmittel- und Oberschicht; liberal, große Freiräume zu Hause	Mutter: rückblickend als „gottähnlich" vollkommen beschrieben; • *regressive Verherrlichung der Mutter;* (Partnerin später extrem idealisiert) Vater: rückblickend als ungerecht, „böse" und stark beschrieben. Eltern: kleinbürgerlich (ökonomisch und bezüglich strengem Wertesystem); keine Freiräume zu Hause; zum Teil Liebe zu einem Elternteil durch anderen behindert

(2) Überempfindlichkeit gegenüber

• *Zurückweisung und ungerechte Behandlung, vor allem durch Ranghohe*	* Zurückweisung moralisch normativer Werte

(3) Feindbilder

• *Unterdrückung;* Ausbeutung, Repression	• *Überfremdung,* * „moralische Zersetzung"

(4) Präferenzen in Bezug auf Hierarchien

Mitgefühl und Solidarisierung mit Schwachen; • *Bekämpfung der Starken:* „mach kaputt, was dich kaputt macht"; Basisdemokratie, Traum von Gleichstellungen	• *Solidarisierung mit Starken; Bekämpfung und z. T. Ausmerzen der Schwachen* • *Unterordnung; Selbstaufgabe;* Zucht, Ordnung; * Pflicht; • Recht des Stärkeren; Verzicht auf Selbstbestimmung

(5) Autonomie

antiautoritärer Individualismus.	Selbstaufgabe unter „Führer"; Selbstaufopferung; *Anklammern an • Urvertrauen als Erwachsener*

(6) Vorbilder, kulturelle Orientierung

* Ablehnung der eigenen Kultur * fremde Kulturen höherwertig und schützenswert; Bevorzugung von *Kulturvarianz*	* Nationalismus; * Kriegsheldentum, Ablehnung fremder Einflüsse; Bevorzugung von eigener Kultur und *Kulturkonstanz*

(7) Präferenzen in Bezug auf Geschichte

* Fortschritt in Veränderung angestrebt; Verklärung der Zukunft; stammes- und kulturgeschichtliche Bedingungen als Einengungen abgelehnt	* Konservativismus; „Moderne = Verfallskultur" * Glorifizierung der eigenen kulturgeschichtlichen Vergangenheit

(8) Vorstellungen zu Anlage/Umwelt

unbeschränkte Erziehbarkeit; (Human- und Verhaltens-)Biologiefeindlichkeit: Glaube an Abschaffbarkeit der Aggression, Ideal von der Androgynität	Unerziehbarkeit der „Minderwertigen"; Überbewertung der (genetischen) Veranlagungen

Übersicht 13: Verschiedene gesellschaftspolitische Einstellungen unterscheiden sich durch ihre spezifischen Gewichtungen von psychosozialen Variablen. Den Gewichtungen liegen zum Teil Motive zugrunde, die Gegenstand der primatologischen und humanethologischen Forschung sind; sie sind in den Kästen *kursiv* hervorgehoben. Die Übersicht 13 zeigt als einen weiteren Aspekt hypothetische Zusammenhänge zur ontogenetischen Entstehung und Psychologie von weltanschaulichen und philosophischen Extrempositionen (GROSSARTH-MATICEK 1975; BISCHOF 1997). Die Zuordnung der Positionen ist lediglich der Versuch, Prototypen zu erstellen. Natürlich gibt es Überlappungen zwischen linken und rechten Blickwinkeln in der Politik und auch individuelle Weltbilder. Grundlage der Zuordnungen sind Männer mit extremen gesellschaftspolitischen Positionen und Zielen.

GROSSARTH-MATICEK und NORBERT BISCHOF vermuten Störungen bei der Autonomieentwicklung von Kindern als Ursache für extreme Positionen bei der gesellschaftspolitischen Orientierung. Die entsprechenden Verhaltensmerkmale, die hier möglicherweise eine ursächliche Rolle spielen, sind in der Übersicht unter „Extrempositionen als Folge von Störungen in der Autonomieentwicklung?" erwähnt. Durch Rationalisierungen und kontrastierende und ausgrenzende Theorienbildungen könnten aus diesen Störungen demnach mehr oder minder radikale und konträre Weltbilder entstehen. Eine Entideologisierung könnte hier die Theorienbildung betreffen. Die einzelnen Bewertungen des Schemas lassen sich kaum naturwissenschaftlich rechtfertigen oder begrenzen. Hier sind die Grenzen von Toleranzen nicht wissenschaftstheoretisch begründbar, sondern nur ethisch, weil es gilt, Individuen oder Gruppen keinen Schaden zuzufügen (vgl. Kap. 3.1.2.3.1, S. 76: Anwendungs- und Erkenntniswert).

Die Angst vor dem potentiellen (und zum Teil auch nur unterstellten) Missbrauch der Vorstellungen der Gegner treibt die Kontrahenten mitunter in ihren Positionen kontrastierend auseinander. Im Extremfall können entsprechende Entwicklungsstörungen zu einer besonderen soziokulturellen Vulnerabilität mit affektiven Notreaktionen und affektlogischen Notschlüssen führen. Diese psychodynamischen Bedingungen können zu einem Nährboden für radikale weltanschauliche Haltungen werden. Das Bestreben, sich möglichst weit von den gegnerischen Positionen zu entfernen, kann bezüglich der menschenrechtlichen und politischen Auswirkungen zu Ähnlichkeiten im destruktiven Verhalten führen. Bei schweren Störungen sind Perspektivenübernahmen der entgegengesetzten Positionen und die Modifizierbarkeit der eigenen Sicht schwer behindert; die Weltbilder können dann langfristig sehr stabil bleiben. In Einzelfällen wird aber auch radikal die Seite gewechselt, zum Teil, um den gerade aktuellen gesellschaftlichen Trend zu bekämpfen.

Verhaltenstendenzen, die den Begriffen der einen Spalte zugrunde liegen, sind zum Teil Gegenspieler der Verhaltenstendenzen der anderen Spalte. Ein Teil dieser Verhaltensdispositionen kann aus verhaltensbiologischer und gesellschaftspolitischer Sicht dann als Bestandteil des Normalverhaltens gesehen werden, wenn sie situativ richtig und ethisch vertretbar zum Einsatz kommen. Die situationsabhängige Bevorzugung der einen oder der anderen Seite kann durch Lernen, durch den Intellekt und durch die Kultur beeinflusst werden („Instinkt-Kultur-Verschränkungen"). Weltbilder, in denen die eine oder andere Seite deutlich überbewertet ist, können aus der Sicht ihrer Vertreter relativ stimmig erscheinen, auch wenn die Welt infolge der selektiven Aufmerksamkeit einzelner Extremisten mehr oder minder einseitig gesehen und bewertet wird.

Ein Hinweis darauf, dass einige der in Übersicht 13 angesprochenen zum Teil gegensätzlichen Verhaltenstendenzen angeborene Grundlagen haben, bietet der Tier-Mensch- und der Kulturenvergleich. Manche von ihnen können in ähnlicher Weise oder in Vorstufen wahrscheinlich auch bei höheren Primaten, insbesondere Menschenaffen (•) beobachtet werden, einige nur bei Homo sapiens als kulturunabhängige Universalien (*). Die zum Teil angeborenen Grundlagen dieser Verhaltenstendenzen können durch Lernen im Rahmen der Sozialisation und der Internalisation und durch den Intellekt beeinflusst werden.

Abgesehen von solchen als Extremfälle dargestellten Positionen, ist die gegenwärtige politische Kultur durch eine Vielzahl von Agenten gekennzeichnet, die das ganze Spektrum zwischen diesen Extremen abdecken. Weil Vertreter der unterschiedlichsten Weltanschauungen immer wieder richtige und wichtige Aspekte in die gesellschaftspolitische Diskussion einbringen, sind pluralistische Bedingungen nützlich und notwendig. Sie erleichtern die Diskussion und die Perspektivenübernahme und beschleunigen dadurch den gesellschaftlichen Lernprozess: Pluralistische Bedingungen ermöglichen eine vergleichsweise raschere Lösung gesellschaftlicher Zeitprobleme als staatlich verordnete Wahrheiten. Sie erleichtern eine Annäherung der Positionen und ermöglichen die Diskussion von Fehlern und deren Korrekturen. Die negativen Wirkungen radikaler Positionen schlagen dann nicht so schwer zu Buche: POPPER (1974) fordert nicht nur, dass Theorien falsifizierbar, sondern auch, dass Regierungen abwählbar sein müssen.

> „Wenn der Mensch in der Cultur fortschreitet und kleinere Stämme zu größeren Gemein-
> schaften vereinigt werden, so wird das einfachste Nachdenken jedem Individuum sagen,

dass es seine socialen Instincte und Sympathien auf alle Glieder der Nation auszudehnen hat, selbst wenn sie ihm persönlich unbekannt sind. Ist dieser Punkt einmal erreicht, so besteht dann nur noch eine künstliche Grenze, welche ihn abhält, seine Sympathie auf alle Menschen aller Nationen und Rassen auszudehnen." (DARWIN 1871, deutsche Ausgabe von 1910: 135)

„As man advances in civilisation, and small tribes are united into larger communities, the simplest reason would tell each individual that he ought to extend his social instincts and sympathies to all the members of the same nation, though personally unknown to him. This point being once reached, there is only an artificial barrier to prevent his sympathies extending to the men of all nations and races." (DARWIN 1871, Ausgabe von 1901: 187–188)

Bibliographie der im Buch verwendeten Arbeiten des Autors

Kapitel 1:

2000   „Fragen zur Geschlechterdifferenz, eine verhaltensbiologische Annäherung". *Wiener Medizinische Wochenschrift* 150: 217–224.

2001   „Interdisziplinarität, ein Beitrag der Ethologie." In: M. Schultz, K. Atzwanger, G. Bräuer, K. Christiansen, J. Forster, H. Greil, W. Henke, U. Jaeger, C. Niemitz, C. Scheffler, W. Schiefenhövel, C. Schröder & I. Wiechmann (Hrsg.), *Homo – unsere Herkunft und Zukunft.* Proceedings, 4. Kongress der Gesellschaft für Anthropologie, Potsdam, 25.–28. Sept. 2000;. Göttingen: Cuvillier Verlag. 117–120.

2006   „Grundlagen der Anthropologie, eine interdisziplinäre Wissenschaft mit biologischen Wurzeln." *Naturwissenschaftliche Rundschau* 59: 65–71.

Kapitel 2:

2011   „Welchen Beitrag leisten die Geisteswissenschaften für den interdisziplinären Dialog zwischen den Humanwissenschaften?" *Naturwissenschaftliche Rundschau* 64: 181–188.

2011   „NR-Stichwort: Semmelweis-Effekt." *Naturwissenschaftliche Rundschau* 64: 501–502.

Kapitel 3:

1985   „Evolutionäre Psychologie." In: J. A. Ott, G. P. Wagner & F. M. Wuketits (Hrsg.), *Evolution, Ordnung und Erkenntnis.* Berlin: Paul Parey. 126–150.

2001   „Biologie und Kultur. Zu den biologischen Bedingungen von Determination und Freiraum in der Kultur." In: Ch. Sütterlin & F. Salter (Hrsg.), *Irenäus Eibl-Eibesfeldt: Zu Person und Werk.* Wien: Peter Lang Verlag (Bibliotheka Aurea). 245–260.

Kapitel 4:

2008   „Von der tierlichen Brutpflege zum Sozialverhalten des Menschen." *Naturwissenschaftliche Rundschau* 61: 277–282.

Kapitel 5:

2010   „Der Apfel vom Baum der Erkenntnis und die Vertreibung aus dem Paradies; über die Evolution von Moral." In: M. Müller & S. Schaede (Hrsg.), *Das wollte ich nicht. Das waren meine Gene! Von Darwins Evolutionstheorie zur evolutionären Ethik.* Rehburg-Loccum: Loccumer Protokolle 14/09. 23–43.

Kapitel 6:

1993   „Neigung oder Norm? Zur Ethologie des Besitzes." In: W. Schiefenhövel, J. Uher & R. Krell (Hrsg.), *Im Spiegel der Anderen – das verbindende Erbe*. München: Realis Verlag. 166–173.

Kapitel 7:

Medicus G. & S. Hopf
1995   „Der natürliche Unterschied. Zur Biopsychologie der Geschlechterdifferenz." *Sexuologie* 2: 148–165.

Kapitel 8:

1992   „The Inapplicability of the Biogenetic Rule to Behavioral Development." *Human Development* 35: 1–8.

Kapitel 9:

2003   „Zur Kritik der Evolutionären Erkenntnistheorie am Konstruktivismus." In: M. Fasterding (Hrsg.), *Aufbruch der Wissenschaft*. Gelsenkirchen: Edition Archaea. 91–102.

Kapitel 10:

Manuskript aus Vorlesungshomepage:
    http://homepage.uibk.ac.at/~c720126/humanethologie/ss/medicus/block2/BindungLoesung.pdf

Kapitel 11:

1994   „Humanethologische Aspekte der Aggression; Ein Beitrag zu den biologischen Grundlagen von Psychotherapie und Psychiatrie." In: W. Schöny, H. Rittmannsberger & Ch. Guth (Hrsg.), *Aggression im Umfeld psychischer Erkrankungen; Ursachen, Folgen, Behandlung*. Linz: Edition pro mente. 29–56
2005   „NR-Stichwort Aggression." *Naturwissenschaftliche Rundschau* 58: 53–54.

Kapitel 12:

2006   „‚Zôon politikón', biopsychische Aspekte." In: H. Schmidinger & C. Sedmak (Hrsg.), *Der Mensch ein zôon politikón?* Darmstadt: Wissenschaftliche Buchgesellschaft. 143–152.

Literaturverzeichnis

AHRENS R. 1954: „Beitrag zur Entwicklung des Physiognomie- und Mimikerkennens." *Zeitschrift für experimentelle und angewandte Psychologie* 2: 412–454 und 599–633.

AINSWORTH M. D. S. 1963: „The development of infant-mother interaction among the Ganda." In: B. M. FOSS (Hrsg.), *Determinants of infant behavior.* London: Methuen. 67–104

—— 1977: „Attachment theory and its utility in cross-cultural research." In: P. H. LEIDERMAN, TULKIN ST. R. & ROSENFELD A. (Hrsg.), *Culture and Infancy, Variations in the Human Experience.* New York: Academic Press. 49–67.

AINSWORTH M. D. S. & WITTING B. A. 1969: „Attachment and exploratory behavior of one-year-olds in a strange situation." In: FOSS B. M. (Hrsg.), *Determinants of infant behavior.* Bd. IV. London: Methuen. 111–136.

BAER K. E. v. 1828: *Entwicklungsgeschichte der Thiere: Beobachtung und Reflexion.* Königsberg: Bornträger.

BAERENDS G. P. 1958: „Comparative methods and the concept of homology in the study of behavior." *Archives Néerlandaises de Zoologie* 13: 401–417.

BALTHAZART, J. 1983: „Hormonal correlates of behavior." In: FARNER D. S., KING J. R. & PARKES K. C. (Hrsg.), *Avian biology.* Bd. VII. New York: Academic Press. 111–136.

BANDURA A. 1979: *Sozial-kognitive Lerntheorie.* Stuttgart: Klett-Cotta.

BECK U. 1997: *Was ist Globalisierung?* Frankfurt a. M.: Suhrkamp.

BEIER K. M., BOSINSKI H. & LOEWIT K. 2005: *Sexualmedizin,* München: Urban & Fischer.

BENSEL J. 2003: *Frühe Säuglingsunruhe.* Berlin: VWB – Verlag für Wissenschaft und Bildung.

BERNATZKY G., PRESCHA M., ANDERSON M. & PANKSEPP J. 2011: „Emotional foundations of music as a non-pharmacological pain management tool in modern medicine." *Neuroscience and Biobehavioral Reviews* 35: 1989–1999.

BISCHOF N. 1985: *Das Rätsel Ödipus.* München: Piper.

—— 1996: *Das Kraftfeld der Mythen.* München: Piper.

—— 2008: *Psychologie.* Stuttgart: Kohlhammer-Verlag.

—— 2012: *Moral, ihre Natur, ihre Dynamik und ihr Schatten.* Köln: Böhlau.

BISCHOF-KÖHLER D. 1989: *Spiegelbild und Empathie.* Bern: Hans Huber Verlag.

—— 2002: *Von Natur aus anders. Die Psychologie der Geschlechtsunterschiede.* Stuttgart: Kohlhammer

—— 2011: *Soziale Entwicklung in Kindheit und Jugend. Bindung, Empathie, Theory of Mind.* Stuttgart: Kohlhammer; siehe auch: http://www.bischof.com/.

BITTERMAN M. E. 1965: „Phyletic differences in learning." *American Psychologist* 20: 396–410.

BLUM D. 2010: *Die Entdeckung der Mutterliebe. Die legendären Affenexperimente des Harry Harlow.* Weinheim: Beltz Verlag.

BOESCH C. & BOESCH H. 1983: „Optimization of nut-cracking with natural hammers by wild chimpanzees." *Behaviour* 83: 265–286.

BOWLBY J. 1969: *Attachment and loss.* Bd. 1; Attachment. New York: Basic Books

—— 1980: *Attachment and loss.* Bd. 3; Loss. New York: Basic Books.

BRÜNE M. 2008: *Textbook of evolutionary psychiatry: the origins of psychopathology.* Oxford: Oxford University press.

BRÜNE M. & RIBBERT H. (Hrsg.) 2001: *Evolutionsbiologische Konzepte in der Psychiatrie.* Frankfurt a. M.: P. Lang GmbH.

BRÜNE M., RIBBERT H. & SCHIEFENHÖVEL W. (Hrsg.) 2003: *The social brain*. Chichester: J. Wiley.

BUSS D. M. 1985: „Human mate selection." *American Scientist* 73: 47–51.

——— 2007: *Evolutionary psychology, the new science of the mind*. New York: Allyn & Bacon.

BYRNE R. & WHITEN, A. (Hrsg.) 1988: *Machiavellian Intelligence, social expertise and the evolution of intellect in monkeys, apes and humans*. Oxford: Clarendon.

CARMICHAEL L. 1926: „The development of behavior in vertebrates experimentally removed from the influence of external stimulation." *Psychological Review* 33: 51–58.

——— 1927: „A further study of the development of behavior in vertebrates experimentally removed from the influence of external stimulation." *Psychological Review* 34: 34–47.

CHARLESWORTH W. R., COSTALL A. & GHISELIN M. T. 1986: „Darwin and developmental psychology." *Human Development* 29: 1–35.

CRANACH M. V. (Hrsg.) 1976: *Methods of inference from animal to human behaviour*. Chicago: Aldine/ Mouton.

DAHLBERG F. (Hrsg.) 1981: *Woman the gatherer*. New Haven: Yale University Press.

DARWIN CH. 1859: *On the origin of species by means of natural selection*. London: Murray.

——— 1871: *The descent of man and selection in relation to sex*. London: Murray.

——— 1872: *The expression of emotions in man and animals*. London: Murray.

DAWKINS R. 1976: *The selfish gene*. Oxford: Oxford University Press.

DOLLARD J., DOOB L. W., MILLER N. E., MOWRER O. H. & SEARS R. S. 1939: *Frustration and aggression*. New Haven: Yale University Press.

DUNBAR R. I. M. 1988: *Primate Social Systems*. London: Croom Helm.

DUUS P. 1976: *Neurologisch-topische Diagnostik*. Stuttgart: Georg Thieme.

EIBL-EIBESFELDT I. 1958: *Versuche über den Nestbau erfahrungsloser Ratten*. Wiss. Film B 757; Institut für wissenschaftlichen Film, Göttingen.

——— 1975: *Krieg und Frieden*. München: Piper.

——— 1976: *Liebe und Hass*. München: Piper.

——— 1978: *Grundriß der vergleichenden Verhaltensforschung*. München: Piper.

——— 1990: „Dominance, submission and love." In: J. R. FEIERMAN (Hrsg.), *Pedophilia: biosocial dimensions*. New York: Springer. 150–175.

——— 1995: *Die Biologie des menschlichen Verhaltens. Grundriß der Humanethologie*. München: Piper

EIBL-EIBESFELDT I. & WICKLER W. 1962: „Ontogenese und Organisation von Verhaltensweisen." *Fortschritte der Zoologie* 15: 354–377.

EKMAN P. 1988: *Gesichtsausdruck und Gefühl*. Paderborn: Junfermann Verlag.

ELLIS L. 1986: „Evidence of neuroandrogenic etiology of sex roles from a combined analysis of human, nonhuman primate and nonprimate mammalian studies." *Personality and Individual Differences* 7: 519–552.

ENGELS E.-M. 2007: *Charles Darwin*. München: Beck'sche Reihe.

EWERT J.-P. 1976: *Neuroethologie. Einführung in die neurophysiologischen Grundlagen des Verhaltens*. Berlin: Julius Springer.

FEIERMAN J. (Hrsg.) 1987: *The ethology of psychiatric populations. Ethology and sociobiology*. Bd. 8, Nr. 3S (Beilage).

——— (Hrsg.) 1990: *Pedophilia, biosocial dimensions*. New York: Springer.

FISCHER J. 2012: *Affengesellschaft*. Berlin: Suhrkamp.

FLECHSIG P. 1920: *Anatomie des menschlichen Gehirns und Rückenmarks auf myelogenetischer Grundlage*. Leipzig: Thieme.

FLECK L. 1935: *Entstehung und Entwicklung einer wissenschaftlichen Tatsache*. Frankfurt a. M.: Suhrkamp Taschenbuch.

———1936 (1960): *Erfahrung und Tatsache* (gesammelte Aufsätze). Frankfurt a. M.: Suhrkamp Taschenbuch.

FOLEY R. A. 1997: „The adaptive legacy of human evolution: a search for the environment of evolutionary adaptedness." *Evolutionary Anthropology* 4: 194–203.

FOPPA K. 1965: *Lernen, Gedächtnis, Verhalten. Ergebnisse und Probleme der Lernpsychologie.* Köln: Kiepenheuer & Witsch.

FOSSEY D. 1983: *Gorillas in the Mist.* Boston, MA: Houghton Mifflin Company.

FOX C.A., ISMAIL A.A., LOVE D.N., KIRKHAM K.E. & LORAINE J.A. 1972: „Studies on the relationship between plasma testosterone levels and human sexual activity." *Journal of Endocrinology* 48: 1228–1239.

FRANCES A. 2013: *Normal, Gegen die Inflation psychiatrischer Diagnosen.* Köln: Dumont.

FRANK R.H. 1992: *Strategie der Emotionen.* München: Oldenbourg.

FREUD Si. 1950: *Gesammelte Werke.* London: Imago Pubi.

FREUD So. 2002: Tonbandmitschnitt vom Vortrag „Falsche Propheten" am 17.VII.02, Weltkongress für Psychotherapie in Wien.

FUSANI L. 2008: „Testosterone control of male courtship in birds." *Hormones and behavior* 54: 227–233.

GALLUP P. 1970: „Chimpanzees: self-recognition." *Science* 167: 86–87.

GARCIA J. & R.A. KOELLING 1967: „A comparison of aversions induced by x-rays, drugs and toxins." *Radiation Research Supplement* 7: 439–450.

GAREIS B. 1978: „Statistische Zusammenhänge von frühkindlicher Deprivation und späterer Jugendkriminalität." In: NITSCH K. (Hrsg.), *Was wird aus unseren Kindern.* Heidelberg: Hüthig Verlag. 76–80.

GLAUBRECHT M. 2012: Wegeners neues Weltbild. *Naturwissenschaftliche Rundschau,* 65: 288–296 und 341–352.

GOODALL J. 1986: *The chimpanzees of Gombe.* Cambridge, MA: Havard University Press.

——— 1991: *Ein Herz für Schimpansen.* Reinbeck: Rowohlt.

GOODFELLOW C.F., HULL M.G., SWAAB D.F., DOGEROM J. & BUIJS R.M. 1983: „Oxytocin deficiency at delivery with epidural analgesia." *British Journal of Obstetrics and Gynaecology* 90: 214–219.

GOOSEN C. & RIBBENS L.G., 1980: „Autoaggression and tactile communication in pairs of adult stumptailed macaques." *Behavior* 73: 155–174.

GOULD J.S. 1977: *Ontogeny and phylogeny.* Cambridge, MA: Harvard University Press.

GRAMMER K. 1993: *Signale der Liebe.* Hamburg: Hoffmann & Campe.

GRAY J.A. 1971: „Sex differences in emotional behavior in mammals including man: Endocrine bases." *Acta Psychologica* 35: 29–46.

GROHMANN J. 1939: „Modifikation oder Funktionsreifung? Ein Beitrag zur Klärung der wechselseitigen Beziehungen zwischen Instinkthandlung und Erfahrung." *Zeitschrift für Tierpsychologie* 2: 132–144.

GROSSART-MATICEK R. 1975: *Die Revolution der Gestörten.* Heidelberg: Quelle & Meyer.

GROSSMANN K.E. & GROSSMANN K. (Hrsg.) 2003: *Bindung und menschliche Entwicklung. John Bowlby, Mary Ainsworth und die Grundlagen der Bindungstheorie und Forschung.* Stuttgart: Klett-Cotta.

GROSSMANN K., GROSSMANN K.E., KEPPLER A., LIEGEL M. & SCHIEFENHÖVEL W. 2003: „Der förderliche Einfluß psychischer Sicherheit auf das spielerische Explorieren kleiner Trobriand-Kinder." In: PAPOUSEK M. & GONTARD A. (Hrsg.), *Spiel und Kreativität in der frühen Kindheit.* Stuttgart: Klett-Cotta. 112–137.

HACKING J. 2010: „Verteidigung der Disziplin." In: JUNGERT M., ROMFELD E., SUKOPP TH. & VOIGT U. (Hrsg.), *Interdisziplinarität, Theorie, Praxis, Probleme.* Darmstadt: Wissenschaftliche Buchgesellschaft (WBG). 193–206.

HAECKEL E. 1866: *Generelle Morphologie der Organismen: Allgemeine Grundzüge der organischen Formen-Wissenschaft, mechanisch begründet durch die von Ch. Darwin reformierte Descendenz-Theorie.* Berlin: Georg Reimer.

HAMILTON W.D. 1964: „The genetical evolution of social behavior." *Journal of Theoretical Biology* 7: 1–52.

HALL B.K. 1984: „Developmental mechanisms underlying the formation of atavisms." *Biological Review* 59: 89–124.

HALL G.S. 1904: *Adolescence: Its psychology and its relations to physiology, anthropology, sociology, sex, crime, religion and education.* 2 Bd. New York: Appleton.

HAMMERSTEIN, P. 1981: „The role of asymmetries in animal contests." *Animal Behavior* 29: 193–205.

HARCOURT A.H., HARVEY P.H., LARSON, S.G. & SHORT, R.V. 1981: „Testis weight, body weight and breeding system in primates." *Nature* 293: 55–57.

HARLOW H. F. 1971: *Learning to love*. San Francisco: Albion.

HARLOW H. F. & HARLOW M. K. 1962: „Social Deprivation in Monkeys." *Scientific American* 207: 137–146.

Hartmann N. 1950: *Philosophie der Natur*. Berlin: de Gruyter.

—— 1964 (3. Auflage): *Der Aufbau der realen Welt*. Berlin: de Gruyter.

Hasler F. 2012: *Neuromythologie. Eine Streitschrift gegen die Deutungsmacht der Hirnforschung*. Bielefeld: transcript Verlag.

HASSENSTEIN B. 1973: *Verhaltensbiologie des Kindes*. München: Piper.

HAUG-SCHNABEL G. 1994: „Inter-child eye contact as a mechanism controlling aggressive behavior." In: Vorbereitung für *Aggressive Behavior*.

—— 1994: *Enuresis. Diagnose, Beratung und Behandlung bei kindlichem Einnässen*. München: Ernst Reinhardt.

—— 2006: „Impulse zum Umgang mit Aggression im Kindergarten." In: BANNENBERG B. & RÖSSNER D. (Hrsg.), *Erfolgreich gegen Gewalt in Kindergärten und Schulen*. München: C. H. Beck Verlag. 135–157.

HAUG-SCHNABEL G. & BENSEL J. 2005: *Grundlagen der Entwicklungspsychologie. Die ersten 10 Lebensjahre*. Freiburg: Herder.

—— & —— 2007: „Transfer interdisziplinärer Ergebnisse der Genderforschung in die Praxis. Welche Themen sind für die Kleinkindpädagogik relevant und wie gehen Erzieherinnen mit dem Thema ‚Gender' um?" In: KREBS U. & FORSTER J. (Hrsg.), *„Sie und Er" interdisziplinär*. Münster: Lit-Verlag. 93–109. Siehe auch: http://www.verhaltensbiologie.com/publizieren/buch/.

HEGAR A. 1882: *Ignaz Philipp Semmelweis – Sein Leben und Seine Lehre*. Freiburg i. Br.: J. C. B. Mohr-Verlag.

HEINROTH O. 1910: „Beiträge zur Biologie, namentlich Psychologie und Ethologie der Anatiden." *Verhandlungen des 5. Internationalen Ornithologen-Kongresses Berlin*: 589–702.

HERTWIG O. 1906: *Handbuch der vergleichenden und experimentellen Entwicklungslehre der Wirbeltiere*. Jena: Gustav Fischer.

HESLIN R., NGUYEN T. & NGUYEN M. L. 1983: „Meaning of touch from a stranger or same person." *Journal of Nonverbal Behavior* 7: 147–157.

HEYMER A. 1977: *Ethologisches Wörterbuch*. Berlin: Paul Parey.

—— 2010: *Enzyklopädie Verhaltensbiologie* auf CD (Deutsch, Englisch, Französisch; ca. 1326 Seiten und ca. 350 Abb.) wird voraussichtlich aus wirtschaftlichen Gründen nicht in Buchform erscheinen.

HINDE R., 1974: *Biological bases of human social behaviour*. New York: McGraw Hill Book Company.

HINDE R. A. & FISHER, J. 1951: „Further observations on the opening of milk bottles by tits." *British Birds* 44: 393–396.

HJORTSJÖ C.-H. 1970: *Man's face and mimic language*. Lund: Studentlitteratur.

HOLST E. v. 1969: *Zur Verhaltensphysiologie bei Tieren und Menschen. Gesammelte Abhandlungen*. 2 Bd. München: R. Piper & Co.

HOPF S. 1981: „Zur Entwicklung sexuellen und sozialen Verhaltens in der Adoleszenz bei Primaten." In: LEMPP, R. (Hrsg.), *Adoleszenz*. Bern: Huber. 40–49.

HOPF S. & KLAR S. 1989: „Zur Naturgeschichte von Gruppen- und Familienformen." *Dialog* 2: 4–12.

HRDY S. B. 2000: *Mutter Natur*. Berliner Taschenbuchverlag.

Humanethologievorlesung Innsbruck, Homepage: http://homepage.uibk.ac.at/~c720126/humanethologie/.

HUME D. 1739: *A treatise of human nature: an attempt to introduce the experimental method of reasoning into moral subjects*. London: John Noon.

HUMPHREY N. 1983: *Consciousness regained*. Oxford. Oxford University Press.

IMMELMANN K. 1982: *Wörterbuch der Verhaltensforschung*. Berlin, Hamburg: Paul Parey.

—— 1983: *Einführung in die Verhaltensforschung*. Berlin: Paul Parey

JUNGERT M., ROMFELD E., SUKOPP TH. & VOIGT U. (Hrsg.) 2010: *Interdisziplinarität, Theorie, Praxis, Probleme*. Darmstadt: Wissenschaftliche Buchgesellschaft (WBG).

KAISER G. 1978: „Kommentar." In: NITSCH K (Hrsg.), *Was wird aus unseren Kindern*. Heidelberg: Hüthig Verlag. 34–45.

KANT I. 1781 (1977): *Kritik der reinen Vernunft*. Abgedruckt in: 1. K Werkausgabe, Bd. III und IV. Frankfurt a. M.: Suhrkamp.

—— 1790 (1977): *Kritik der Urteilskraft*. Abgedruckt in: Werkausgabe. Bd. X. Frankfurt a. M.: Suhrkamp.

—— 1796: „Nachwort" In: SÖMMERING G. TH.: *Über das Organ der Seele*. Königsberg: bey Friedrich Nicolovius. 81–86.

—— 1798: *Der Streit der Fakultäten in drey Abschnitten*. Königsberg: bey Friedrich Nicolovius.

KELLER H. 1998: *Entwicklungspsychologie*. Bern: Hans Huber Verlag.

KEVERNE E. B. 1982: „Olfaction and the reproductive behavior of nonhuman primates." In: SNOWDON, C. T., BROWN, C. H. & PETERSEN, M. R. (Hrsg.), *Primate communication.*Cambridge: Cambridge University Press. 396–412.

KÖHLER W. 1921: *Intelligenzprüfungen an Menschenaffen*. Berlin: Julius Springer.

KONNER M. J. 1977: „Infancy among the Kalahari Desert San." In: LEIDERMANN P. H., TULKIN ST. R. & ROSENFELD A. (Hrsg.), *Culture and infancy, variations in the human experience*. New York: Academic Press. 287–328.

KORNBLITH H. 2010: „Erkenntnistheorie und kognitive Ethologie." In: JUNGERT M. *et al.* (Hrsg.), 89–108.

KOTHBAUER-HELLMANN, R. 1990: „On the origin of a tradition: milk bottle opening by titmice (Aves, Paridae)." *Zoologischer Anzeiger* 225: 353–361.

KREBS J. R. & DAVIES N. B. 1984: *Einführung in die Verhaltensökologie*. Stuttgart: Thieme.

KUHN T. S. 1976: *Die Struktur wissenschaftlicher Revolutionen*. Frankfurt a. M.: Suhrkamp Taschenbuch.

KUEGLER S. 2005: *Dschungelkind*. München: Droemer.

KUMMER H. 1975: *Sozialverhalten der Primaten*. Berlin: Springer.

—— 1991: „Evolutionary transformations of possessive behavior." In: F. W. RUDMIN (Hrsg.): *To have possessions: A handbook on ownership and property* (special issue). *Journal of Social Behavior and Personality* 6: 75–83.

LAWICK-GOODALL J. 1971: *Wilde Schimpansen*. Reinbek: Rowohlt.

LENZ I. & LUIG U. (Hrsg.) 1990: *Frauenmacht ohne Herrschaft. Geschlechtsverhältnisse in nicht-partriarchalischen Gesellschaften*. Berlin: Orlanda.

LERNER R. M. 1976: *Concepts and theories of human development*. Reading, MA: Addison-Wesley.

LETHMATE J. 1977: *Problemverhalten von Orang-Utans (Pongo Pygmaeus). Fortschritte der Verhaltensforschung*. Beiheft 19 zur *Zeitschrift für Tierpsychologie*. Berlin: Paul Parey.

LOEWIT K. 1992: *Die Sprache der Sexualität*. Frankfurt: Fischer Taschenbuch.

LORE R. K. & SCHULTZ L. A. 1993: „Control of Human Aggression." *American Psychologist* 48: 16–25.

LORENZ K. 1935: „Der Kumpan in der Umwelt des Vogels." *Journal für Ornithologie* 83: 137–215 und 289–413.

—— 1937: „Biologische Fragestellung in der Tierpsychologie." *Zeitschrift für Tierpsychologie* 1: 24–32.

—— 1941: „Kants Lehre vom Apriorischen im Lichte gegenwärtiger Biologie." *Blätter für Deutsche Philosophie* 15: 94–125.

—— 1943: „Die angeborenen Formen möglicher Erfahrung." *Zeitschrift für Tierpsychologie* 5: 235–409.

—— 1954: „Psychologie und Stammesgeschichte." In: LORENZ, K., 1965: 492–534.

—— 1956: „Moralanaloges Verhalten geselliger Tiere." *Universitas* 11: 691–704.

—— 1957: „Methoden der Verhaltensforschung." In: HELMCHE J. G., LENGECKEN H. & STARCK D. (Hrsg.), *Handbuch der Zoologie*. Bd. 8/10. Berlin: de Gruyter. 1–22.

—— 1963: *Das sogenannte Böse*. München: Piper.

—— 1965: *Über tierisches und menschliches Verhalten. Aus dem Werdegang der Verhaltenslehre. Gesammelte Abhandlungen*. 2 Bd. München und Zürich: R. Piper & Co.

—— 1973: *Die Rückseite des Spiegels, Versuch einer Naturgeschichte menschlichen Erkennens*. München: Piper.

—— 1974: „Analogy as a Source of Knowledge." *Les Prix Nobel en 1973*: 185–195. The Nobel Foundation.

—— 1978a: *Vergleichende Verhaltensforschung. Grundlagen der Ethologie*. Wien: Julius Springer.

—— 1978b: *Das Wirkungsgefüge der Natur und das Schicksal des Menschen. Gesammelte Arbeiten*. München und Zürich: R. Piper & Co.

—— 1980: „Leben ist lernen; K. Lorenz im Gespräch mit F. Kreuzer." *ORF-Nachlese* 5: 15–23; 2. Teil 6: 14–20.

—— 1987: „Foreword." In: Feierman J. R. (Ed.), *The Ethology of Psychiatric Populations; Ethology and sociobiology*, Vol. 8, No. 3S (Supplement). New York: Elsevier.

—— 1944–48 (1992): „Das ‚Russische Manuskript': Die Naturwissenschaft des Menschen, eine Einführung in die Vergleichende Verhaltensforschung." In: Cranach A. v. (aus dem Nachlass herausgegeben). München: Piper.

Lorenz K. & Leyhausen P. 1968: *Antriebe tierischen und menschlichen Verhaltens. Gesammelte Abhandlungen*. München: Piper

Lorenz K. & Tinbergen N. 1939: „Taxis und Instinkthandlung in der Eirollbewegung der Graugans." *Zeitschrift für Tierpsychologie* 2: 1–29.

McGuire M. & Raleigh M. J. 1987: „Serotonin, social Behavior and aggression in vervet monkeys." In: Mos J. & Brain P. F. (Hrsg.), *Psychopharmacology of aggression*. Bordrecht: Nijhof. 207–222.

MacLean P. D. (1990). *The triune brain in evolution: role in paleocerebral functions*. New York: Plenum Press.

Masters W. H. & Johnson V. E. 1967: *Die sexuelle Reaktion*. Frankfurt a. M.: Akademische Verlagsgesellschaft.

McGrew W. C. 1992: *Chimpanzee material culture. Implications for human evolution*. Cambridge: Cambridge University Press.

Medicus G. 1985: „Evolutionäre Psychologie." In: J. A. Ott, G. P. Wagner & F. M. Wuketits (Hrsg.), *Evolution, Ordnung und Erkenntnis*. Berlin: Paul Parey. 126–150.

—— 1987: „Toward an etho-psychology: A phylogenetic tree of behavioral capabilities proposed as a common basis for communication between current theories in psychology and psychiatry." In: Feierman J. R. (Hrsg.), *The Ethology of Psychiatric Populations; Ethology and Sociobiology*, Vol. 8, No. 3S (Supplement). New York: Elsevier. 131–150.

—— 1989: „Biogenetic rule and child development." *Ethology and Sociobiology*, Vol. 10, Nr. 5: 403–404 (Abstract).

—— 1992: „The inapplicability of the biogenetic rule to behavioral development." *Human Development* 35: 1–8.

—— 1993: „Neigung oder Norm? Zur Ethologie des Besitzes." In: Schiefenhövel W., Uher J. & Krell R. (Hrsg.), *Im Spiegel der Anderen – das verbindende Erbe*. München: Realis Verlag. 166–173.

—— 1994: „Humanethologische Aspekte der Aggression; Ein Beitrag zu den biologischen Grundlagen von Psychotherapie und Psychiatrie." In: Schöny W., Rittmannsberger H. & Guth Ch. (Hrsg.), *Aggression im Umfeld psychischer Erkrankungen; Ursachen, Folgen, Behandlung*. Linz: Edition pro mente. 29–56.

—— 1995: „Tintenmimikry bei einem Cephalopoden." *DATZ* 48: 140.

—— 1996: „Brutpflegehilfe, kindliche Geschwisterbetreuung und Puppenspiel, eine humanethologische Feldstudie." In: Gottschalk-Batschkus Ch. E. & Schuler J. (Hrsg.), *Ethnomedizinische Perspektiven zur frühen Kindheit*. Berlin: VWB – Verlag für Wissenschaft und Bildung. 235–240.

—— 2000: „Fragen zur Geschlechterdifferenz, eine verhaltensbiologische Annäherung." *Wiener Medizinische Wochenschrift* 150: 217–224.

—— 2000–2001: Beiträge im *„Lexikon der Neurowissenschaft."* Heidelberg: Spektrum Akademischer Verlag.

—— 2001a: „Biologie und Kultur. Zu den biologischen Bedingungen von Determination und Freiraum in der Kultur." In: Sütterlin Ch. & Salter F. (Hrsg.), *Irenäus Eibl-Eibesfeldt: Zu Person und Werk*. Wien: Peter Lang Verlag (Bibliotheka Aurea). 245–260.

—— 2001b: „Interdisziplinarität, ein Beitrag der Ethologie." In: Schultz M., Atzwanger K., Bräuer G., Christiansen K., Forster J., Greil H., Henke W., Jaeger U., Niemitz C., Scheffler C., Schiefenhövel W., Schröder C. & Wiechmann I. (Hrsg.), *Homo – unsere Herkunft und Zukunft. Proceedings, 4. Kon-*

gress der Gesellschaft für Anthropologie, Potsdam, 25.–28. Sept. 2000. Göttingen: Cuvillier Verlag. 117–120.

———— 2000–2002: Beiträge für *„Lexikon der Psychologie."* Heidelberg: Spektrum Akademischer Verlag.

———— 2003: „Zur Kritik der Evolutionären Erkenntnistheorie am Konstruktivismus." In: Fasterding M. (Hrsg.), *Aufbruch der Wissenschaft.* Gelsenkirchen: Edition Archaea. 91-102.

———— 1999–2004: Beiträge im *„Lexikon der Biologie."* Heidelberg: Spektrum Akademischer Verlag.

———— 2005: „Mapping transdisciplinarity in human sciences." In: Lee J. W. (Hrsg.), *Focus on Gender Identity.* New York: Nova Science Publishers, Inc. 95–114.

———— 2006a: „‚zôon politikón‘, biopsychische Aspekte." In: Schmidinger H. & Sedmak C. (Hrsg.), *Der Mensch ein zóon politikón?* Darmstadt: Wissenschaftliche Buchgesellschaft. 143–152.

———— 2006b: „Grundlagen der Anthropologie, eine interdisziplinäre Wissenschaft mit biologischen Wurzeln." *Naturwissenschaftliche Rundschau* 59: 65–71.

———— 2008: „Von der tierlichen Brutpflege zum Sozialverhalten des Menschen." *Naturwissenschaftliche Rundschau* 61: 277–282.

———— 2010: „Der Apfel vom Baum der Erkenntnis und die Vertreibung aus dem Paradies; über die Evolution von Moral." In: Müller M. & Schaede S. (Hrsg.), *Das wollte ich nicht. Das waren meine Gene! Von Darwins Evolutionstheorie zur evolutionären Ethik.* Rehburg-Loccum: Loccumer Protokolle 14/09. 23–43.

———— 2011a: „Welchen Beitrag leisten die Geisteswissenschaften für den interdisziplinären Dialog zwischen den Humanwissenschaften?" *Naturwissenschaftliche Rundschau* 64: 181–188.

———— 2011b: „NR-Stichwort: Semmelweis-Effekt." *Naturwissenschaftliche Rundschau* 64: 501–502.

———— 2012: „Einsatz von Pregabalin bei Generalisierter Angststörung mit Zwangssymptomatik"; Kasuistik, LYR-001-12/1/02.01.2012; Pfizer Corp. Austria GesmbH, Wien

Medicus G. & Hopf S. 1995: "Der natürliche Unterschied. Zur Biopsychologie der Geschlechterdifferenz." *Sexuologie* 3: 148–165.

Milgram S. 1974: *Obedience to Authority.* New York: Harper & Row.

Model P. G., Bornstein M. B., Crain S. M. & Pappas, G. D. 1971: „An electron microscopic study of the development of synapses in cultured fetal mouse cerebrum continuously exposed to Xylocaine." *Journal of Cell Biology* 49: 362–371.

Money J. & Ehrhardt A. 1972: *Man and woman, boy and girl: the differentiation and dimorphism of gender identity from conception to maturity.* Baltimore: Johns Hopkins Press.

Müller G. B. 1989: „Ancestral patterns in bird limb development: a new look at Hampe's experiment." *Journal of Evolutionary Biology* 2: 31–47.

Murdock G. P. 1949: *Social structure.* Toronto: Macmillan.

Nesse R. M. & Williams G. C. 1997: *Warum wir krank werden: die Antworten der Evolutionsmedizin.* München: C.H. Beck.

Newton N. 1955: *Maternal Emotions.* New York: P. B. Hoeber.

———— 1978: „The role of the oxytocin reflexes in three interpersonal reproductive acts: coitus, birth and breast-feeding." In: Carenza L., Panceri P. & Zichella L. (Hrsg.), *Clinical psychoneuroendocrinology in reproduction: Proceedings of the Serano Symposia.* New York: Academic Press. 411–418.

Nissen E., Uvnäs-Moberg k., Svensson K., Stock S., Widström A. M. & Winberg J. 1996: „Different patterns of oxytocin, prolactin but not cortisol release during breastfeeding in women delivered by caesaren section or by the vaginal riute." *Early Human Development* 45: 103–118.

Nussbaumer J. 2003: *Gewalt, Macht, Hunger, schwere Hungerkatastrophen seit 1845.* Innsbruck: Studien Verlag.

Nussbaumer J, Exenberger A, Neuner At. 2000: *Unser kleines Dorf.* Kufstein: IMT-Verlag.

Odent M. 2005: *Es ist nicht egal, wie wir geboren werden. Risiko Kaiserschnitt.* Düsseldorf: Patmos.

Oehlert B. 1958: „Kampf und Paarbildung einiger Cichliden." *Zeitschrift für Tierpsychologie* 15: 141–174.

Oeser E. 1987: *Psychozoikum. Evolution und Mechanismen der menschlichen Erkenntnisfähigkeit.* Berlin: Paul Parey.

———— 1988: *Das Abenteuer der kollektiven Vernunft.* Berlin: Paul Parey.

OSCHE G. 1982: „Rekapitulationsentwicklung und ihre Bedeutung für die Phylogenetik. Wann gilt die bio-genetische Grundregel." *Hamburg: Verhandlungen des naturwissenschaftlichen Vereins in Hamburg (NF)* 25: 5–31.

PANKSEPP J. 1981: „Brain opioids – a neurochemical substance for narcotic and social dependence." In: COO-PER S. J. (Hrsg.), *Theory of psychopharmacology.* Bd. 1. London: Academic Press. 149–175.

PAPOUSEK H. & PAPOUSEK M. 1995: „Intuitive parenting." In: BORNSTEIN M. H. (Hrsg.), *Handbook of parenting.* Bd. 2. Mahwaw, NJ: Lawrence Erlbaum. 117–136.

PAUEN M. & ROTH G. 2008: *Freiheit, Schuld und Verantwortung. Grundzüge einer naturalistischen Theorie der Willensfreiheit.* Frankfurt: Suhrkamp.

PAWLOW J. P. 1953: *Sämtliche Werke.* Bd. 1–4. Berlin: Akademieverlag.

PERRY B. D. & SZALAVITZ M. 2008: *Der Junge, der wie ein Hund gehalten wurde. Was traumatisierte Kinder uns über Leid, Liebe und Heilung lehren können. Aus der Praxis eines Kinderpsychiaters.* München: Kösel-Verlag.

PIAGET J. 1971: *Biology and knowledge.* Chicago: University of Chicago Press.

PLOOG D. 1963: *Die Bedeutung der experimentellen Verhaltensforschung als Grundlagenwissenschaft für die klinische Psychiatrie.* München: Jahrbuch der Max-Planck-Gesellschaft.

——— 1972: „Kommunikation in Affengesellschaften und deren Bedeutung für die Verständigungsweisen des Menschen." In: GADAMER H. G. & VOGLER P. (Hrsg.), *Neue Anthropologie,* Bd. 2. Stuttgart: dtv. 98–178.

——— 2002: „Is the neural basis of vocalisation different in non-human primates and Homo sapiens?" *Proceedings of the British Academy* 106: 121–135.

——— 2004: *On the evolution of speech: vocal behavior versus gestures.* 17th Conference of the International Society of Human Ethology in Gent, July 30.

PLOOG D., HOPF S. & WINTER P. 1967: „Ontogenese des Verhaltens von Totenkopfaffen (Saimiri sciureus)." *Psychologische Forschung* 31: 1–41.

POPPER K. 1974: *Objektive Erkenntnis. Ein evolutionärer Entwurf.* 2. Aufl. Hamburg: Hoffmann und Campe.

POPPER K. & ECCLES J. C. 1982: *Das Ich und sein Gehirn.* München: Piper.

PORTMANN A. 1956 (1. Auflage 1941): *Zoologie und das neue Bild vom Menschen.* Hamburg: Rowohlt.

PRECHTL R. F. R., 1953: „Stammesgeschichtliche Reste im Verhalten des Säuglings." *Umschau* 21: 656–658.

RAFF R. A. & WRAY G. A. 1989: „Heterochrony: Developmental mechanisms and evolutionary results." *Journal of Evolutionary Biology* 2: 409–434.

RAHM V. A., HALLGREN A., HÖGBERG H., HURTIG I. & ODLIND V. 2002: „Plasma Oxytocin levels in women during labor with or without epidural analgesia: a prospective study." *Acta Obstetricia et Gynecologica Scandinavica* 81: 1033–1039.

RECHENBERG I. 1973: *Evolutionsstrategie, Optimierung technischer Systeme nach Prinzipien der biologischen Evolution.* Stuttgart: Fommann-Holzboog

RENSCH B. 1973: *Gedächtnis, Begriffsbildung und Planhandlungen bei Tieren.* Hamburg: Paul Parey.

RICHELLE M. & LEJEUNE H. 1980: *Time in animal behaviour.* New York: Pergamon Press.

RIDLEY M. 1997: *Die Biologie der Tugend.* Berlin: Ullstein.

RIEDL R. 1975: *Die Ordnung des Lebendigen – Systembedingungen der Evolution.* Hamburg: Parey.

——— 1976: *Die Strategie der Genesis. Naturgeschichte der realen Welt.* München: Piper.

——— 1980: *Biologie der Erkenntnis.* Hamburg: Parey.

RIESEN A. R. 1960: „Effects of stimulus deprivation on the development and atrophy of the visual sensory system." *American Journal of Orthopsychiatry* 30: 23–36.

ROEDER K. 1955: „Spontaneous Activity and Behaviour." *The Scientific Monthly* 80: 362–370.

SALTER F. 2003: *On genetic interests: family, ethnicity and humanity in an age of mass migration.* Frankfurt a. M.: Peter Lang Verlag.

SCHERER K. R., STAHNKE A. & WINKLER P. (Hrsg.) 1987: *Psychobiologie,* München: dtv.

SCHIEFENHÖVEL W. 1984: „Bindung und Lösung – Sozialisationspraktiken im Hochland von Neuguinea." In: EGGERS CH. (Hrsg.), *Bindungen und Besitzdenken beim Kleinkind.* München: Urban & Schwarzenberg. 51–80.

—— 1985: *Sterben und Tod bei den Eipo im Hochland von West-Neuguinea.* Curare-Sonderband 4. 191–208.

—— 1986: „Jugend zwischen Aggression und Anpassung- Ergebnisse humanethologischer Feldforschung." In: REMSCHMIDT H. (Hrsg.), *Jugend und Gesellschaft.* Frankfurt: Wissenschaftliche Verlagsgesellschaft. 67–80.

—— 1989: „Reproduction and sex-ratio manipulation through preferential female infantizid among the Eipo, in the Highlands of West New Guinea." In: RASA A., VOGEL CH. & VOLAND E. (Hrsg.), *The sociobiology of sexual and reproductive strategies.* London: Chapman and Hall. 170–193.

—— 1992: „Zwischen Patriarchat und Matrilinialität – melanesische Antworten auf ein biopsychologisches und soziokulturelles Problem." In: WESSEL K.F. & BOSINSKI H.A.G. (Hrsg.), *Interdisziplinäre Aspekte der Geschlechterverhältnisse in einer sich wandelnden Zeit.* Bielefeld: Kleine Verlag. 144–164.

—— 1994: „Transkulturelle und evolutionsbiologische Aspekte von Schwangerschaft und Geburt." *Sexologie* 1: 27–37.

—— 1995: „Aggression und Aggressionskontrolle am Beispiel der Eipo aus dem Hochland von W-Neuguinea." In: STIETENCRON, H.V. & RÜPKE, J. (Hrsg.), *Töten im Krieg.* München: Alber. 339–362.

—— 1997a: „Gesundheit und Krankheit – Kulturenvergleichende Befunde und evolutionäre Perspektiven." In: *Moderne Medizin – Wunsch und Wirklichkeit. Sammelband der Vorträge des Studium Generale der Universität Heidelberg im Wintersemester 1995/96.* Heidelberger Verlagsanstalt. 99–112.

—— 1997b: „Universals in interpersonal interactions." In: SEGERSTRALE, U. & MOLNAR, P. (Hrsg.), *Nonverbal communication: where nature meets culture.* Mahwah, NJ: Lawrence Erlbaum. 61–79.

—— 2000: „Leid ohne Sinn? Krankheit Schmerz und Tod." *Gesundheitswesen* 62: 3–8.

—— 2002: „Evolutionäre und transkulturelle Perspektiven in der Psychiatrie. Trauer und Depression." *Nervenheilkunde* 3: 119–126.

—— 2007a: „,Bedding-in' als Prophylaxe gegen Baby-Blues? Evolutionsmedizinische und kulturenvergleichende Aspekte." In: K.H. BRISCH & TH. HELLBRÜGGE (Hrsg.), *Die Anfänge der Eltern-Kind-Bindung. Schwangerschaft, Geburt und Psychotherapie.* Stuttgart: Klett-Cotta. 100–114.

—— 2007b: „Geburt und Tod – Religiöse Sinnstrukturen und Übergangsriten in melanesischen Kulturen. Humanethologische Perspektiven." In: NIEDER L. & SCHNEIDER W. (Hrsg.), *Die Grenzen des menschlichen Lebens. Studien zur interdisziplinären Thanatologie.* Bd. 10. Hamburg: LIT-Verlag. 59–84.

—— 2007c: „Geistige und moralische Enphronesis in Hochland-Neuguinea – Beispiele aus der Kultur der Eipo." In: FÖRSTL H. (Hrsg.), *Theory of mind.* Heidelberg: Springer. 21–34.

SCHIEFENHÖVEL S. & SCHIEFENHÖVEL W. 1996: „Am evolutionären Modell – Stillen und frühe Kindheit bei den Trobriandern." In: GOTTSCHALK-BATSCHKUS CH. & SCHULER J. (Hrsg.), *Ethnomedizinische Perspektiven zur frühen Kindheit.* Berlin: VWB – Verlag für Wissenschaft und Bildung. 263–282.

SCHIEFENHÖVEL W. & BELL-KRANNHALS I. 1986: „Wer teilt, hat Teil an der Macht: Systeme der Yams-Vergabe auf den Trobriand Inseln, Papua-Neuguinea." *Mitteilungen der Anthropologischen Gesellschaft in Wien* 116: 19–39.

SCHIEFENHÖVEL W. & SCHIEFENHÖVEL-BARTHEL S. 1999: „Geburt." In: *Brockhaus, Mensch, Natur, Technik. Phänomen Mensch.* Leipzig und Mannheim: Brockhaus. 41–51.

SCHIEFENHÖVEL W., UHER J. & KRELL R. (Hrsg.) 1993: *Im Spiegel der Anderen – das verbindende Erbe.* München: Realis Verlag.

SCHIEFENHÖVEL W., VOGEL C., VOLLMER G. & OPOLKA U. (Hrsg.) 1994: Bd 1: *Vom Affen zum Halbgott*; Bd. 2: *Zwischen Natur und Kultur*; Bd 3: *Gemachte und gedachte Welten.* Stuttgart: Georg Thieme Verlag.

SCHJELDERUP-EBBE T. 1922: „Beiträge zur Sozialpsychologie des Haushuhns." *Zeitschrift für Psychologie* 88: 225–252.

SCHLICHTING J. 6 WEISS L.-M. 2010: „Nie gesehenes Naturphänomen." *Spektrum der Wissenschaft* 10: 8–9.

SCHLEIDT M. 1988: „Der Umgang mit Emotionen im interkulturellen Vergleich – Beispiele aus Trauer und Depression." In: STEINAECKER K. V. & DERBOLOWSKY J. (Hrsg.), *Der schwierige Fall – Aggression und Trauer in der therapeutischen und pädischen Arbeit.* Heidelberg: Ewald Fischer. 101–120.

────── 1991: „Humanethologische Aspekte der Trauer." In: OCHSMANN R. & HOWE J. (Hrsg.), *Trauer, ontologische Konfrontation.* Stuttgart: Enke. 10–18.

────── 2001: „Kindheit aus humanethologischer Sicht." In: FORSTER J. & KREBS U. (Hrsg.), *Kindheit zwischen Pharao und Internet.* Bad Heilbronn: Klinkhardt. 87–108.

SCHLEIDT M. & GENZEL C. 1990: „The significance of mother's perfume for infants in the first weeks of their life." *Ethology and Sociobiology* 11: 145–154.

SCHMIDT-DENTER U. 1984: *Die soziale Umwelt des Kindes.* Berlin: Springer.

SCHÖNE H. 1983: *Orientierung im Raum. Formen und Mechanismen der Lenkung des Verhaltens im Raum bei Tier und Mensch.* 2. Aufl. Stuttgart: Wissenschaftliche Verlagsgesellschaft.

SCHRÖDER I. 1993: „Concealed ovulation and clandestine copulation: a female contribution to human evolution." *Ethology and Sociobiology* 14: 381–389.

SELIGMAN E. P. 1979: *Erlernte Hilflosigkeit.* München: Urban & Schwarzenberg.

SHEPHER J. 1971: „Mate selection among second generation kibbutz adolescents and adults: Incest avoidance and negative imprinting." *Archives of sexual behavior* 1: 293–307.

SINGER W. 2004 „Verschaltungen legen uns fest. Wir sollten aufhören, von Freiheit zu sprechen." In: GEYER CH. (Hrsg.), *Hirnforschung und Willensfreiheit. Zur Deutung der neuesten Experimente.* Frankfurt: Suhrkamp. 30–65.

SKRZIPEK K. H. 1978–1982: „Menschliche Auslösermerkmale beider Geschlechter." I: 1978 *Homo* 29: 75–88; II: 1981 *Homo* 32: 105–119; III: 1982 *Homo* 33: 1–12.

SÖMMERING G. TH. 1796: *Über das Organ der Seele.* Königsberg: bey Friedrich Nicolovius.

SPITZ R. A., 1976: *Vom Säugling zum Kleinkind. Naturgeschichte der Mutter-Kind-Beziehungen im ersten Lebensjahr.* 5. Aufl. Stuttgart: Ernst Klett.

STEVENS A. & PRICE J. 2000: *Evolutionary Psychiatry,* London: Routledge.

STRECKE D. 1991: *Psychophysiologische Effekte der Körperberührung bei Patienten auf einer Intensivstation.* Diplomarbeit (Biologie) der Technischen Universität München.

SYMONS D. 1979: *The Evolution of Human sexuality.* Oxford: Oxford University Press.

SZALAY F. S., COSTELLO R. K. 1991: „Evolution of permanent estrus displays in hominids." *Journal of Human Evolution* 20: 439–464.

TEHERANI-KRÖNNER P. 1994: „Frauen in der Ernährungssicherung und Bevölkerung." In: SCHMID J. (Hrsg.), *Bevölkerung, Umwelt, Entwicklung: eine humanökologische Perspektive.* Opladen: Westdeutscher Verlag. 180–193.

TEMBROCK G. 1982: *Spezielle Verhaltensbiologie der Tiere.* 2 Bd. Jena: Gustav Fischer.

THURNHERR U. 2000: *Angewandte Ethik zur Einführung.* Hamburg: Junius Verlag.

TINBERGEN N. 1951: *The study of instinct.* Oxford: Oxford University Press.

────── 1963: „On Aims and Methods in Ethology." *Zeitschrift für Tierpsychologie* 20: 410–433.

────── 1978: *Das Tier in seiner Welt.* 2 Bd. München: Piper.

TOMASELLO M. 2009: *Die Ursprünge der menschlichen Kommunikation.* Frankfurt: Suhrkamp.

TRAMITZ CH. 1993: *Irren ist männlich.* München: Bertelsmann.

TRIVERS R. L. 1971: „The evolution of reciprocal altruism." *The Quarterly Review of Biology* 46: 35–57.

────── 1985: *Social evolution.* Menlo Park, CA: Benjamin/Cummings.

VOGEL CH. & SOMMER V. 1994: „Mann und Frau." In: SCHIEFENHÖVEL W., VOGEL CH., VOLLMER G. & OPOLKA U. (Hrsg.), *Zwischen Natur und Kultur, der Mensch in seinen Beziehungen.* Stuttgart: Thieme. 13–42.

VOLAND E. 2004: „Genese und Geltung – Das Legitimationsdilemma der Evolutionären Ethik und ein Vorschlag zu seiner Überwindung." *Philosophia naturalis* 41: 139–153.

VOLAND E. & BEISE J. 2004: „Schwiegermütter und Totgeburten – Eine evolutionspsychologische Analyse von Kirchenbuchdaten aus der ostfriesischen Krummhörn des 18. und 19. Jh." *Zeitschrift für Sozialpsychologie* 35: 171–184.

VOLLMER G. 1975: *Evolutionäre Erkenntnistheorie.* Stuttgart: Hirzel.

—— 1980: „Evolutionäre Erkenntnistheorie und Leib-Seele-Problem." In: Böhme W. (Hrsg.), *Wie entsteht der Geist?* Herrenalber Texte 23: 11–40.

—— 1991: „Wider den Instrumentalismus." In: Bohnen A. & Musgrave A. (Hrsg.), *Wege der Vernunft.* Festschrift für Hans Albert, Tübingen: J. C. B. Mohr. 130–148.

—— 2010: „Interdisziplinarität – unerlässlich, aber leider unmöglich?" In: Jungert M. *et al.* (Hrsg.), 47–75.

de Waal F. 1982: *Chimpanzee politics: power and sex among apes.* London: Jonathan Cape.

—— 1983: *Unsere haarigen Vettern, neueste Erfahrungen mit Schimpansen.* München: Harnack.

—— 1997: *Der gute Affe.* München: Hanser.

—— 2011: *Das Prinzip Empathie.* München: Carl Hanser.

Welch, P. 2007: *Wikipedia,* "Tinbergen's Four Questions". Initial draft.

Wesiack W. (2000) "Wirkfaktoren in der Psychotherapie." *Psychologische Medizin* 11/3: 12–14.

Wessel K. F. & Bosinski H. A. G. (Hrsg.) 1992: *Interdisziplinäre Aspekte der Geschlechterverhältnisse in einer sich wandelnden Zeit.* Bielefeld: Kleine Verlag.

Westermarck E., 1921: *The theory of human marriage.* London: Macmillan.

Wheeler, P. E. 1984: „The evolution of bipedality and loss of functional body hair in hominids." *Journal of Human Evolution* 13: 91–98.

—— 1991: „The thermoregulatory advantages of hominid bipedalism in open equatorial environments: the contribution of increased convective heat loss and cutaneous evaporative cooling." *Journal of Human Evolution* 21: 107–115.

Wickler W. 1961a: „Ökologie und Stammesgeschichte des Verhaltens." *Fortschritte der Zoologie* 13: 303–365.

—— 1961b: „Über die Stammesgeschichte und den taxonomischen Wert einiger Verhaltensweisen der Vögel." *Zeitschrift für Tierpsychologie* 18: 320–342.

—— 1966: „Ursprung und biologische Deutung des Genitalpräsentierens männlicher Primaten." *Zeitschrift für Tierpsychologie* 23: 422–437.

—— 1970: *Stammesgeschichte und Ritualisierung. Zur Entstehung tierischer und menschlicher Verhaltensmuster.* München: Piper.

—— 1971: *Die Biologie der Zehn Gebote.* München: Piper.

Wickler W. & Seibt U. 1983: *Männlich weiblich.* München: Piper.

—— & —— 1991: *Das Prinzip Eigennutz. Zur Evolution sozialen Verhaltens.* München: Piper.

Wiesel T. N. & Hubel D. R. 1963: „Effects of visual deprivation on morphology and physiology of cells in the cat's lateral geniculate body." *Journal of Neurophysiology* 26: 978–993.

Wieser W. 1998: *Die Erfindung der Individualität, oder Die zwei Gesichter der Evolution.* Heidelberg: Spektrum Akademischer Verlag.

Wilson E. O. 1975: *Sociobiology—The New Synthesis.* Cambridge Mass: Havard University Press.

Winnicott D. W. 1969: „Übergangsobjekte und Übergangsphänomene." *Psyche* 23: 666–682.

Wolf A. P. & Huang Ch. 1979: *Marriage and adoption in China, 1845–1945.* Stanford: Stanford University Press.

Wrangham R. 2009: *Feuer fangen: Wie uns das Kochen zum Menschen machte.* München: DVA-Sachbuch.

Wright R. 2006: *Eine kurze Geschichte des Fortschritts.* Reinbek bei Hamburg: Rowohlt.

Wuketits F. M. 1981: *Biologie und Kausalität. Biologische Ansätze zur Kausalität, Determination und Freiheit.* Hamburg: Paul Parey.

Yakovlev P. I. & Lecours A.-R. 1967: „The myelogenetic cycles of regional maturation of the brain." In: Minkowski, A. (Hrsg.), *Regional Development of the Brain in Early Life.* Oxford: Blackwell. 3–70.

Yarrow L. J. 1963: „Research in dimensions of early maternal care." *Merrill-Palmer Quarterly* 9: 101–114.

—— 1964: „Separation from parents during early childhood." In: Hoffman M. L. & Hoffman L. W. (Hrsg.), *Review of Child Development Research.* New York: Russell Sage Foundation. 89–136.

Zimbardo P. G. & Ruch F. L. 1978: *Lehrbuch der Psychologie.* 3. Aufl. Berlin: Julius Springer.

Zulley J. & Knab B. 2009: *Unsere innere Uhr.* Frankfurt a. M.: Mabuse Verlag.

- 31
- 33
- 36
- 58
-100
-120 + 122
-128
-130 f
-132
-154
-161
-167
-169
-176
-181

- 94 f
- 95
-166 f.
-131
83
88
-125
-132
-181

-122
- 98
-21
-170
-54

-103 f
-118 ff.
-134
-165
-167

Sachregister

W

Z

Personenregister

AM ZÜGEL DER EVOLUTION

herausgegeben von
Prof. Dr. Wulf Schiefenhövel & Dr. Judith Schuler

WVB – Verlag für Wissenschaft und Bildung
Amand Aglaster
Postfach 11 03 68 • 10833 Berlin
Tel. +49-[0]30-251 04 15 • Fax +49-[0]30-251 11 36
e-mail: info@vwb-verlag.com
www.vwb-verlag.com

Curare
Zeitschrift für Medizinethnologie / Journal of Medical Anthropology
hrsg. von: Arbeitsgemeinschaft Ethnomedizin e. V.

Curare – Zeitschrift für Medizinethnologie, wird seit 1978 von der Arbeitsgemeinschaft Ethnomedizin (AGEM) herausgegeben und ist Forum des Austausches und der Diskussion für alle diejenigen, deren Interesse den traditionellen medizinischen Systemen, der kritischen medizinischen Entwicklungszusammenarbeit im Rahmen der modernen International Public Health, der kulturellen und der anthropologischen Dimensionen der Problematik des Transfers von medizinischem Wissen jeglicher Provenienz und Richtung besonders im Zuge der Globalierungsprozesse und von verwandten medizinanthropologischen Fragen gilt.

Damit dient *Curare – Zeitschrift für Medizinethnologie* der Pflege des interdisziplinären Gespräches zwischen den Fächern der Geistes- und Kulturwissenschaften, deren Forschungen Gesundheit, Krankheit, Vorbeugung und Heilung betreffen, sowie den verschiedenen Arbeitsrichtungen der praktischen und theoretischen Medizin.

Arbeitsgemeinschaft Ethnomedizin e. V.:
www.agem-ethnomedizin.de

Abo: VWB – Verlag für Wissenschaft und Bildung

WVB – Verlag für Wissenschaft und Bildung
www.vwb-verlag.com
e-mail: info@vwb-verlag.com

VWB – Verlag für Wissenschaft und Bildung